In Liebe und Dankbarkeit
widme ich dieses Buch Hans-Jürgen

Love and thanks to Eimear
for still being with us

Gabriele Gérard

FLORIAN, geb. 1976

Trauer die bleibt

: TRANSIT

Inhalt

Vorwort

Wie geht es Ihrem Sohn, Frau Gérard?

Sie strahlt und erzählt stolz von Florian, der jetzt – nach seinem Abitur – in Irland seinen Zivildienst absolviert mit behinderten Menschen, seinen «specials», von Florian, der sich verliebt hat und vielleicht in Irland bleiben wird mit Eimear, seiner irischen Freundin, von Florian, der sich so langsam abnabelt in sein Erwachsenendasein und seine Zukunft plant mit neuem Studium und neuem Zuhause.

Welch ein Glück, so einen Sohn!

Kurz vor seinem 24. Geburtstag stirbt Florian. Kein äußeres Unglück, kein Flugzeugabsturz, keine laute Katastrophe, sondern der leise plötzliche endgültige: Herzstillstand.

In diesem Buch äußert sich Gabriele Gérard aus der Zeit der Trauer, der Wut, des Widerstands gegen das Unglück. Sie schreibt an den toten Sohn, sie schaut auf ihre alten Eintragungen, als er ein Baby war, sie liest die schönen ausführlichen nachdenklichen Briefe ihres großen Sohnes. Und sie teilt ihre Gefühle zwischen Ausweglosigkeit, Leere, Orientierungslosigkeit und großer Liebe mit an alle, die vielleicht Ähnliches erleben, durchleben müssen. Die Suche nach dem Kind, das nicht mehr da ist, nach der Zukunft, nach einer inneren Balance, die die eigene lebendige Gegenwart wieder würdigen kann.

Ich habe Gabriele Gérard in dieser Arbeit des Zusammenstellens unterstützen dürfen und danke ihr für Zutrauen und Vertrauen und ihre große Offenheit, sich nicht zu schonen und die Verletzungen, Brüche und Erschütterungen durch den Verlust des Sohnes nicht zu verbergen.

Es geht um das private Unglück, über das nicht geschwiegen werden dürfte. Denn immer noch sind diejenigen, die es durchleiden, viel zu häufig alleingelassen, konfrontiert mit für sie zu frühen, zu rohen Aufforderungen zu neuer Normalität.

Dies Buch ist auch ein Plädoyer für innere Langsamkeit: Trauernde sollten alle Zeit der Welt eingeräumt bekommen für die Chance zu einem neuen Gleichgewicht zwischen Vergangenheit und lebendiger Gegenwart.

Sabine Zurmühl

Und ihm träumte, und siehe, eine Leiter stand auf Erden, die rührte mit der Spitze an den Himmel …

Genesis 28

Silvester 1999/2000

Die letzten Stunden des ausklingenden Jahres, des vergehenden Jahrtausends sind angebrochen. «Paint it black» von den Rolling Stones hat Platz dreizehn der Jahrtausendhitparade belegt, erfahren wir im Radio, als wir zur Silvesterparty aufbrechen. Eine Stunde Fahrzeit liegt vor uns, während der wir von Erinnerungen begleitet werden, die mit den «Hits» verbunden sind. Wir freuen uns, wir werden mit unseren Freunden zusammen sein, es geht uns gut, unser Leben ist schön.

Es ist der Jahrtausendwechsel, und mit einem Male wird alles bedeutungsvoll: Heute zum letzten Mal im alten Jahrtausend ... morgen beginnt ein neues! Dennoch: Wir haben keine Vorsätze, vielleicht den Wunsch, die kommenden Jahre mögen so gut bleiben wie die vergangenen. Wir sitzen noch im Auto, als die Hitparade auf dem Höhepunkt angekommen ist. Die ersten drei Titel werden gespielt, wir haben unsere Favoriten, natürlich müssen die Beatles und die Rolling Stones darunter sein ... und ich wähle «Stairway to heaven» von Led Zeppelin auf meinen ersten Platz. Hans-Jürgen ist unschlüssiger ... und mein Song wird tatsächlich die Nummer eins!

Als das Stück gespielt wird, überkommt mich plötzlich eine große Traurigkeit, eine Unruhe, ein tiefer, unerklärlicher seelischer Schmerz und ich bitte Hans-Jürgen anzuhalten.

Ich sitze im Auto und ich weine.

Ich erzähle den Freunden von diesem mich verwirrenden Ereignis und ich erzähle Florian am 1. Januar 2000 in unserem ersten Gespräch im Neuen Jahr von diesem großen «Zufall», frage ihn, ob er das Stück kenne ... und er meint, er habe es sicher bei mir gehört ...

Eine Treppe, eine «Treppe zum Himmel» sollte am 1. Juli der Ort sein, an dem Florian genau sieben Monate später in Dublin starb ... Ich habe es viel später erst als ein Zeichen von ihm begriffen. Hunderte Male hatte ich mich gefragt, warum an diesem Ort, warum auf einer Treppe ... «Remember Mom, when you told me about this song ...» und heute, wo ich glaube, daß unsere Seelen schon immer von unserem Schicksal wissen, denke ich, daß an jenem Abend ein Hauch davon zu mir drang. Es gibt keine Zufälle, nur Ahnungslosigkeit über die verborgenen Hintergründe.

Autopsie Nr. A,00.0000214
Name: Florian Gérard
Geburtstag: 17.10.1976
Tag der Autopsie: 4.7.2000

Am 1. Juli 2000 etwa um 17.40 Uhr erhielt ich in der Tara Street Fire Station einen Notruf zum Grosvenor Square 50, Dublin 6. Bei unserer Ankunft sahen wir den Patienten auf dem ersten Treppenabsatz liegen. Er atmete nicht und er hatte keinen Puls. Wir gaben dem Patienten zwei Elektroschocks und trugen ihn in den Krankenwagen.
Seamus R., Krankentransport-Helfer

Als man mir am 1. Juli sagte, Du seiest die Treppe herabgestürzt und hättest Dir das Genick gebrochen, wußte ich, daß es nicht stimmen kann. Nein, Du fällst keine Treppe herab, Du nicht! Du bist nicht tolpatschig, Du bist umsichtig. Ich habe es gehört, aber ich habe es nicht geglaubt! Es war fast wie eine Erlösung, als man diese Todesursache nach wenigen Tagen ausschloß und sich darauf verständigte, daß Dein Herz auf jener Treppe stehengeblieben ist –

Sudden Adult Death Syndrome.

Nichts kann es erklären. Es ist wohl der schicksalhafteste Tod, den es gibt, und zugleich der sanfteste!

29. Juli 2000

Liebster Florian, geliebter Sohn, wie schreibt man Briefe an seinen toten Sohn? Wohin, Florian, soll ich diese Briefe richten? Ich schreibe, weil ich eine Verbindung zu Dir brauche, sonst ersticke ich.

Ich schreibe Dir, weil ich Dir schreiben muß. Was sonst soll ich tun, als Dir zu schreiben?

Seit 29 Tagen bist Du *tot*! Ich schreibe diese drei Buchstaben, ohne sie zu begreifen.

Ich verstehe nicht, was geschah, ich will und kann es nicht verstehen. Diese Buchstaben lösen Chaos in mir aus, Florian. Du kannst nicht tot sein. Du bist mein Sohn, mein einziges Kind. Ich kann Dich nicht verlieren. Es darf einfach nicht geschehen sein.

Seit 29 Tagen suche ich nach einer Form der Normalität, die nicht mehr da ist. Vor mir liegen Scherben, sinnlos gewordene Bruchstükke eines Lebens. Wofür morgens aufwachen? Ich würde mich gerne betäuben, ich möchte fliehen, ich möchte bei Dir sein, Florian.

Aber ich habe Dir versprochen, was ich mein Schicksal nenne, zu tragen – ohne den Sinn verstehen zu können. Leben mit der Abwesenheit von Sinn – wie, mein Sohn, soll dies gehen?

Du warst mein Leben, Teil von mir selbst. – «*I am you*», war der erste Satz, den ich nach der entsetzlichen Nachricht träumte … Bist Du zurückgekehrt zum Ursprung unserer beider Leben? Du warst mir so viel, Florian: Du gabst meinem Leben als Mutter einen ganz besonderen Sinn und Inhalt, für Dich mußte ich sorgen, für Dich mußte ich da sein, Du hast mich gebraucht. Ich weiß nicht mehr wer ich bin … Bin ich noch Mutter?

Mit Dir konnte ich noch einmal zurückwandern durch mein eigenes Leben, habe Kindheit und Jugend gespürt, Dich begleitet durch alle Phasen, durch Höhen und durch Tiefen. Du warst mir Inspiration, wie Du mir manchmal auch Kummer und sogar Wut und Verzweiflung warst. Mit Dir habe ich gelacht, geweint, gestritten, getanzt, philosophiert, wir haben Lebensplanungen entworfen, Visionen für Dich und für mich. Wir waren Mutter und Sohn, im besten Sinne – gemeinsam und jeder für sich, wir waren uns so nah, wie Mutter und Sohn sich nah sein können. Und weil dies so war, konnte ich Dich eines Tages ziehen lassen, Dir Flügel verleihen, wissend, daß das Band zwischen uns fest und undurchtrennbar ist.

In der Ferne bliebst Du mir verbunden, ich habe so viele Tränen um Dich geweint, Dich schmerzlich vermißt, nie aber habe ich versucht, Dich zurückzuholen. Ich habe gespürt, wie gut und wie frei Dein Leben war, dort in Irland, diesem Land, dem ich Dich anvertrauen konnte. Ich spürte, wie sehr Du an den Aufgaben wachsen durftest und wolltest, die dies völlig neue Leben dort an Dich stellte, und wie gut Deine Entwicklung verlief.

Wir haben uns geschrieben, viel am Telefon gesprochen und eigentlich hast Du niemals aufgehört, hier mit uns zu leben. Du warst unser Sohn in Irland geworden, ja, so sprachen wir von Dir und jeder hörte den Stolz, der aus uns sprach. Du hast uns neue Welten eröffnet, irische Musik, irische Literatur, Du brachtest uns die Menschen nah und Du brachtest uns Eimear, «your little princess», die wir fest in unser Herz geschlossen haben.

Hunderte Male haben wir über Euch gesprochen, Eure Zukunft vor unseren Augen gesehen. Es gab in Gedanken bereits rothaarige irische Enkelkinder, lauter Mädchen, ein glückliches Leben auf dem Land, ein Haus mit vielen Vorhängen und dicken Teppichen.

Als Ihr beide jetzt hier bei uns wart, in diesen letzten glücklichen Tagen dieses Lebens, sprachen wir über Eure Hochzeit; als Ihr zurück wart, habt Ihr über Euren Tod gesprochen. Hattest Du eine Ahnung, mein Kind? Eine ganz ferne, unbewußte Ahnung über das Kommende? Mußtest Du so leben, so schnell reifen, mein Florian, weil Dir nur so wenig Zeit blieb? Mußte unsere Beziehung so eng sein, weil wir nur 23 Jahre zur Verfügung hatten?

Wenn alles so ist, was hatte dies Schicksal dann für mich vorgesehen? Wie soll ich ein Leben leben, mit Deiner Abwesenheit, Deiner ewigen Abwesenheit? Wer und was soll die Leere füllen, wie soll ich diesen Schmerz aushalten, den ich in seinem Ausmaß zu spüren beginne. Ganz langsam erst begreife ich die Tragweite, die Dimension … ganz langsam nur, Florian!

Ich stehe noch unter Schock, mein Sohn, ich fühle mich noch immer abgeschnitten von mir selbst … Ich agiere wie eine Marionette, funktioniere, bin nicht ich selbst. Ich spüre mich nicht mehr, mein Herz weigert sich anzunehmen, was mein Kopf ihm sagt. Gibt es mich denn überhaupt noch? Ich suche noch nach der ersten Stufe der Treppe in eine Realität, die zu betreten ich unendliche Angst habe … so halte ich mich fest am Gefühl des Irrealen. Du kannst nicht wirklich tot sein. Irgendjemand oder irgendetwas wird mich erlösen und befreien und Du wirst zurückkehren und alles ist nur ein Spuk, ein böser, fürchterlicher Traum …

Laß es so sein, Florian, laß es doch bitte so sein … komm zurück, komm schnell zurück zu uns! Deine Mom, *verzweifelt, zerstört, verstört, ohne Leben in sich, vielleicht bin ich mit Dir gestorben, weiß es nur noch nicht.*

Die Nachricht

Wir saßen nebeneinander – Hans-Jürgen und ich – unfähig, zu sprechen, unfähig zu glauben, was wir gerade erfahren hatten. Jeder für sich fassungslos, gelähmt im Entsetzen.

Mir sind die ersten Stunden nicht erinnerlich, ich weiß, daß wir irgendwann zu Bett gingen, so, als würde ein Tag enden, ein Tag, wie alle Tage unseres Lebens ... und daß ich bald wieder aufstand, gepeinigt, getrieben vom Wunsch, es möge alles nicht wahr sein, als könne ich einfach dies Leben jetzt verlassen wie einen bösen Traum, und in dem Leben wieder erwachen, in dem alles ist, wie es war, als wir vor einigen Stunden das Haus verließen.

Meine Gedanken wurden nun hellwach, sie galten dem einen Wunsch: Florian so schnell wie möglich nach Hause zu holen – zurück nach Hause. Alles andere konnte später gedacht werden, nun brauchte ich alle Kraft, allen Verstand; alles, was mir zur Verfügung stand, wurde mobilisiert, um dies umzusetzen.

Ich saß im stillen Haus, das Branchenbuch auf dem Schoß und rief inmitten der Nacht die ersten Bestatter an. «Wie groß war Ihr Sohn?» – «Wissen Sie, was Ihr Sohn wiegt? Der Rücktransport berechnet sich nämlich nach Kilogramm.» Nein, ich wußte nicht, was mein Sohn wiegt, und ich legte auf, geschüttelt von Entsetzen und Abscheu. Wie sollte ich das nur schaffen? All das schaffen, was zu tun war, bis wir Florian hier zur letzten Ruhe tragen konnten. Wie denn nur?

Ich nahm allen Mut zusammen und wählte die Telefonnummer des Krankenhauses in Dublin, in das Florian vor einigen Stunden gebracht worden war. Nach Schwester Eileen sollte ich fragen, sie war in dem Team, das um Florians Leben gerungen hatte. Ich mußte sofort mit jemandem sprechen, der in Florians Nähe war. Vielleicht würde ich dadurch errettet, vielleicht würde sich nun herausstellen, daß alles ein Irrtum, eine Verwechslung war, vielleicht. Ich hing an dünnen Fäden, ich suchte Halt und griff ins Leere.

Eileen war sofort am Apparat und sprach mit mir, ruhig, mit liebevoller Stimme, sie nannte mich «darling», und sie versicherte mir, wie schrecklich und unerträglich für sie alle Florians Tod sei. Sie hätten alles gegeben, alles versucht, niemand wollte und konnte ihn gehen lassen, aber sie hätten verloren!

Ich fragte sie nach Florian, ob er noch bei ihr sei, und sie sagte, man habe ihn weggebracht. Eimears Mutter habe ihn identifiziert, sie habe eine Totenwache für ihn gehalten. Man habe nichts mehr für ihn tun können; Florian habe ausgesehen, als würde er schlafen, so ruhig, so friedvoll – und er sei ein so wunderschöner junger Mann, sie sei untröstlich. Sie bat mich, sie jederzeit anzurufen, wenn ich Hilfe benötige; sie gab mir ihre private Handynummer, um immer für mich erreichbar zu sein. Liebe Eileen, ich war ihr so dankbar, so unendlich dankbar, daß sie es war, die Florian begleitet hatte. Ein paar Wochen später lernte ich sie in Dublin kennen.

Ich verabredete mich mit einem der Bestatter für den nächsten Tag: der erste, der nicht nach Größe und Gewicht fragte.

Dann saß ich einfach da, Stunde um Stunde, und ließ die Nacht verstreichen, nie wieder würde eine Nacht so sein. Ich wurde mir der Tragweite immer bewußter, ohne sie wirklich zu spüren. Ich war irritiert über diesen Zustand, in dem ich mich, seit ich von Hans-Jürgen diese fürchterliche Nachricht erhalten hatte, befand: abgeschnitten von mir selbst, in einer irrealen Realität. Ich häutete mich in jener Nacht, wissend, daß nichts jemals wieder sein würde wie es war. Durch meinen Kopf rasten die Gedanken, es gab keinen Halt, es gab nichts, woran sie sich festklammern konnten. In mir hämmerte die Nachricht: «Florian ist tot. Florian ist die Treppe hinuntergestürzt, Florian hat sich das Genick gebrochen. Florian ist nicht mehr am Leben», und ich konnte es nicht begreifen. So grauenerregend diese Nachricht ohnehin war, am schrecklichsten war es, die Umstände zu glauben. Florian fällt keine Treppe hinunter und bricht sich das Genick.

Es konnte einfach nicht sein. Es paßte einfach nicht zu Florian. Ich konnte und ich wollte es nicht glauben! Nein, es würde sich herausstellen, daß dies nicht so war, und vielleicht war ich später, als sich die wirkliche Todesursache dann herausstellte, auf eine Art erleichtert. Ich hatte Recht behalten.

Wen sollte ich benachrichtigen? Mit wem wollte ich sprechen? Wer sollte diese fürchterliche Botschaft von mir erhalten? Wer gehörte denn nun zu meinem Leben, jetzt, wo Florian nicht mehr da sein sollte, er, meine Familie, mein einziger Sohn!

Ich entsinne mich sogar der Momente, in denen ich den Impuls hatte, Florian anzurufen, ihn, den ich immer anrief, wenn meinem Leben etwas Entscheidendes widerfuhr.

Über Nacht war nichts mehr auf seinem Platz!

Im Morgengrauen wählte ich die Nummer von Jutta, einer mütterlichen Freundin, die gerade auf Tinos in Griechenland war. Sie war die Erste, mit der ich sprechen wollte, sie war die Erste, der ich mitteilen wollte, daß Florian tot sei. Ich erinnere ein ruhiges, liebevolles Gespräch. Sie war dabei, die Koffer für Berlin zu packen, ich war dankbar zu wissen, daß sie zurückkam.

Vor mir liegen Aufzeichnungen aus dieser Nacht. Die Telefonnummer vom St. James Hospital, die Handynummer von Eileen und ein Satz von Jutta: «Von nun an muß jede Jahreszeit neu begangen werden ...» Diesen Satz schrieb ich auf – ohne seine Bedeutung zu verstehen.

Ein neuer Tag begann und ich erwachte als Fremde im eigenen Leben. Sonntag, der Tag, an dem ich Florians Anruf erwartete, der Tag, an dem ich noch lange Zeit seinen Anruf erwarten würde. Sonntag, der Tag, an dem Hans-Jürgen und ich nach dem Aufstehen begannen, Friedhöfe in unserer nahen Umgebung anzuschauen. Sonntag, der Tag, an dem wir mit der Vertreterin des Bestattungsunternehmens die Überführung von Florian von Dublin nach Berlin besprachen. Sonntag, der Tag, an dem wir einen Sarg für Florian auswählten; nein, nicht Eiche und nicht braun: einen einfachen Sarg und meerblau gestrichen. Der Tag, an dem ich mich schämen sollte, daß ich die einfache Sargausstattung wählte, statt der mit Spitzen und Rüschen. Ich wünschte mir, Florian in die Decke zu wickeln, in der er noch vor einigen Tagen geschlafen hatte, es wurde mir verwehrt. Nein, die Karten würde ich alleine gestalten und zum Druck geben, auch die Benachrichtigung würde ich selbst machen. Die Anzeige würde ich selbst aufgeben, nichts wollte ich abgenommen bekommen! Weshalb auch? Ich bestand aus nichts anderem als aus meiner Rolle als Florians Mutter, aus nichts sonst. Noch einmal konnte ich für mein Kind sorgen, wissend, daß es das letzte Mal sei, das letzte Mal!

Ich telefonierte zum ersten Mal mit Eimear in Dublin. Sie schrie und weinte, sie stammelte am anderen Ende, sie hatte Angst vor mir, Angst vor Vorwürfen, vor Anschuldigungen: «Gabi believe me, I did what I could. I couldn't save his life, I couldn't. Please believe me Gabi, please please.» Ich spürte in ihrem Schmerz und Entsetzen zum ersten Mal etwas von dem, was etwas später dann auf mich selbst zukam, der völlige Zusammenbruch!

Nein, ich machte sie nicht verantwortlich. Niemals hatte ich dies gedacht, nicht einen Moment. Ich ließ sie noch einmal erzählen, so gut sie es konnte, was vorgefallen war. Ich hatte mir eine Vorstellung gemacht, die sich wie ein nicht endender Film immer wieder in meinem Kopf wiederholte:

Florian, auf der Treppe in seiner Wohnung stürzend.

Nein, es war nicht in der Wohnung, es war im Treppenhaus geschehen. Er war nur in den Keller gegangen, um eine Münze in den Trockner zu werfen, sie hatten beim Abendessen gesessen – und er kam nicht mehr zurück. Unser Telefongespräch erstarb im gemeinsamen Schluchzen, mein Gott, was war geschehen und warum nur? «Why Gabi, why?», und ich hatte keine Antwort und keinen Trost. Ich hatte Mitleid mit Eimear, tiefes Mitleid, und ich weinte um sie an diesem Tag eins, ich weinte um ihr zerstörtes Leben, um unser gemeinsam zerstörtes Glück: Mit ihr konnte ich in den ersten Tagen weinen, nur mit Eimear.

Montag, Tag zwei in einem neuen Leben: Hans-Jürgen mußte einen lange vorbereiteten Gerichtstermin wahrnehmen, mußte das Haus verlassen, als sei nichts geschehen. Mein Gott, wie hat er das damals nur alles geschafft? Er hielt unser Leben auf eine Art aufrecht – über viele, lange Monate, eine unglaubliche Leistung, für die ich ihm mit meiner Liebe danke.

Für mich hatte das normale Leben geendet. Ich fühlte, daß ich lange Zeit nicht mehr zurückkehren würde. Ich suchte einen Bekannten auf, der Arzt ist. Er bescheinigte mir einen schweren Schock, riet mir, vorerst zu Hause zu bleiben.

Ich rief Frauke, meine Kollegin, an und teilte ihr mit, was geschehen sei. Sie wurde meine Begleitung für die kommenden Tage. Ich weiß nicht, was ich ohne sie gemacht hätte.

Mit ihr suchte ich den Text für die Benachrichtigungskarte aus. Sie begleitete mich zum Friedhof, auf dem ich weiter nach einem Grabplatz suchte. Sie war an meiner Seite, als wir zum Drucker fuhren, der mich weinend umarmte, als ich ihm das Foto von Florian übergab. Sie brachte mir Garderobe. Ich konnte die Kleidung nicht mehr tragen, in der ich vor einigen Wochen noch mit Florian im Garten gesessen hatte. Ich hatte den Impuls, alles wegzuwerfen aus diesem Leben, das nicht mehr mein Leben war. Ich hüllte mich in einen schwarzen Kokon und bis heute kann ich ihn nicht ablegen.

Ich telefonierte Stunden am Tag mit Dublin: mit dem Krankenhaus, in dem man die Obduktion durchführte, mit dem irischen Bestatter, der Florian für die Überführung vorbereiten würde und immer wieder mit Eimear. Mehrmals täglich telefonierten wir, fassungslos, ließen wir uns in diesen Telefonaten in die Arme der anderen fallen, nur mit ihr konnte ich fallen und weinen.

Es war, als sei Florian nun in ihr.

Sie war Teil von seinem Leben, ihr galt seine große Liebe. Nun hatte ich nur noch sie und sie nur noch mich. Wir klammerten uns aneinander. «I love you Gabi», «I love you Eimear».

Dienstag gaben Hans-Jürgen und ich eine Anzeige auf: «Nichts wird jemals wieder so sein wie es war» … Das Begräbnis hatten wir für Freitag, den 7. Juli festgelegt, nicht wissend, ob wir es wirklich schaffen würden, Florian bis dahin zurückzuholen.

Inzwischen hatte ich auf dem Alten Sankt Matthäus Kirchhof, nur einen Steinwurf entfernt von dem Haus, in dem Florian als Kind gelebt hatte, einen würdigen Platz gefunden. Als ich ihn Hans-Jürgen zeigte, erkannte er in dem Nebengrab von Jessica eine frühere Mandantin. Das Foto von Jessica auf ihrem Grab rührte uns sehr an, ihr schlafendes Gesicht, entspannt, wunderschön, und nachdem man mir sagte, Jessica, die nur 26 Jahre alt geworden war, sei Tänzerin gewesen, dachte ich, den richtigen Platz für Florian gefunden zu haben.

Es begann ein Wettlauf mit der Zeit: Die Obduktion dauerte einen ganzen Tag, die Vorbereitung für den Rücktransport sollte noch einen weiteren Tag dauern, Eimear wollte für Florian unbedingt eine kleine Trauerfeier in Dublin durchführen, und der Bestatter hier drängte darauf, mit seinem Wagen loszufahren, um Florian abzuholen. Florian sollte nicht als «Fracht» zurückkommen, ein Wagen sollte ihn holen, koste es, was es wolle.

An dem Tag, an dem ich ihm diese Einwilligung gab und er sich auf den Weg machte, erfuhr ich definitiv, daß es keinerlei Unterschied mache, ob die Überführung mit dem Auto oder dem Flugzeug geschehe. Für den Rücktransport mit dem Flugzeug spreche, daß es sehr viel schneller ginge, sehr viel preiswerter sei und wir ohnehin den Termin bis zur vorgesehenen Bestattung mit dem Auto kaum einhalten könnten. Ich orderte das Auto, das mittlerweile in Belgien war, nach dieser Aussage zurück.

Ich war wütend, enttäuscht, fühlte mich betrogen. Der Bestatter drohte Regreß an, ich hörte nicht hin.

Ich nahm Musik auf für das geplante Requiem. Ich ließ mich leiten von meiner Intuition. Musik bedeutete «Musik aus Irland». Musik bedeutete Musik, die Florians und mein Leben, aber auch Florians und Eimears Leben begleitet hatte. «Song for Ireland» … Nie wird dieses Stück mehr ohne Gedanken an Florian zu hören sein. Ich bat Eimear, mir ein Stück zu nennen, das wir für sie und Florian spielen würden: «My love is your love» …

Meine Telefonate mit Eimear sind mir von allen Ereignissen dieser Woche am lebendigsten in Erinnerung. Es gab Momente, in denen ich den Abgrund spürte, in denen ich einen Sog vernahm, der mich in die Tiefe zu reißen drohte … und in meinen Anrufen mit Eimear erhielt ich Rettung. Sie wurde mein Anker, und ich habe ihr später immer wieder geschrieben, daß ich heute denke, sie hat mir damals das Leben gerettet.

Ich habe, als ich das Grab aussuchte, nicht einen Moment gezögert, ein Doppelgrab zu nehmen, und ich glaube heute, ich wollte Vorsorge treffen für den Fall, daß ich dies Leben nicht mehr tragen kann. Neben Florian ist ein freier Platz.

Eimears Weinen, Eimears Trauer, sie erlebte und fühlte wie ich – nur sie. Niemand sonst wußte in dieser Woche um mich, niemand wußte um mein Entsetzen, meine Qual!

Hans-Jürgen war – so oft er nur konnte – zu Hause. Er war um mich, er nahm mir alles ab, was er tragen konnte. Ich war innerlich in Irland – er war hier.

Es gibt Dinge aus dieser Woche, an die ich mich nicht erinnere: ich erinnere mich nicht eines einzigen Telefonates – außer denen nach Irland. Nicht eines!

Ich hatte Jutta, die zurückgekehrt war, gebeten, uns durch die Trauerfeier zu führen. Ich wollte niemanden «über Florian» sprechen lassen, ich beschloß, Florian selbst noch einmal eine Stimme zu verleihen, indem ich Auszüge aus seinen Briefen entnahm und seine Freunde bat, diese auf der Trauerfeier zu verlesen.

Erneut erfolgten Dutzende von Telefonaten mit Irland, dem Bestatter dort, der mir kaum Hoffnungen machte, daß wir den Termin bis Freitag einhalten könnten. Und es kam die erlösende Nachricht der Obduktion, daß Florian nicht an einem gebrochenen Genick gestorben sei. Als Ursache wurde nun ein Hirnschlag vermutet, eine genaue Ursache sollte jedoch in einem späteren Verfahren vor dem «coroner» erörtert werden.

Ich begann, Englisch zu träumen. Ich sprach in dieser Woche vor Florians Rückkehr nur noch Englisch. Ich sprach mit Eimear, mit den Ärzten, dem Bestatter. Ich verstand sie. Alle Begriffe waren mir in Englisch vertraut, ich hatte Worte, eine Sprache zur Verfügung, über deren Existenz ich mir vorher niemals bewußt gewesen war. Florians Tod war mit dieser Sprache für alle Zeit verbunden und Englisch wurde meine Sprache mit Florian.

Ich spürte bei den Menschen in Irland etwas von dem, was ich hier so vermißte: Einfühlsamkeit, die Bereitschaft, das Unmögliche möglich zu machen unter eigenem großen Einsatz. Der Bestatter kannte Eimear und ihre Familie, da er aus dem selben Ort stammte. Er kannte auch Camphill, und sein Bruder hatte ein behindertes Kind dort, für das Florian gesorgt hatte.

Es schlossen sich Kreise, und dies alles führte dazu, daß Eimear in Dublin eine Trauerfeier abhalten konnte, bei der Florian aufgebahrt wurde und an der mehr als einhundert Menschen teilnahmen.

Die Menschen aus Camphill waren in einem extra gemieteten Bus gekommen. Nachbarn hatten gebeten, mitfahren zu dürfen, denn sie alle hatten Florian gut gekannt und geschätzt. Seine Freunde von der Universität waren auch gekommen und die Menschen aus der Videothek, in der er gejobt hatte. Mir liegt eine Liste davon vor und ich schaue auf die vielen Namen.

Immer wieder hatte ich in diesen Tagen selbst den Impuls, nach Dublin zu fliegen, Eimear riet mir ab, ich konnte dort nichts für Florian tun, hätte ihn nicht einmal sehen können, und hier war viel zu tun.

Mit vielen Bemühungen war es gelungen, einen Flug sowohl für Eimear und ihre Eltern als auch den Transport von Florian in seinem Sarg zu erhalten – für Donnerstag Nacht. Und es war der gleiche Flug, mit dem Florian nur wenige Wochen zuvor mit Eimear in Berlin angekommen war … vor wenigen Wochen in einem anderen Leben!

Hier war alles für seine Rückkehr vorbereitet. Wir konnten den Termin für das Begräbnis am Freitag, den 7. Juli um 11 Uhr einhalten. Jutta hatte Nick, einen jungen Engländer, gefunden, der bereit war, die Brieftexte von Florian ins Englische zu übersetzen. Eimear, ihre Eltern und ihre Schwester, die aus Paris kommen würde, sollten durch die Sprache nicht von der Feier ausgeschlossen werden. Einen mir bekannten Priester hatte ich gebeten, uns zu begleiten und Florian zu segnen.

Eimear rief mich nach der irischen Trauerfeier an – spät abends noch. Ich hatte seit Stunden wie auf Kohlen gesessen, denn Eimear würde Florian dort zum ersten Mal wiedersehen, dort in der Kapelle, in der er aufgebahrt war. Sie hatte so fürchterliche Angst, sie wußte nicht, ob sie es schaffen würde, und sie wollte mir sagen, ob ich es mir zutrauen solle. Und endlich kam der Anruf: «Gabi, you can look at him but this is definitely not Florian, Florians soul has gone, this is just his body.»

Sie erzählte, wie schwer es ihr gefallen war, sich dem Sarg zu nähern. Zwei Mal sei sie aus der Kirche gelaufen, schließlich konnte sie an der Hand des Priesters bei Florian stehen bleiben, aber sie hatte ihn dort nicht mehr gefunden!

Dieser Anruf verhalf mir zu dem Entschluß, eine Aufbahrung von Florian ausdrücklich zu wünschen. Meine Freundin Claudine hatte ich gebeten, früh am Morgen, vor der Aufbahrung, auf den Sarg ein Segelboot zu malen! Ich selbst hatte ein kleines Boot mit einem silbernen Segel gesucht, das während des Requiems auf dem Sarg stand und dann auf seinem Grab, wo es noch heute steht – ein wenig verwittert, aber sein Boot! Claudine war auch die Erste, die sich wünschte, von Florian Abschied nehmen zu können, und ich bin ihr heute dankbar für ihre Hartnäckigkeit, denn ihr Wunsch und der Anruf von Eimear waren ausschlaggebend dafür, daß ich, gegen den ausdrücklichen Rat des Bestatters, noch einmal meinen Sohn küssen und ihm Adieu sagen konnte.

Donnerstag kamen Florians Freunde zu uns, um die Texte aus seinen Briefen für das Requiem zu lesen. Wir hatten uns verständigt, daß die Briefe angemessen vorgelesen werden, und natürlich waren sie alle bereit, dafür zu proben. Ich erinnere mich an den Moment, an dem ich sie vor mir stehen sah, unfähig zu begreifen, daß sie vor kurzem noch hier mit uns im Garten gesessen und gegrillt hatten, mit Florian und Eimear. Nun sah ich in ihre traurigen, betroffenen Augen. Ich spürte ihr Mitleid, ihre Behutsamkeit im Umgang mit mir. Wer würde ich ohne Florian sein?

Der Tag von Florians Rückkehr war ein Tag großer innerer Unruhe. Er brachte die Rückkehr meines toten Sohnes, ein noch immer unvorstellbarer Gedanke, und doch fiel eine riesige Last von mir: Er kam nach Hause, endlich kam Florian nach Hause zurück!

Diese Rückkehr fand im Einvernehmen mit Eimear statt. Nicht daran zu denken, was gewesen wäre, hätte sie den Wunsch geäussert, Florian in Irland beizusetzen.

Es hatte nach der Rückkehr der beiden von Berlin nach Dublin ein Gespräch zwischen ihnen gegeben: Eimear wachte mitten in der Nacht auf und weckte Florian. Sie hatte einen Traum und aus diesem Traum heraus stellte sie ihm die Frage, wo er, sollte er sterben, beerdigt werden wolle.

Florian war empört und wollte die Antwort auf den nächsten Tag verschieben. Eimear ließ nicht locker. So sagte Florian ihr, daß er, würde er sterben, bevor er mit ihr eine Familie gegründet habe, zurück nach Berlin wolle. Ansonsten würde er in Irland begraben werden wollen ... und bat, weiterschlafen zu dürfen.

Am nächsten Tag kamen die beiden auf dieses Thema zurück und Eimear fragte Florian, wie sein Grab aussehen solle. Er meinte, es solle so sein wie das Grab seines Großvaters, das wir gerade besucht hatten – eben «ein kleiner Garten». Florian hatte sich auch ausdrücklich von einer Feuerbestattung distanziert. Dies hatte Eimear mir mitgeteilt und dies gab uns die Sicherheit, im Einvernehmen mit Florian zu handeln.

Mirco, Florians bester Freund, begleitete uns zum Flughafen, da wir davon ausgingen, daß auch Douglas, Florians Freund aus den Zeiten in Camphill, seine Rückkehr begleiten würde. Mirco wollte ihn bei sich wohnen lassen.

Ich erinnere mich des Schmerzes, der sich nahe der Grenze zur Ohnmacht befand, als wir am Flughafen fragten, wo wir den Sarg von Florian in Empfang nehmen könnten. Wir warteten auf die

Ankunft und dann kam Eimear durch die Sperre gerannt … sie rannte und ihre Augen suchten nach uns. Sie fiel mir schluchzend in die Arme, ihre Beine versagten und ich setzte mich mit ihr auf eine Bank, hielt sie im Arm und sprach leise auf sie ein. Diese Eimear hatte nichts mehr mit der schönen, jungen Frau zu tun, die wir vor fast genau einem Monat hier mit Florian in Empfang genommen hatten, nichts mehr. Sie war dünn geworden, der viel zu große Pullover von Florian, den sie trug, hing an ihr. Sie sah so schrecklich jung, so verloren, so bedauernswert aus; ich wollte sie am liebsten nicht mehr aus den Armen lassen … und ich hatte keine Tränen. Ich war erstarrt, eingefroren!

Zusammen mit ihren Eltern, Breda und John, fuhren wir zur «Frachtabteilung» – und dort wartete bereits ein grauer, häßlicher Lieferwagen, der für den Transport von Florians Sarg dienen sollte.

Es war eine der größten Herausforderungen, etwa eine Stunde hinter diesem Wagen herzufahren – immer wissend, daß er die kostbarste «Fracht» dieser Erde in sich barg. Wortlos fuhren wir durch die Nacht, jeder für sich war wie gelähmt!

Man gönnte uns nur einen kurzen Blick auf seinen Sarg, bevor man ihn – mit Blumen, die aus Irland mitgekommen waren, bedeckt – in einen Flur des Krankenhauses schob – lieblos, pietätlos, unmenschlich. Eimear wollte dem Sarg hinterherrennen. Wir konnten sie kaum festhalten – und wie sollte ich ihr dieses unwürdige Verhalten erklären?

Florian war zurück. Mein Sohn war zu Hause angekommen und nur noch eine Nacht trennte mich davon, ihn zu sehen, ein letztes Mal bei ihm zu sein – für einen Moment, einen letzten winzigen Moment!

Wir kamen erschöpft vom Flughafen zurück, nachdem wir Eimear und ihre Eltern in ein nahes Hotel gebracht hatten. Florian war zurück ... dies war alles, was ich an jenem Abend denken wollte und konnte. Mein Sohn war nach Hause zurückgekehrt.

Um 11 Uhr am nächsten Vormittag war das Begräbnis. Wir standen früh auf. In meinem Kopf hämmerten die Worte, mit denen Eimears Mutter mich verabschiedet hatte: «Tomorrow is going to be the worst day in your life.»

Dies war der erste Gedanke nach dem Aufwachen und in wenigen Stunden würde ich Florian sehen! Ich würde aber auch all den Menschen begegnen, die kommen würden, um Florians letzten Weg zu begleiten.

Würden es viele sein? Ich wünschte es mir auf der einen Seite – ich wünschte es mir für Florian –, ich hatte aber auch große Angst vor diesen Begegnungen – Menschen aus einem anderen Leben. Ich spürte es wohl bereits an diesem Tag – vielleicht damals zum ersten Mal!

Viele hatten uns geschrieben, ihr Entsetzen in tröstlichen Worten ausgedrückt, aber niemanden hatte ich bis zu diesem Tag gesehen.

Eine unendliche Stille lag über unserem Haus, über dem Garten, den ich – wie jeden Morgen – barfuß betrat, die Natur, die Bäume um Kraft für das Kommende bittend: Es kündigte sich ein Sommertag an, nachdem die letzten Tage eher herbstlich gewesen waren.

Mein Sohn war zurück, mein Sonnenkind.

Frauke hatte mir Garderobe gebracht, alles, was sie an Schwarzem finden konnte ... und doch entschied ich mich, ein einfaches, langes schwarzes Sommerkleid zu tragen, das ich oft anhatte – auch als Florian hier war – mein Lieblingskleid, eine Hülle, die mir für die nächsten Stunden Sicherheit geben sollte. Ich mußte eine äußerliche Identität suchen, die in mir nicht mehr vorhanden war.

Während wir am Vortag auf Florians Rückkehr warteten, hatten Hans-Jürgen und ich jeweils einen Brief an ihn geschrieben, den wir ihm mitgeben würden auf seine letzte Reise. Ich weiß noch genau, daß ich diesen Brief kaum schreiben konnte, ich konnte ja nicht begreifen, was geschehen war, ich hatte also auch keine Worte, die ich an Florian richten wollte. Der Brief wurde holperig, und erst gegen Schluß ahnte ich, was ich schreiben müsse: Ich dankte ihm für unser gemeinsames Leben!

Bevor wir losfuhren, um Eimear abzuholen, ging ich noch einmal umher und suchte Geschenke für Florian: Ich schnitt ihm einen kleinen Rosenstrauß im Garten, und Salbei und dann dachte ich an Eimear und schnitt auch für sie einen Rosenstrauß.

Ich nahm den Pullover, den ich wenige Tage nach Florians Abreise für ihn gekauft hatte, ich hatte ihm am Telefon schon davon erzählt. Nun sollte er ihn mitnehmen, nun sollte er ihn warm halten. Ich steckte Florians Lieblingsschokolade ein, die noch von seinem Besuch übrig geblieben war, und ich griff nach einem kleinen Duftbeutel – Seabreeze steht darauf und ein Boot und eine Möwe sind dort abgebildet … Meeresluft …

Als wir den Friedhof betraten, stand vor der Kapelle ein junger Mann, ich kannte ihn nicht, er mußte einer von Florians Freunden sein. Traurig und verloren sah er zu uns herüber. Wir gingen zur Treppe an der Seitenfront der Kapelle, die in den Kellerraum führt, in dem wir Florian aufgebahrt wußten. Die graue Flügeltür war noch verschlossen. Mir fiel auf, wie steil diese Treppe war.

Es betraten immer mehr Menschen den Friedhof, ihre Gesichter waren voller Entsetzen, voller Trauer, sie weinten, sie waren blaß. Es kamen unsere Familien, unsere Freunde, Florians Freunde. Kolleginnen, Kollegen, Nachbarn, Lehrer der Schule, in der Florian Abitur gemacht hatte, Klassenkameraden. Der Strom der Menschen riß nicht ab.

Ich sah immer wieder nach Eimear. Sie war unruhig, rannte umher und sagte, sie wolle Florian nicht noch einmal sehen. Ihre Eltern waren bei ihr, ihre Schwester. Ich sah das Ausmaß der Tragödie, in deren Mittelpunkt ich stand, in all diesen Gesichtern. Ich war völlig abgeschnitten von meinen Gefühlen. Ich ließ mich umarmen und ich tröstete. Ich trocknete Tränen und hatte selbst keine einzige. Ich sah Gesichter, die ich lange nicht gesehen hatte, ich freute mich über ihr Kommen. Sie alle waren für meinen Sohn gekommen, sie alle wollten Abschied nehmen – wie ich.

Dann öffnete sich die Tür – und ich zuckte zusammen vor Schreck und Angst. Zum ersten Mal hatte ich Angst vor dem Moment, der mir nun bevorstand: mein Abschied von Florian. Ich bat Breda, Eimears Mutter, mich zu begleiten. Sie hatte Florian nach seinem Tod gesehen, sie hatte ihn ja in Dublin im Krankenhaus identifiziert, lange bei ihm gesessen und die Totenwache gehalten. Sie hatte mir gesagt, wie friedvoll sein Gesicht war, daß er schlief, nur schlief! Sie war der Mensch, an dessen Hand ich diese steilen Treppen hinunterstieg.

Mit jeder Stufe dieser steil abfallenden Treppe näherte ich mich dem meerblauen Sarg. Zunächst sah ich nur ein kleines Stück dieses Blaus und eine weiße Decke und dann näherte ich mich meinem Sohn mit jedem Schritt. Jede Stufe dieser Treppe gab ein weiteres Stück Blick auf Florian frei. Ich erblickte seine Hände, die neben seinem Körper lagen, seine Arme, und dann gab der Blick sein Gesicht frei ... sein blasses, ernstes Gesicht.

Ich dachte an Eimears Worte: This is not Florian, this is just his body ... und ich ließ Bredas Hand los und näherte mich langsam meinem schlafenden Sohn. Mich ergriff eine tiefe, alles umhüllende Liebe und Zärtlichkeit. Ich kniete neben ihm nieder, streichelte sein Haar, sein Gesicht. Er war so schrecklich kalt, ich hatte den Impuls, ihn wärmen zu wollen und legte den Pullover über seine Brust. Sein Haar schien das einzig Lebendige an ihm zu sein.

Sein Gesicht wirkte entspannt, friedlich, einen leisen Zug von Trotz wollte ich um seinen Mund entdecken. Seine Hände rührten mich so sehr ... sie erschienen mir mit einem Mal so klein, so zart. Ich berührte ihn, seinen Körper, ich legte meine Geschenke neben ihn.

Am Fuße des Sargs entdeckte ich den dunklen Teddy, den ich ihm damals mit nach Irland gegeben hatte, als er Berlin verließ. Er rührte mein Herz, und für einen Moment drohte ich die Fassung zu verlieren. Ein kleines Zeichen aus unserem Leben tauchte auf. Den Teddy hatte ich ihm mitgegeben, damit er ihn beschütze … Eimear hatte dafür gesorgt, daß er mit ihm auf diese letzte Reise ging, da er immer neben ihm in seinem Bett gelegen hatte. Ich nahm den Teddy und legte ihn nah neben Florians Gesicht und bat ihn, ihm auf dieser Reise, die sie nun zusammen antreten würden, etwas Schönes zu erzählen.

Mich durchfuhr der Wunsch, diesen letzten Moment bei Florian mit Eimear zu teilen und ich beschloß, Hans-Jürgen zu bitten, daß er – trotz seiner Ängste und seines Widerstands – seinen Abschied von Florian am Sarg nähme.

Ich lief die Treppen hinauf, die Menschen strömten mir entgegen, ich suchte Eimear und ich suchte Hans-Jürgen. Ich bat ihn, sich einen Menschen zu suchen, an dessen Seite er in der Lage sein würde, diese Treppen zu überwinden und zu Florian zu gehen … und er machte sich an der Seite eines Freundes auf den für ihn so schweren Weg.

Ich entdeckte Eimear, ging zu ihr und bat sie, mit mir zusammen noch einmal zu Florian zu gehen. Ich glaube, ich zog sie schließlich hinter mir her diese Treppen hinab und dann knieten wir beide neben ihm. Eimears liebes junges Gesicht spiegelte in diesem Moment allen Schmerz. Florians Hände liebte sie ganz besonders. Sie schaute zu mir herüber und sagte: «Gabi he has changed, he is home now!» Ach Eimear, geliebtes Mädchen, was waren Worte wie diese für ein Geschenk.

Wir betraten die Kapelle. Ich hatte Hans-Jürgen wieder gefunden, wir setzten uns zusammen mit Eimear, die wir in unsere Mitte nahmen und Stephan, seinem Sohn, in die erste Reihe. Und dann erklang Musik – Musik aus Irland, und es wurde still, und in Eimears Hand sah ich einen kleinen Bilderrahmen mit einem Foto von Florian und ihr – aufgenommen an ihrem achtzehnten Geburtstag. Sie und Florian stecken lachend ihre Köpfe zusammen … und meine Kehle war voller stummer Schreie, die Luft wurde eng und flimmerte vor meinen Augen … und wieder drang Eimears Stimme zu mir: «Gabi, Florian is looking down on us.»

Dann trat Jutta vor die versammelten Menschen und hielt die Totenrede: «Wir nehmen Abschied von Florian in dem tröstlichen Wissen, daß sein lichter Geist bei und in den Menschen bleiben wird, die er berührte. Florian hat inzwischen eine Erfahrung gemacht, die uns allen noch bevorsteht und die sich nicht vermitteln läßt – es geschehe denn durch die Offenbarung im Glauben, sagt Max Frisch in einer Totenrede.

Florians sterblicher Leib ist vor uns in einen meerblauen Sarg mit einem Schiff gebettet. Schiffe, Wasser – über Jahre eine Metapher für Lebensfluß, Bewegung in der Zeit, für Florian und Gabi, seine Mum, in ihren Gesprächen, in ihren Briefen. Ihr schreibt Florian aus Camphill: ‹Du hast mir den Kompaß mit auf meinen Weg gegeben und ich lernte hier, ihn zu nutzen.›

Im Symbol der Schiffe begleiten ihn auch immer wieder wichtige Menschen seines Lebens.

Zwischen Hans-Jürgen und Florian wird der Leuchtturm zu ihrem Symbol: Der gab Orientierung. Und Zeichen, von denen Florian so manche aufnahm in sein Handeln oder sie in seinen persönlichen Ausdruck integrierte. Sichtbares Zeichen der Verbundenheit von beiden.

Ein weiteres Bild von Wasser und Lebensfluß, welches Florian, Gabi und Hans-Jürgen verband: daß Florian immer den sicheren Hafen Köpenick anlaufen könne, wenn es zu stürmisch auf der See seines jungen Lebens werden sollte.

Florians Hafen der Kindheit war Egg, im Schwarzwald, bei seinem Großvater. Köpenick wurde zum verläßlichen Hafen für den jungen Mann.

Gabi und Eimear, ihr habt in Verbundenheit Übereinstimmung gefunden, was Florian sich gewünscht hätte: Hier zur letzten Ruhe gebettet zu werden, mitten in Berlin auf einem üppig-grünen alten Friedhof, wo auch seine jungen Freunde sein Grab gut erreichen können, wenn sie Zwiesprache mit Florian halten möchten.

Nicht gewünscht hätte sich Florian, daß hier, heute, ein Abriß über sein Leben erfolgt. So wie es Florian ohnehin fremd war, im Mittelpunkt stehen zu wollen. Deshalb werden seine drei engsten Berliner Freunde – Mirco, Boris und Mirjam – aus Briefen, die er an Gabi schrieb, und in die Hans-Jürgen immer einbezogen war, vorlesen. Die Briefe kamen aus Irland, wo Florian seit September 1996 in der anthroposophischen Einrichtung Camphill mit ‹Menschen mit besonderen Bedürfnissen› arbeitete – und mit ihnen lebte. Diese dreijährige Erfahrung hat Florian noch einmal entscheidend geprägt: Durch die Annahme dieser Herausforderung entwickelte er eine Ausstrahlung wie wenige seines Alters. Er erfuhr, wieviel Verantwortung man ihm zutraute, er sich auch zutrauen konnte und wollte.

Die Spuren, die Florian dort hinterlassen hat, werden bleiben. Florian wurde sich seines Anteils daran mehr und mehr bewußt, und er zeigte ebenso Stolz wie auch Dankbarkeit. Für diese Erfahrung. An Gabi schrieb er: ‹Du hast mich nicht nur Ideale gelehrt oder sie mir anerzogen, Du hast sie auch gelebt.›

Seine Briefe erzählen auch von seiner Liebe zu Irland, von seiner Lebenslust, von Freundschaft und von Spaß. – Und wenn es im Pub mal 4 Uhr früh wurde, gemolken wurde trotzdem um 7 Uhr.

Florian hat diese Zeit zu begrenzen vermocht, obwohl man ihn sehr gerne lange in Camphill gesehen hätte. Er entschied sich, diese Erfahrung in ein Psychologiestudium zu integrieren. Und dies in Dublin. Und in Verbundenheit mit Dir, Eimear. Mit Dir plante Florian sein Leben dort. Die Unterstützung und der Segen von Hans-Jürgen und Gabi waren Euch so sicher wie auch die Liebe zu Euch als jungem Paar von Eimears Eltern.»

Zum ersten Mal an diesem Tag drohten meine Kräfte mich zu verlassen. Ich spürte den tiefen Wunsch, mich fallen zu lassen und spürte, daß nach diesem Abschied von Florian eine große Leere, ein riesiges Vakuum auf mich warteten, und ich wollte mich dieser Leere hingeben. Dann spürte ich Eimears Hand auf meiner und ich sah in ihr Gesicht und ich wußte, daß ich sie nicht im Stich lassen durfte. Ich sah Stephan bitterlich weinen neben Hans-Jürgen, ich sah seine Hand in der seines Vaters. Wir mußten stark sein, stark für uns – und stark für die, die uns heute brauchten.

Eimear hatte ich am Abend vorher gebeten, wenn sie die Kraft dazu hätte, etwas für Florian zu sagen. Sie hatte bei der Trauerfeier in Dublin Florians Gedicht, das Sonett XVIII von Shakespeare, mit dem er einst ihr Herz erobert hatte, vorgetragen und sie bat, es für ihn rezitieren zu dürfen. Nun schritt sie durch den Raum, stand hinter seinem Sarg und sprach in ruhigen, festen Worten dieses wunderschöne Gedicht:

«Shall I compare Thee to a summers day
Thou art more lovely and more temperate ...»
«Soll ich vergleichen einem Sommertage
Dich der du milder und lieblicher bist ...»

und

«So long as men can breathe and eyes can see
so long lives this and this gives life to Thee.»
«Solang als Menschen atmen, Augen sehn
Wird dies und du der darin lebt bestehn.»

Eimears Liebe zu Florian füllte den Raum, jeder konnte es spüren und ich sah in Gedanken Florians strahlendes Gesicht und seinen Stolz in den Augen ... seine «kleine Prinzessin» war weit über sich hinausgewachsen!

Schließlich nahmen die Sargträger den meerblauen Sarg hoch und wir traten den letzten gemeinsamen Weg mit Florian an. Wir durchschritten, hinter einem Wagen, der den Sarg trug, den von hohen wunderschönen Bäumen überschatteten breiten Mittelweg des Friedhofes. Er steigt zunehmend an, und so wurde dieser letzte Weg ein steiler, beschwerlicher Gang hin zu dem Ort, den wir als Florians Ruhestätte gewählt hatten: Ein kühler Platz zwischen einer riesigen alten Eiche und einem Ahorn. Ihre hohen Äste wirkten wie die Kuppel einer grünen Kathedrale.

Unterwegs, als wir vom Hauptweg abbogen, sah ich zurück und ich war unendlich berührt von dieser nicht endenden Prozession von Menschen, die Florians Sarg folgten.

Ich hatte darum gebeten, am Grab von Beileidsbezeugungen abzusehen, ich wollte diese letzten Minuten mit meinen eigenen Gedanken alleine sein unter den mir ganz nahen Menschen. Wir standen im großen Kreis um das Grab, noch einmal ergriff der Geistliche das Wort:

«Wir wollen lieben, weil kein Tod uns die Liebe nehmen kann, die wir empfangen haben und neu geben können. Denn nun bleiben Glaube, Hoffnung, Liebe, diese drei, aber die Liebe ist die größte unter ihnen …»

Florian wurde in die Erde gelassen und somit versank das Leben, das ich ihm einst geschenkt hatte, für immer und ewig aus meinen Augen. Viel zu laut hallte der Aufprall der Erde, die ich in diese Grube warf, auf seinem Sarg wieder. Ich erschrak, es schmerzte so sehr: Nie wieder, nie wieder, mein Sohn …

«Nichts wird jemals wieder so sein wie es war.» Das stand auf der Schleife der Blumen, die Hans-Jürgen und ich ihm als letzten Gruß hinterließen. Eimear hatte Erde aus Irland mitgebracht, die sie auf den Sarg fallen ließ. Dann traten wir beiseite und der lange Strom der Menschen löste sich auf, und jeder trat vor das offene Grab.

Meine Briefe
15. August – 23. November 2000

«Wie konntest Du mich hier zurücklassen in solcher Hoffnungslosigkeit, in so viel Wut, in dieser Ohnmacht, in diesem Schmerz, der mich packt und mich zerfetzt!»

15. August 2000

Ich schwimme, ich spreche mit Dir, ich sage Dir, daß Du mich nicht verlassen hast, nie verlassen kannst und niemals verlassen wirst. Ich spreche ein Gedicht, ein Gebet:

I carry you with me – a ghost inside
I carry you with me – so you are still alive
The bones we buried – they feed the tree
But every word you spoke is still in me.
And I will cry sometimes when the night is down
And I will raise my head up to the mountains
talk to you and I fly
cause the spirit lives on
when the bodies die.

Ich bin in Gedanken bei Dir – immer bin ich in Gedanken bei Dir – jede Minute, jede Sekunde. Wo sollten meine Gedanken sonst sein? Ich frage mich, wo Du bist, ich spüre Dich am meisten im Wasser. Ich widerstehe der Versuchung, mich einfach treiben zu lassen. Ich schwimme zurück zum Ufer und vor der Treppe, direkt vor mir, schwimmt eine graue Feder. Ich weiß sofort, es ist ein Zeichen von Dir … Ich weiß es einfach und ich danke Dir, ich danke Dir von Herzen! Mom

27. August 2000

Liebster Florian, geliebter Sohn, immer wieder stehe ich im kleinen Haus im Garten; es hat eine unendliche Bedeutung erlangt, es ist der Ort, an dem Du glücklich warst, hier bei uns, an dem Ihr beide, Eimear und Du, die letzten glücklichen Sommertage verbracht habt … «your little house, my son» …

Ich stelle Blumen auf, immer brennt dort eine Kerze, Dein Foto steht darin, es ist der stillste Ort, den ich kenne, der traurigste!

Der Sommer ist zurückgekehrt, nachdem er sich völlig zurückgezogen hatte. Einer der letzten Sonnentage war Dein Begräbnis, mein Sohn. Heute verspüre ich zum ersten Mal ein wenig Ruhe in mir! Ich vermisse Dich so unendlich, mein Florian, ich rufe Deinen Namen ins Weite, ins Leere und frage Dich, wo Du bist. Wie konntest Du mich hier zurücklassen in solcher Hoffnungslosigkeit, in so viel Wut, in dieser Ohnmacht, in diesem Schmerz, der mich packt und mich zerfetzt.

Wie konntest Du das bloß?

Nie habe ich geahnt, daß ein Mensch so voller Trauer sein und trotzdem weiterleben kann … niemals ahnte ich das, Florian!

Weißt Du um mich? Siehst Du mich? Hörst Du mich nach Dir schreien? Wie kannst Du das alles zulassen, ohne sofort zurückzukehren, mich zu erlösen, mich zu befreien? Wo ist Dein Erbarmen?

Es ist nicht alleine mein Herz, meine Seele, mein Geist, mein ganzer Körper krampft sich vor Schmerz zusammen. Ich muß schreien, ich schreie, bis meine Stimme versagt, ich kraftlos in mich zusammenfalle. Erst dann wird es ruhiger in mir!

«Wo bist Du, Florian?» Ich suche überall nach Dir. Ich suche Dich in der Luft, im Wind, in den Wolken, ich suche Dich im Wasser, selbst die Möwen, die über mich hinwegfliegen rufe ich an und frage sie nach Dir.

Nun sind schon zwei Monate vergangen, Du kehrst nicht zurück. Ich beginne zu ahnen, daß Du niemals wiederkommen wirst. Dein Herz hat aufgehört zu schlagen, sagten uns die Ärzte, einfach so. Florian, warum? Warum hörte Dein Herz auf zu schlagen? Du warst gesund, Du warst glücklich, Du warst einer der frohesten Menschen, die ich jemals kannte. Warum hört ein Herz auf zu schlagen? Warum Deines? Wie viele Menschen warten auf diesen sanften Tod, Florian? Warum Dein Herz, das doch gerade erst begonnen hatte, zu leben? Oh Gott, warum antwortest Du mir nicht?

Heute ist Sonntag, heute hättest Du mich angerufen, wir hätten gelacht, die Woche besprochen, die zurückliegt, und die Woche, die uns erwartet. Wie immer am Sonntag! Irgendwann wäre Eimear aufgestanden und hätte Dich zum Frühstück gerufen und ich hätte mich gewundert, wie sie so lange schlafen kann.

Das Telefon schweigt, ich möchte es aus der Wand reißen, und ich verspüre Angst, daß es klingeln könnte und es wäre nicht Deine Stimme.

Wo bist Du? Ich habe Dich in den vergangenen Tagen so sehr gerufen, weil ich Dich nicht spürte, Angst hatte, ich könnte Dich verloren haben. Aber wie sollte ich Dich spüren, wenn ich mich selbst fühle wie ein verlassenes Kind! Wie sollst Du bei mir sein, wenn ich selbst das «Kind» bin und meine Wunden aus jener Zeit, von der ich Dir noch nicht viel erzählt hatte, neu zu bluten beginnen. Manchmal fühle ich mich, als habe man meine Adern geöffnet. Ich werde kraftloser. Ich bin so verletzt, ich bin so dünnhäutig. Ein lautes Wort bringt mich zum Heulen, zur Verzweiflung, ich versinke in Hoffnungslosigkeit und abgrundtiefen Schmerz. Dann rufe ich Deinen Namen und will von Dir gerettet werden, aber das kannst Du nicht. Das konntest Du noch nicht einmal, solange Du bei mir warst, und ich habe es nie von Dir verlangt. Darf ich das heute?

Ich gehe noch immer kaum aus dem Haus, das Leben dort draußen ist mir so fremd, es ist nicht mehr mein Leben, nichts ist mehr an seinem Platz. Ich werde noch lange zu Hause bleiben, in meinem sicheren Kokon, hier in der Stille. Hans-Jürgen begleitet mich zum Friedhof, nachdem ich dort zusammengebrochen bin. Noch nicht einmal diesen Weg kann ich alleine gehen.

Es ist so laut überall, Florian. Ich habe nie wahrgenommen, wie laut das Leben ist. Jetzt macht es mich taub.

Gestern abend – zu Deiner Sterbestunde – saßen Hans-Jürgen und ich im kleinen Haus. Ich sprach laut mit Dir, zu Dir. Ich versprach Dir erneut, am Leben zu bleiben und für Hans-Jürgen da zu sein. Er sollte es hören, er sollte Zeuge dieses Versprechens sein. Ich versprach Dir, Dein Andenken weiterzutragen, nicht am Schmerz und an der Trauer zu zerbrechen.

In Gedanken begleitete ich dann Dein Sterben und habe Dir, wie schon hunderte Male, seit Du gegangen bist, gewünscht, daß es ein sanfter Tod gewesen sein möge, daß Du in Frieden gehen konntest, es der sanfteste Engel war, der Dein Herz davon trug und Dich auf dem Weg vom Diesseits ins Jenseits begleitete.

Ich war an diesem Tag nicht bei Dir. Ich konnte Deine Angst nicht lindern. Ich konnte Deinen Kopf nicht in meinem Schoß betten, wie so oft, wenn Du Kummer hattest als Kind. Ich konnte nicht sanft mit Dir sprechen, Dich nicht begleiten, als Du Dich aus dieser Welt zu entfernen begannst. Ich war nicht bei Dir!

Eimear war da und sie hat dies alles getan, sie hat Dir gesagt, wie sehr sie Dich liebt, wie sehr wir alle Dich lieben – dies gibt mir ein wenig Ruhe. Eimear war Teil Deines Lebens, sie war Deine Zukunft, sie war Deine große Liebe. Sie hat Deine letzten Stunden begleitet. Dadurch wird sie bis an mein Lebensende unauflösbar auch mit mir verbunden sein!

Ich schwimme. Das Wasser ist so heilend und gut. Immer wieder sage ich mein Gedicht, mein Gebet für Dich, für uns beide. Dann fühle ich, wie ich Deinen Geist in mich aufnehme und mich mit Dir verbinde. Ich beginne zu spüren, daß Du bei mir bist, daß Du mich nicht verlassen hast und niemals verlassen kannst. Ich beginne es zu spüren, Florian, und ich beginne zu ahnen, daß dies und allein dies mich retten wird.

31. August 2000

Beim Aufwachen: *Und weil ich Dich liebe, werde ich leben.*

23. September 2000

Florian, liebster Sohn, meine CD für Dich ist fertig und ich habe sie «The last crossing» genannt – letzte Überfahrt! All meine Kraft habe ich in den letzten Wochen in diese Arbeit investiert, in dieses erste «Projekt», wie ich es nenne, wissend, daß weitere folgen werden. Denkmale setzen. Das ist mein Wunsch, Dich unvergessen machen, Deinem Leben eine Fortsetzung geben – durch mich.

«The last crossing». Es erinnert mich an Dein Zurückkommen. Deine letzte Überfahrt fand nicht in einem Boot statt, ein Linienflugzeug brachte Dich nach Hause zurück.

Im Strauch vor dem Fenster hängt das dunkelblaue Holz-Flugzeug, das Du in der Grundschule gebastelt hast. Es hat die Farbe Deines Sarges.

Florian, liebster Sohn, heute ist der vierundachtzigste Tag nach Deinem Weggehen und ich weiß nicht, wo diese Tage alle geblieben sind. Mein Gefühl ist, daß die Welt an diesem 1. Juli stehenblieb.

Wie kann ich 84 Tage ohne Dich überleben, wie kann ich überhaupt leben mit der Gewißheit, Dich niemals mehr zu sehen, sprechen zu hören, fühlen zu können, Dein Lachen zu hören?

Manchmal denke ich, daß ich kein Recht auf Leben habe, wenn Deines enden mußte. Es ist die falsche Reihenfolge. Das ist so unerträglich. Florian, ich würde nicht eine einzige Sekunde zögern, mein Leben für Deines zu geben, nicht den Bruchteil einer Sekunde. Dich zurückholen zu können, indem ich selbst gehe! Wer Florian, zieht die Fäden? Was heißt eigentlich Schicksal?

Mich rettet in diesen Tagen das Muttergefühl für Dich: Ich will weiterhin für Dich sorgen, mein Sohn. Mutter sein endet nicht mit dem Tod. Ich gehe, so oft ich es schaffe, an Dein Grab. Es ist ein kleiner Garten geworden, wie Du ihn Dir gewünscht hast.

Ich spreche mit Dir, ich lese Dir Gedichte vor, die sich im kleinen Gartenhaus ansammeln, und ich berühre die Steine, die dort liegen. Sie sind so kalt, wie Dein Gesicht, als ich es zum letzten Mal berührte und küßte. Warum bin ich nicht an Deinem Sarg geblieben, bis er über Dir geschlossen wurde? Warum habe ich nicht jede Sekunde genutzt, bei Dir zu sein, solange ich es konnte? Warum nicht?

Täglich stelle ich mir Dein Gesicht vor, so, wie ich es zuletzt sah.

Wie konnte nur ein Mensch mir raten, mir Deinen Anblick «zu ersparen»? Gut, daß ich nicht darauf gehört habe, Florian. Ich hätte mich nicht von Dir verabschieden können. Ich hätte niemals geglaubt, daß Du wirklich dort in diesem Sarg gelegen hast, ich hätte niemals Ruhe an Deinem Grab gefunden, niemals!

Ich suche in den Alben nach Fotos, auf denen Du schläfst. Sie helfen mir ein wenig, diesen Moment des endgültigen Abschiedes festzuhalten! Ich hätte mich neben Dich legen und dort sterben sollen. Dies wünsche ich mir heute häufig. Ich hätte statt Deiner sterben müssen. Du hättest unter meinem Tod sicherlich ähnlich gelitten wie ich jetzt unter Deinem, aber Du wärst noch so jung und viel stärker!

Das Foto, das vor mir auf dem Tisch steht, zeigt Dich in Irland, auf unserer letzten gemeinsamen Reise 1999. Mir fallen Deine langen Wimpern in Deinem Profil auf. Ich habe sie nie bewußt bemerkt. Du hattest so wunderschöne Augen – grüngrau wie das Meer oder blau, wenn der Himmel sich darin spiegelte. Deine Augen waren das Schönste in Deinem schönen Gesicht und in diesen Augen konnte man die Spiegelung der Bilder Deiner Seele betrachten.

Ich habe dieses Gesicht tausende Male berührt, es sich verändern sehen, den Wandel vom Säugling zum Kind und zum Mann miterlebt und oft gestaunt, wie schön Du bist! Deine Gesichtszüge sind immer so sanft geblieben, obwohl Du ein Mann geworden warst, Du bliebst sanft.

Und sanft sah Dein Gesicht im Tod aus: «He is home now», sagte Eimear und sie meinte diese gelöste Entspanntheit, wie Du sie in Irland noch nicht hattest. Wir alle sahen Dein friedvolles Gesicht. Hans-Jürgen sah sogar, daß Deine langen Haare gelöst um Deinen Kopf lagen, obwohl sie gar nicht wirklich zu sehen waren. Ich wußte noch nicht einmal, ob man sie Dir nicht abgeschnitten hatte – das beunruhigte mich sehr.

Wir waren in Dublin. Das Verfahren vor dem Coroner wurde mit dem Resultat abgeschlossen, daß Du eines natürlichen Todes gestorben bist: Sudden Adult Death Syndrome. Wir konnten an dem Verfahren teilnehmen, Fragen stellen, Zeugen wurden gehört, Eimear berichtete noch einmal von diesem so schicksalhaften Tag.

Was hatte man überhaupt Deinem Körper angetan, mein Sohn? Ich las und lese immer wieder einmal den Obduktionsbericht und dann, mein Florian, muß ich mich schützen vor den Bildern, die ich nicht an mich heranlassen will. Was hat man Dir nur alles angetan?

Ich habe auf der Treppe gesessen, den Teppich Zentimeter für Zentimeter mit meinen Händen berührt und gestreichelt, auf dem Du Dein Leben ausgeatmet hast. «Stairway to heaven», die Treppe himmelwärts …

Hast Du Dich daran erinnert, daß ich Dir davon erzählt hatte? Wolltest Du uns ein Zeichen geben? Wir verstehen es inzwischen so, und es ist kein schlechter Ort, den Du Dir für Deinen Übergang gewählt hast – der rote Teppich, rot und weich – er hat etwas sehr Würdevolles. Hätte ich doch dort bei Dir sein können, Dich begleiten.

Der Arzt, mit dem wir sprachen, meinte, Du hättest nichts gespürt von dem, was mit Dir geschah. Eine tiefe, sofort eingetretene Ohnmacht habe Dich davor geschützt. Du hattest nur einen kurzen Moment der Irritation, sagte uns Eimear. Ich hoffe so sehr, daß es so war.

Wir haben versucht, mit Deinen Augen zu sehen, wir gingen in Deinen Spuren, wir haben viele Menschen nach Dir befragt, Menschen, die Dein Leben berührten und wir haben Wunderschönes über Dich gehört. Du warst ein «Sonnenkind», Florian. Das haben wir immer wieder gehört. «He was a kind and gentle person», «he always had a smile on his face.»

Man sprach mit viel Respekt über Dich, sehr liebevoll, und es flossen viele Tränen bei unseren Umarmungen. Du hast Spuren hinterlassen, Florian, wo immer Du gewesen bist. Du warst ein Engel, ein besonderer Mensch. Ich habe Dir das öfter geschrieben, ich habe Dich zunehmend so erlebt. Es hätte mich ängstigen sollen – ein Engel auf Erden!

Wir fuhren für ein paar Stunden ans Meer; ich lief barfuß trotz Kälte immer weiter hinaus, rief nach Dir und hörte die Wellen das Lied der Ewigkeit singen. Eine kleine graue Feder schwamm direkt auf mich zu. Ich nahm sie auf – eine Feder als Stütze.

Seit 84 Tagen drehen meine Gedanken sich Tag und Nacht um Dich. Es ist wie eine schwere Krankheit, für die es keine Heilung gibt. Vielleicht stirbt man eines Tages an dem, was ich durchleide, oder man beginnt, wieder zu leben. Was «leben» bedeutet, weiß ich nicht mehr. Ich bin zwischen Himmel und Erde, aber ich bin eher bei Dir im Himmel!

«Wo bist Du, mein Sohn?» – Bist Du in den Sternen, im Mond? Du wärst dann so weit weg ... bist Du in der Luft, die ich atme?

Ich kann nicht mehr schwimmen, es ist zu kalt geworden. Dort im Wasser warst Du so nah, konnte ich Dich spüren. «Wo bist Du, Florian?» Brauchst Du mich jetzt noch? Manchmal denke ich, ja, und das gibt mir Lebenskraft. Wenn nicht, dann hängen meine Flügel und ich möchte dort sein, wo Du bist. Mir erscheint, daß alles, was nun noch auf mich wartet, bedeutungslos, sinnlos, entleert ist. Ich weiß, Florian, Du würdest mich daran erinnern, daß es Hans-Jürgen gibt, und wie ein Vermächtnis: Du gingst am 1. Juli, an unserem Hochzeitstag! «You are not alone, Mom» – hast Du mir damit gesagt. «Ihr habt euch beide, und haltet euch aneinander fest.»

Nein, für uns ist es kein Zufall mehr, daß Du an diesem Tag Deinen Weg fortgesetzt hast.

Du hast mich in diesen 84 Tagen niemals zu Dir gerufen, und immer, wenn es besonders schwer und verzweifelt in mir aussieht, meldest Du Dich auf eine spezielle Art: Meist liegt eine kleine Feder direkt vor mir, manchmal höre ich den Klang Deines Windspiels von draußen aus dem Pflaumenbaum und dann weiß ich, daß Du im Wind bist, dann weiß ich, daß Du da bist! Laß mich nicht im Stich, mein Sohn, mit diesen kleinen Zeichen.

Die CD ist fast zu Ende gespielt: «Everything is going to be alright» – dies ist mein Stück dort für Dich – Hoffnung, mein liebster Florian? Wo nehme ich sie bloß her?

Als wir Eimear in Dublin besuchen, erzählt sie uns folgendes: Eines Morgens fand sie neben sich auf dem Kopfkissen, dort, wo Du geschlafen hast – eine Feder!

27. September 2000

Florian, ich muß an Dich schreiben, obwohl ich ständig mit Dir spreche – meine Form der Kommunikation mit Dir, meinem toten Sohn. Draußen ist ein milder, frühherbstlicher Tag. Heute morgen war die Wiese naß vom Tau der Nacht. Noch immer gehe ich barfuß durch den Garten, suche den festen Halt unter den Füßen, nehme Kontakt mit der Natur auf. Mein erster Gang am Morgen ist der in das kleine Haus. Ich sehe nach, ob die Kerze dort noch brennt. Ich begrüße Dein Foto und setze mich einen Moment zu Dir. Dein Duft hängt hier noch immer in der Luft. Wenn ich die Augen schließe, kommst Du zurück, für eine Sekunde nur, eine winzige Erinnerung. Dann wache ich auf: *Nie mehr!*

Ich lese für Dich, noch immer lese ich nur Gedichte. Ich spreche zu Dir, mit Dir, versichere Dir, wie sehr ich Dich liebe und daß ich für Dich sorgen werde – auch im Tod bleibst Du mein Kind, mein Sohn – in anderer Gestalt, nicht mehr erreichbar und doch nah und verbunden.

Ich empfinde Zärtlichkeit für Dich, eine Zärtlichkeit, die wir im Leben so nicht mehr erlebt hatten. Du warst abweisend geworden gegen diese Vertraulichkeiten, die Du früher so mochtest und suchtest. Ja, Du warst zum Mann geworden, und ich mußte lernen, damit umzugehen. Am meisten liebte ich es, über Dein Haar zu streichen – dieses volle, wunderschön lockige Haar. Es fiel mir schwer, als Du hier warst, darauf zu verzichten, ich tat es dann, wenn Eimear nicht um uns war, fast verstohlen, respektierend, daß Du es nur dann auch zulassen konntest.

Wann, mein Sohn, begann unser Abschied? Bereits bei der Geburt – mit dieser Abnabelung? Wir behalten diesen Begriff bei – für all die kleinen Trennungen, die unser Leben mit Euch, unseren Kindern, begleiten.

Wann hat er begonnen, unser Abschied, Florian? Als Du Deinen kleinen Kopf heben und damit auch abwenden lerntest? Begann er, als Du mir Deine kleine Hand eines Tages entzogst, die Du lange vertrauensvoll festgehalten hast? Hunderte von Abschieden haben unser Leben begleitet – keiner aber konnte mich auf das vorbereiten, was ich heute durchlebe: diese Radikalität, diese Endgültigkeit, diesen vollständigen Bruch.

Wärme, Geborgenheit, Fröhlichkeit, Zufriedenheit und Glück – wie soll ich sie jemals wieder erleben können?

Hineingespannt zwischen Himmel und Erde sehne ich mich nach Dir und suche tastend den Boden unter meinen Füßen. Dein Tod hat mich in ein Leben gezwungen, in dem ich mir selbst fremd bin. Wohlgeordnet erschien mir die Welt: Da war ich mit meinem Leben, in dem ich eine große Zufriedenheit und viele Momente des Glücks erlebte. Da warst Du, der sein eigenes Leben in die Hände nahm. Beides zusammen ein schönes Ganzes!

Alles schien möglich, alles schien machbar. Dein Tod, Florian, hat dieses Ganze in einen Trümmerhaufen verwandelt, in mir sind nur noch Bruchstücke dieses Ganzen ohne Zusammenhang und Zusammenhalt. Einzelteile einer Existenz – aus der Bahn geworfen, Pläne vernichtet, Wünsche zerstört. Wieviel kann ich ertragen, mein Sohn? Bist Du da, so wie ich es häufig spüre? Begleitest Du mich und bist Du derjenige, der darauf achtet, daß ich nicht zerbreche – Du, mein Engel, mein Geistwesen, das mich beschützt?

Ich erinnere den Abend, bevor Ihr zurückgeflogen seid nach Dublin. Ich stand in der Küche, Du kamst herein, stelltest Dich vor mich und nahmst mich in Deine Arme. Du sagtest, fast entschuldigend, der Abschied auf dem Flughafen sei immer so hektisch, Du nahmst unsere Umarmung somit vorweg, umarmtest mich in Abwesenheit der anderen. Du hast mir gedankt für die Zeit hier, die Tage seien schön gewesen, leicht, «so easy» …

Ich erinnere mich, daß ich ein wenig verlegen war wegen dieser unerwarteten Zärtlichkeit. Ich genoß sie und spürte Deine Freude. Ja, der Abschied würde sicher hektisch werden. Euer Flug ging um 6.55 Uhr. Du stelltest den Wecker auf 5.15 Uhr. So ist er noch immer gestellt …

Ihr wart schon auf, als Hans-Jürgen und ich aufstanden. Eimear saß völlig verschlafen am Tisch, Du warst erstaunlich munter. Ich spürte, daß Du Dich auf Dublin freutest, auf Eure Welt. Die Tage hier waren schön und harmonisch gewesen, nun aber wartete Euer Leben auf Euch, Du warst gespannt, ob Deine Bewerbung am Trinity College Erfolg gehabt hatte, Du wolltest zurück!

Nach Eurem Einchecken standen wir herum, Eimear rauchte, und ich spürte, wie wenig ich diese letzten Minuten mag. Sie ziehen sich hin und man hat sich alles gesagt. Es sollte doch nur ein kurzer Abschied sein – Weihnachten würdest Du wiederkommen. Dies war versprochen. Es würde das erste gemeinsame Weihnachten seit 5 Jahren werden!

Eimear ermunterte Dich, mit der Verabschiedung zu beginnen, nicht wissend, daß sie doch bereits stattgefunden hatte. Eine letzte Umarmung – «Ich bin doch bald wieder da, Mom! Weihnachten sehen wir uns – versprochen» – und dann gingt Ihr durch die Absperrung. Ich schaute Euch nach und ich wünschte mir in diesem Moment, Du mögest Dich noch einmal umdrehen. Ich ließ Dich leicht gehen, war an diese Abschiede gewöhnt, freute mich auf ein Wiedersehen, konnte mich mit Dir auf Eure Rückkehr freuen, gespannt wie Du, wie Dein Leben weiter verlaufen würde.

Dies, Florian, der letzte Blick auf Dich, als meinen lebenden Sohn – nichts ahnend!

Ich lüftete das kleine Haus, Du hattest es am Vorabend gereinigt. Es gab kaum noch Spuren und Hinweise darauf, daß Ihr beiden da gewesen wart. Wie sehr habe ich dies kurz danach bedauert. Jede verwischte Spur wurde zu einem unermeßlichen Verlust …

Du kehrtest am 6. Juli abends mit der gleichen Maschine, von der wir Eimear und Dich vor etwas mehr als drei Wochen schon einmal abgeholt hatten, zurück!

Wieder standen wir dort, Hans-Jürgen und ich, und warteten auf Euch. Auf Dich in Deinem Sarg, auf Eimear, die mit ihren Eltern zu Deiner Beerdigung kam. Und zwischen diesem Abschied und dieser Wiederkehr lagen zwei Leben – eines, an das ich nicht mehr anknüpfen konnte, und ein neues Leben, das am 1. Juli begann und in dem ich wie eine Schlafwandlerin – geschützt und behütet durch einen schweren Schock – wandelte. All meine Gedanken, all mein Handeln hatten seit dem 1. Juli, seit dieser entsetzlichen Nachricht, dieser Rückkehr gegolten. Für sie war ich am Leben geblieben, für sie hatte ich all meine Kräfte mobilisiert, für Deine Rückkehr nach Hause, mein Sohn! Du mußtest erst zurückgekehrt sein, was dann kommen würde, stand außerhalb meiner Vorstellungsmöglichkeit! Keine Minute weiter konnte ich denken – keine Sekunde.

Liebster Florian, das Laub am Häuschen ist zwischenzeitlich herbstlich rot gefärbt, es wird in wenigen Tagen Oktober, der Herbst beginnt, die erste neue Jahreszeit, die ich ohne Dich werde leben müssen. Der Monat Deiner Geburt!

Ich versuche, so gut es mir möglich ist, mich auf Deinen ersten Geburtstag in Deiner Abwesenheit vorzubereiten – es wird ein Gedenk-Geburtstag werden, Dein vierundzwanzigster! Ich kann mich diesem Gedanken kaum annähern, er zerreißt mein Herz, er brennt in meinem Kopf. Noch immer schneide ich Dir im Garten die schönsten Rosen und stelle sie zu Deinen Fotos, die überall im Haus stehen.

Heute mußte ich ein neues Band an Deine Uhr machen. Es fällt so schwer, das alte wegzulegen, es ist gebrochen – es hat Deinen letzten Puls gefühlt, Du trugst diese Uhr, als Dein Herz stehen blieb! Nun schlägt mein Puls an Deiner Uhr weiter.

Ich habe mir ein kleines, goldenes «F» gekauft und es an meine Halskette gehängt. Ich dachte dabei an das kleine Amulett, das Du Eimear geschenkt hast; ein Herz, das zu öffnen ist, in dem sie Dein Foto trug und trägt. Jetzt trage ich ein kleines «F» auf meiner Haut.

Ich bin mir bewußt, mein Sohn, wie hilflos all diese Dinge nach außen wirken müssen, aber für mich sind es kleine symbolische Handlungen, die meine Verbundenheit und meine Liebe zu Dir ausdrücken, hilflos, zugegeben – aber Bestandteil dieser Trauer, die mein tägliches Leben nun begleiten wird.

Verzeih mir, mein Sohn, Du wirst es übertrieben finden, aber auch Du hättest Deine Rituale entwickelt, wäre ich diejenige gewesen, die zuerst gegangen wäre; nicht so aufwendig, nein, das hat uns beide immer unterschieden.

Auf dem Wasser des Flußes gleitet in diesem Moment lautlos ein Segelboot vorbei. Warum sank Dein Boot, Florian, warum konntest Du nicht länger auf den Meeren des Lebens segeln? Oder ist Dein Boot zurückgekehrt in den Heimathafen, hast Du hier Anker geworfen?

Du hast dieses Bild in Deinen Briefen selbst gezeichnet ... Ich lese ständig in diesen Briefen. Sie sind ein unbeschreiblicher Reichtum. Es sind Deine Worte, mein Sohn, Deine Gedanken.

Boote werden unser Leben nun immer begleiten und uns für immer mit Dir verbinden, an Dich denken lassen.

Traum

13./14. Oktober 2000 (5 Uhr früh)

Du kommst, mit Gepäck. Am nächsten Tag mußt du in die Klinik und ich weiß, daß du sterben wirst. Eine Übernachtung ist uns noch gegönnt. Wir begleiten Dich durch die vertraute Monumentenstraße zu deinem Quartier und ich bin in Sorge, daß es nicht gut und warm genug für Dich sein könnte, biete dir an, auch ein Hotel für dich zu bezahlen. Du bist völlig unbeschwert und sagst, Du hättest Schlüssel für eine andere Wohnung.

Diese Wohnung liegt im Tiefparterre. Der Schlüssel, den Du hast, ist ungewöhnlich schmal und der erste Versuch, die Tür zu öffnen, scheitert. Eine andere Tür läßt sich öffnen und wir stehen im Freien, inmitten einer Baustelle – es sieht aus, wie nach einem Erdbeben: Möbel, Glas, Mauerteile, alles ist überwachsen – ein Garten über Ruinen.

Wir betreten diesen Garten und eine Frau, die aussieht wie eine Blume, wirft uns einen leuchtendblauen Ball zu. Hans-Jürgen fängt ihn und – obwohl sie ihm andeutet, daß sie nicht möchte, daß wir beide mitspielen – wirft er ihn mir zu. Ich habe Angst, diesen Ball weggenommen zu bekommen, stecke ihn in meinen Mund und «ploppe» ihn Dir zu. Du lachst, verfehlst ihn und läufst ihm nach.

Ich mag diese «grüne Frau» nicht und sage Dir, Du sollst den Ball in die Brennesseln werfen.

29. September 2000

«Time out for Mom» würdest Du es nennen als Basketballspieler – Auszeit für mich!

Als ich gestern Deinen Gedenkplatz hier mit Fotos und Blumen sah – (noch immer auch der schöne Strauß, den ich Dir in Irland gepflückt habe – Stechpalme, Erika und Heidelbeere) – geriet ich, wie so oft, in absolute Verzweiflung: Ich schrie, ich rief Deinen Namen und mit einem Male spürte ich, daß, wenn ich nun nicht aufhöre – ich niemals mehr werde aufhören können, Deinen Namen zu rufen! Es wurde ganz still in mir und ich blies Deine Kerze aus: time out! Ich lag stundenlang, regungslos, alleine von dem Willen beseelt, nicht mehr denken zu müssen, nicht mehr zu erinnern, nicht mehr zu leiden! Ich kann nicht mehr – dies waren meine einzigen Gedanken – ich kann nicht mehr – Auszeit!

Florian ist im Wind
Zwei Geschichten, die uns aus Irland erreichten

Auf dem Feld werden Kartoffeln in die Erde gelegt und schließlich ein Netz darüber. Zur Hälfte lag es und es wurde eine Zigarettenpause gemacht. Wind kam auf, ergriff das Netz und legte es – ganz akkurat – über den Rest des Feldes. «This was Florian» – war man sich sofort sicher und jemand sah zum Himmel: «Thank you, Florian!»

Sylvia hatte ihr Fenster im Nachbarhaus, Florians Fenster gegenüber, und häufig hatten beide abends dort gesessen, schweigend in den Himmel schauend. Nun saß Sylvia eines abends wieder dort, traurig, bedrückt. Mit einem Male begann der große Baum, der zwischen den Häusern steht, zu raunen, sich zu bewegen, obwohl kein Lufthauch ging. Sylvia war erstaunt, sah auf die sich bewegenden Zweige und – dachte an Florian. «Florian ist im Wind».

17. Oktober 2000

Liebster Florian, wieder liegt eine Dublin-Reise hinter uns, nur für 24 Stunden dieses Mal und in einer ganz anderen Mission: Die Entgegennahme einer Gedenktafel für Dich durch das American College Dublin. Eine schwere, kleine Holztafel hängt nun in Deinem Zimmer. Es ist eine Ehrung für Dich, liebster Sohn, und es war eine große Ehre für mich, sie als Deine Mutter entgegenzunehmen, eine traurige Ehrung!

Wir flogen in Begleitung unserer lieben Freundin Carola. Hans-Jürgen hatte morgens noch einen Gerichtstermin – eilte nach Hause, um sich umzuziehen für Dich: Er trug Deine noch nagelneuen schwarzen Schuhe und das dunkle Hemd, das ich Dir gerade erst gekauft hatte. Ich trug um den Hals Dein Lederband mit dem keltischen Symbol und Deine Uhr als einzigen Schmuck.

Aus dem Garten schnitt ich die letzten schönen Rosen, Salbei und Lavendel. Diesen Gruß aus Deutschland legten wir – gleich nach unserer Ankunft in Dublin – auf Deine Treppe nieder.

Es mußte uns ein Fremder die Tür öffnen, Eimear ist ausgezogen, Eure Wohnung ist aufgegeben, was schwer zu ertragen war. «Kein Anschluß unter dieser Nummer.» Vor zwei Wochen konnte ich dort noch Eure beiden fröhlichen Stimmen hören: «Here are Florian and Eimear and we are not here at the moment. If you leave us your number we – the right one – will call you back. Bye!» So lautete diese Ansage, die Ihr mit verteilten Rollen gesprochen habt.

Jetzt saßen wir wieder dort, auf dem roten Teppich im Treppenhaus Eures Hauses und wieder versuchte ich mir im Geiste Deine letzten Minuten vorzustellen, Dich zu begleiten und mir jeden Millimeter dieses Ortes einzuprägen. Einbrennen in mein Gedächtnis sollte sich dieser Ort … stairway to heaven!

Eimear hat etwas auf die Fußleiste geschrieben, zu klein, um es lesen zu können, ein letzter Gruß an Dich.

Unten im Flur lag die Post – wie dort üblich – auf einem Tisch. Ich sah sie durch, ob etwas für Dich dabei sei. Es war Post für Eimear dort, nichts für Dich, mein Sohn!

Dasselbe Bed & Breakfast wie beim letzten Mal, «Clara House» – und nach einem kurzen Pub-Besuch ein erlösender Schlaf! Morgens nahmen wir den Bus zur Universität, die Nr. 15 A. Immer wieder hast Du von ihm erzählt, weil er Dich oft stehenließ, überfüllt war und Du zu Fuß zur Uni laufen mußtest – eine Stunde immerhin und dies so häufig bei Regen.

Der Ort der Zeremonie, der Verabschiedung des Jahrganges der Studenten des ACD war St. Anne's Church. Oscar Wilde wurde hier getauft, ein sehr ehrwürdiger und beeindruckender Ort. Man empfing uns freundlich und wies uns unsere Plätze in einer der letzten Bankreihen zu. Ich stellte mir vor, wie ich ganz nach vorn gehen mußte – aber es war für Dich, ich würde es schon schaffen. Die Kirche füllte sich, vorn saß ein Organist und spielte «unser Lied», Florian. Er spielte das «Air» von Bach – ein Zeichen?

Natürlich warst Du bei uns, mit uns und dies war Dein Zeichen. Carola sah zu mir herüber; auch sie voller Erstaunen und Freude. Dies gab mir Ruhe. Nein, nichts kann mir geschehen, solange Du bei mir bist, solange Du mich begleitest!

Ich wußte, daß Deine Ehrung ganz zum Schluß der Veranstaltung sein würde. Vor mir auf der Kirchenbank lag die CD, Du sahst uns zu – Dein schönes, offenes Gesicht. Ich hielt Hans-Jürgens Hand ganz fest und ich schaute voller Rührung auf die Schuhe, die er von Dir trug.

Die Zeremonie neigte sich dem Ende zu, und es schritt Chris Safarian, einer der Direktoren des Colleges, den wir beim letzten Besuch am American College kennengelernt hatten, ans Mikrophon. Er sprach einige Worte zu Deinem Tod, nannte ihn einen tragischen Unfall und einen großen Verlust für das American College. Er sagte, Du seist einer der besten Studenten gewesen, Du hättest ein großes Potential in Dir gehabt, Du wärst ein guter Psychologe geworden. Seine Stimme begann ein wenig zu zittern und man spürte seine Ergriffenheit. Er war einer der Menschen, die Dich mit Deiner Freundlichkeit, vor allem auch Deiner Höflichkeit, sehr geschätzt haben. Immer seist Du für die anderen da gewesen, bereit zu helfen, zu trösten, eine große Bereicherung der Klassen.

Seine Worte begannen zu verschwimmen, ich wußte, daß er mich nun aufrufen würde und von weit her hörte ich meinen Namen. Ich mußte nun den langen Weg durch das Kirchenschiff antreten, um die Ehrung für Dich entgegenzunehmen ... «His mother came from Germany just to accept the memorial plaque for her son ...» Ich weiß, daß ich schwankte und Angst hatte, meine Kräfte würden mich verlassen und ich ging diesen langen, diesen einsamsten Weg, den ich jemals gegangen war – für Dich Florian. Du nahmst mich an der Hand – und wir gingen zusammen, Mutter und Sohn!

Es war so still in der Kirche und ich spürte, daß es ein ganz besonderer Moment war, den wir alle gemeinsam erlebten. Chris Safarian nahm mich in die Arme und dann überreichte er mir die kleine Gedenktafel, in schweres Holz gearbeitet.

Als ich den Weg zurück antrat, klatschten die Menschen, wie sie zuvor bei der Übergabe der Diplome geklatscht haben – es war unpassend. Ich hätte mir gewünscht, sie wären für Dich aufgestanden und hätten geschwiegen; und doch spürte ich in diesem Moment etwas ganz Besonderes: Du hast mir an diesem Tag eine große Würde verliehen, Florian – die Würde der Mutter eines toten Sohnes. Ich möchte diese Würde behalten, sie schützen. Ich hielt Deine Ehrung fest in Händen, die Tränen liefen und Hans-Jürgens Arm um meine Schulter tat wohl. Carola weinte, sie spürte den Schmerz, sie war bei uns, um ihn zu teilen.

Die Zeremonie endete mit dem Defilé der Honoratioren durch das Schiff, angeführt von dem Direktor des American College, der an meiner Bank stehen blieb, mir die Hand drückte, sichtbar ergriffen. Ihm folgten viele Menschen, Professoren des ACD, Botschafter, die an der Zeremonie teilgenommen hatten, ein Bischof, der versprach, für uns beide zu beten. Ich sah in all diesen Männern Väter, aber auch Söhne von Müttern und ihre Anteilnahme war ehrlich und aufrecht.

Als wir uns endlich aus unserer Bank lösen konnten, kam eine Frau auf mich zu, Tränen in den Augen: «I did not know your son, but I am a mother». Sie umarmte mich warm und herzlich und ich war ihr so dankbar für diese Geste – die Stunde der Mütter! Viele Mütter folgten ihr, ich sah in so viele weinende und traurige Gesichter, in mitfühlende Augen und ich hörte liebevolle Worte der Anteilnahme und des Trostes. Ich war so tief gerührt von diesen Begegnungen.

Weitere Menschen sprachen mich vor der Kirche an, bewegt, gerührt. Sie alle hatten dort ihre Kinder begleitet, die an einem besonderen Wendepunkt ihres Lebens standen – und sie vergaßen mich nicht, die ich Dich niemals zu diesem Anlaß werde begleiten können. Sie schienen in der Lage zu sein, sich einen Moment in mich zu versetzen – eine Geste, die ich hier so häufig und so schmerzhaft vermisse.

Wir erfuhren, daß die Anteilnahme an Deinem Tod unter den Studenten noch immer sehr groß ist. Es gab an dem kommenden Wochenende in einem Nachtclub eine «Memorial Party» für Dich! Einige Studenten hatten den Vorschlag gemacht, im Hof der Universität für Dich einen Baum zu pflanzen, eine Gedenktafel soll in der Universität angebracht werden …

Wir spürten – wieder einmal – daß Du Spuren hinterlassen hast. Es war Dein erstes Semester gewesen, liebster Florian, und so viele Menschen trauerten hier um Dich. Du bist nicht vergessen, mein Sohn. Du wirst nicht vergessen werden … Du hast Abdrücke in den Herzen hinterlassen, unauslöschbar!

Eimear hatte uns geschrieben, sie würde nach Paris gehen zu ihrer Schwester. So machten wir nicht den Versuch, sie zu erreichen. Später stellte sich heraus, daß sie doch in Dublin war. Ein Mißverständnis zwischen uns in dieser schweren Zeit.

Bis zu unserem Rückflug hatten wir noch ein paar Stunden, und trotz sehr kühler Temperaturen lud ein strahlend blauer Himmel dazu ein, noch ein wenig von Dublin zu erkunden. Wir begannen beim Trinity College. Du wärst hier so gerne Student gewesen. Die Ablehnung Deiner Bewerbung kam einige Tage nach Deinem Tod. Eimear erzählte es mir mit den Worten, dies sei die erste Enttäuschung, die Dir erspart geblieben sei.

Es war nicht leicht, dort zwischen all diesen jungen Menschen. Hier hättest Du hingehört, mein Sohn. Du müßtest unter ihnen sein. In meiner Tasche wog die kleine Tafel schwer.

Temple Bar. Ein schöner, lebendiger Stadtteil. Ich weiß noch nicht einmal, wieweit Du Dublin erkundet hattest. Es war nicht viel Zeit.

Mit unserem Rückflug schloß sich in gewisser Weise der Kreis: Es war Donnerstag und der gleiche Flug, mit dem Du am 6. Juli zurückgekehrt warst. Ich versuchte noch einmal Dich in Gedanken zu begleiten: The last crossing!

«May he rest in Peace» steht auf der Tafel, die ich in meinem Gepäck trug. Frieden wünsche ich Dir täglich, mein Sohn, und ich bin mir sicher, daß Du ihn erlangt hast. Rest in peace, my beloved son!

18. Oktober 2000

Liebster Florian, Du solltest die vielen Blumen in unserem Haus sehen – oder siehst Du sie, mein Engel? Ich mußte heute morgen erst einmal Vasen überallhin verteilen. Auf Deinem Tisch stehen nun die 24 weißen Rosen, die ich Dir zu Deinem *Geburtstag* geschenkt habe, vor mir auf dem Tisch verbreiten Mimosen einen wunderschönen Duft.

Ja, nun ist er vorbei, Dein *Geburtstag* und ich möchte Dir berichten, aber ich möchte auch denen berichten, die nicht bei uns sein konnten und dennoch mit uns verbunden waren.

Du weißt, mehr als alle anderen, wieviel Angst ich vor diesem Tag hatte. Wie sollte ich ihn überstehen, diesen wichtigsten Tag im Jahr? Ein Meilenstein war Deine Geburt in meinem Leben, Deine

Geburtstage Feiertage. Monumentenstraße: Deine Kindergeburtstage mit Laternenumzug; Rauchstraße: Hier waren die Nachbarn und die neue Familie Deine Gäste. Jedes Jahr wolltest Du es wieder so haben wie im Vorjahr.

Wieviele Erinnerungen entstanden in den Tagen vor diesem schweren Tag. Vor zwei Jahren warst Du hier und wir konnten Deinen 22. Geburtstag zusammen feiern. Einen ganzen Tag lang warst Du Mittelpunkt, und ich glaube, Du hast es sehr genossen, der Du sonst so bescheiden warst. Ich weiß, diese Bilder werden alle eines Tages wie Sternschnuppen in mein Leben fallen und dann werden sie mich glücklich machen – all die schönen Erinnerungen an Dich – in diesen Tagen aber schmerzen sie!

Aus Feiertagen Gedenktage machen, das hast Du mir aufgegeben mit Deinem Tod, und nun stand ich vor dem wichtigsten. Ich habe lange versucht, mich innerlich vorzubereiten, und je näher der Tag kam, desto mehr spürte ich seine Bedeutung. Wie oft habe ich mit Dir gesprochen und Dich gebeten, mir zur Seite zu stehen.

Ich habe immer für Dich gesorgt und ich wollte auch jetzt für Dich sorgen und Dir den schönsten Geburtstag bereiten, den man einem toten Sohn bereiten kann. In unserem Garten sammelten sich immer mehr Pflanzen für den Friedhof: zwei weiße Rhododendren, eine große Tuja für den Kopf Deines Grabes, solange dort nichts anderes steht. Verschiedene Sorten von winterblühenden Pflanzen, eine Christrose für Weihnachten.

Wir wollten pflanzen an diesem Tag, Dein Grab, Deinen «kleinen Garten» noch schöner machen, als er ohnehin ist.

Sonnenschein empfing uns an Deinem 24. Geburtstag. Du bist an einem Sonntag geboren! Zum Frühstück stellte ich Dein Bild hier zu uns auf den Tisch; Du läufst mir am Strand entgegen, lachend, mit einer Muschel in der Hand, die Du mir geschenkt hast. Du warst so frei und ausgelassen an diesem Tag.

Wir hörten Eimears Lied für Dich: My love is your love!

Hans-Jürgen hatte sich freigenommen, und mit der Post kam auch ein erlösender Brief von Eimear: Endlich ein Lebenszeichen und ein sehr lieber Brief. Ihr Leben ist so voller Trauer und Leid und wir empfanden eine tiefe Verbundenheit mit ihr. Ich suchte eine besonders schöne Kerze in Form eines roten Herzens für sie aus, da sie mich bat, für Dich eine Kerze anzuzünden. Ich steckte auch den Brief ein und las ihn Dir später am Grab vor.

Wir holten das Gesteck für Dich ab – ein wunderschöner herbstlicher Strauß und als wir in dem Blumenladen standen, spielte dort plötzlich Euer Lied «My love is your love». Ich brach in Tränen aus, wünschte so sehr, Eimear wäre bei uns, und Hans-Jürgen tröstete mich mit den Worten: «Nichts ist Zufall.» Ja, Du warst und Du bliebst bei uns an diesem Tag. Selten habe ich Dich näher gespürt – beinahe dachte ich manchmal, vom Lufthauch eines Flügels gestreift zu werden – so nah warst Du!

Hans-Jürgens Kerze hatte die Form eines Leuchtturms und die Luft war so mild, daß sie nicht ausging. Ich entzündete die Kerze für Eimear und brachte Dir Selma, ein Holzlamm. Du weißt noch, ich hatte es Dir zu Weihnachten 99 nach Irland geschickt mit einem Büchlein zum Thema «Glück». Du warst so tief gerührt und hast das Lamm immer bei Dir gehabt. Nun steht Selma auf Deinem Grab und wacht – wie in Irland – über Dich. «Happy birthday free spirit, rest in peace my lamb.»

Wir konnten uns kaum trennen von diesem Ort und erst als Boris kam und Deine anderen Freunde, die sich an Deinem Grab verabredet hatten, bevor sie nach Köpenick fuhren, räumten wir die Bank und fuhren zurück, um hier den Abend vorzubereiten.

Dein Geburtstagstisch war schnell geschmückt, ich hatte ihn im Geiste so oft schon gesehen: eine große Glasschale voller Sand, Muscheln und 23 Kerzen. Ein kleines, blaues Boot stand zwischen den Lichtern im Sand, die 24. Kerze gesondert auf einem kleinen goldenen Teller inmitten von Rosenköpfchen. Den Tisch bedeckte ein großes schwarzes Tuch, auf dem ich um Dein Foto weiße Rosenköpfchen verteilte. Mein Strauß weißer Rosen und eine blaue Hortensie schmückten den Tisch und die vielen vorbereiteten silbernen Boote, die zum Ende der Feier auf das Wasser der Dahme, unseren Fluß, gesetzt werden sollten. Kerzenlicht erhellte den Raum, Dein Foto.

Die Gäste kamen nach und nach und mit ihnen die vielen Blumen, die heute hier stehen. Liebe Gesichter, vor allem die Deiner Freunde und sicher wärst Du über Deine Lehrer und weitere Freunde aus der Schule, zu denen Du nie mehr Kontakt hattest, erfreut gewesen. Ich habe sie kaum wiedererkannt, so erwachsen sind sie geworden. Die Begrüßung machte Hans-Jürgen. Du wärst gerührt gewesen über seine dünne, zittrige Stimme, die so zaghaft und traurig klang. Die Musik begann und wir schwiegen und jeder konnte eine lange Weile seinen Gedanken und Erinnerungen nachhängen.

«Du bist tot. Ich lebe noch ein bißchen, dann komme ich auch.»

An diesem Satz hielt ich mich innerlich fest. Ich werde Dir folgen, mein liebster Florian, irgendwann werde ich Dir folgen. Jetzt muß ich noch ein bißchen leben, nicht zuletzt damit auch solche Tage stattfinden können.

Ich las einen Brief an Dich vor, Dein bester Freund Mirco, und sein Bruder Marian spielten für Dich auf der Geige – den «Kanon» von Pachelbel. Wie oft hattest Du Mirco gebeten, für Dich zu spielen, nun spielte er und er sah so schön aus mit seiner Geige, er rührte uns zu Tränen. Gerlinde begleitete beide, Deine «Ersatzfamilie», bei der Du jahrelang mittwochs ein- und ausgegangen bist. Es war schön, sie um uns zu haben.

Deine Freunde lasen Deinen schönen Weihnachtsbrief von 1997 vor. Was gäbe ich darum, noch einen einzigen Brief von Dir zu erhalten. Manchmal denke ich, daß sich vielleicht ein Brief verirrt hat und eines Tages mit der Post noch ankommt. So etwas soll es schon gegeben haben.

Ich warte noch immer auf Botschaften von Dir. Neulich habe ich Dir noch einmal eine e-mail nach Irland geschickt in der Hoffnung, daß Du vielleicht auf diesem Wege erreicht werden kannst.

Kann man Dich erreichen, Florian? Wo bist Du? Hast Du uns zugesehen gestern? Ich bin sicher, daß wir nur durch eine dünne Wand voneinander getrennt sind. Ich bin mir sicher.

«Everything is gonne be alright» – unser beider Lied! Ich wußte nie, daß es vom Tod handelt, habe mich nie um den Text gekümmert. «… wake up and live!» Was gäbe ich darum, wenn ich Dir dies befehlen könnte, wie oft wünsche ich mir, die Zeit zurückdrehen zu können und eine zweite Chance zu erhalten. Dann möchte ich für Dich sterben dürfen. Dies wäre die richtige Reihenfolge.

Ich verschenkte die CD für Dich «The last crossing» und ich spürte die Rührung und die Dankbarkeit, etwas von Dir in Händen halten zu können. Bevor wir uns trennten, trug jeder ein Schiff mit einer Kerze zum Ufer der Dahme und setzte es ins Wasser. Der Abend war ruhig und das Wasser still. Es herrschte fast andächtiges Schweigen und viele weinten, als sich die vielen Lichter auf dem Wasser auf ihren Weg machten.

Ich habe allen zum Abschied gesagt, daß dieser 17. Oktober eine feste Institution in unserem Leben sein wird und ich sie im nächsten Jahr wieder erwarte. Jedes Jahr werden wir Deiner gedenken und ich werde an Deinen Freunden sehen, wie die Zeit vergeht und anhand ihres Alters Dein Älterwerden miterleben. Sie sind so wichtig für mich. Wenn ich sie im Arm halte, kommst Du eine Sekunde zurück. Ich brauche sie alle noch so lange und hoffe, daß sie bei uns bleiben werden.

Wir saßen noch eine Weile im ruhigen Haus. Die Stühle waren weggeräumt, Deine Lebenslichter brannten noch in der Glasschale. Ich trug sie nach oben in Dein Zimmer, wollte keines davon auspusten.

Vor dem Schlafengehen gingen wir noch einmal zum Wasser und in der Ferne tanzten noch immer einzelne Lichter. Noch lange lag ich wach. Erst nach und nach fiel die Spannung von mir ab. Ich sprach mit Dir, mein Sohn und versprach Dir, weiterhin dafür zu sorgen, daß Du nicht vergessen wirst und die Erinnerung an Dich lebendig bleibt.

22. Oktober 2000

Dein Lachen.
Nimm mir das Brot weg, wenn du
es willst, nimm mir die Luft weg,
aber lass mir dein Lachen.
Pablo Neruda

Liebster Florian, es ist Sonntag – der wievielte wohl seit Deinem Gehen, mein Sohn? Es ist wieder die Zeit Deiner früheren Anrufe, nie werde ich mich an diese Stille gewöhnen.

Wir haben milde Herbsttage und ich bin dankbar für die Wärme. Das Licht ist golden, es ist weicher geworden und schmerzt nicht – wie die Sonnentage in meinen Augen.

Nach Deinem Tod begann der Herbst. Es war unglaublich, wie von einem auf den anderen Tag der Sommer verschwand. Ich war so dankbar für die kühle Düsternis, die wie ein Spiegel meiner Seele war. Du hattest das Licht mitgenommen. Ich konnte mir nicht vorstellen, daß mich jemals ein Sonnenstrahl wieder erfreuen würde. Es war, als hätte man nach Deinem Tod die Sonne verhängt, wie es in einem wunderschönen Gedicht heißt: «Pack up the moon and dismantle the sun ...»

Wir hatten diesen Sommer gemeinsam genossen, wir Vier in glücklichen Stunden, unbeschwert und ohne irgendeine Ahnung, wie vergänglich dieses Glück in Wahrheit sein sollte. Die Erinnerungen sind jetzt Bruchstücke eines vergangenen Lebens – und es war doch alles gerade erst ...

Diese laue Luft tut gut. Heute war ich zum ersten Mal wieder im Wald zum Laufen. Unsicher sind meine Schritte, ängstlich erschließe ich mir gewohntes Terrain. Wir liefen vorbei an Moos, und es brachte mich auf die Idee, Dein Grab über den Winter mit einem Mantel aus Moos zu bedecken – eine grüne, weiche Decke. Du würdest es lieber mögen als Tannenzweige.

Am 1. Juli, mein Florian, habe ich diesen Weg zum letzten Mal gesehen: Es war ein schöner Sommertag, kein Wunder, es war unser 6. Hochzeitstag, ein Freudentag. Bevor es zu heiß werden würde, wollten wir laufen, wie es zum Ritual seit dem Frühjahr geworden war. Aber an diesem Tag war es anders. Ich fühlte mich bedrückt, mir fehlte die Leichtigkeit zum Gehen, ich war schwer. Ich ging neben Hans-Jürgen her und mein Herz begann zu schmerzen. Ich bat ihn, langsamer zu gehen. Ich war irritiert durch einen heftigen Schmerz und eine Melancholie, die sich in mir ausbreitete. Dieses Gefühl löste sich nicht mehr auf.

Ich hatte den Impuls, mit Dir, Florian, zu sprechen, Dich anzurufen, verwarf den Gedanken jedoch, wie häufig, wollte Deinem Anruf nicht zuvorkommen: Morgen, Sonntag, würdest Du anrufen, wie immer! Meine Unruhe stand im Widerspruch zur Freude, die ich immer an diesem Tag empfand: der Beginn einer großen Liebe! Etwas stimmte nicht, es war etwas Quälendes in mir.

Zur Stunde Deines Sterbens nahm ich mir einen Stuhl und stellte diesen in die Mitte der Terrasse, von der aus ich den gesamten Garten übersehen und auf das Wasser des Flußes blicken konnte. Hans-Jürgen räkelte sich in einem Liegestuhl und las. Ich überblickte dieses gesamte Bild, über dem etwas sehr Friedvolles lag. Aber in mir zog eine tiefe Traurigkeit auf, ein nicht zuzuordnender Schmerz, ohne Tränen. Heute weiß ich: Dies war die Stunde Deines Todes, mein Sohn. Die spätere Erkenntnis, Florian, dieses Wissen, gibt mir jetzt unendlich viel Trost.

Ohne mir der Tragweite, der Tragik, des Entsetzlichen, was dort in Irland zur gleichen Zeit geschah, auch nur entfernt bewußt zu sein, war ich mit meinem Schmerz doch bei Dir, er galt Dir und wie lange mußte ich noch auf Tränen warten, nachdem ich von Deinem unbegreiflichen Tod erfahren hatte. Ich verharrte in dieser tränenlosen, schmerzenden Leere bis nach Deinem Begräbnis.

Hans-Jürgen weckte mich gegen 19 Uhr aus meiner Versunkenheit, erinnerte daran, daß es Zeit sei aufzubrechen. Wir wollten ausgehen: zunächst auf die Kuppel des Reichstages, über Berlin sehen, es war so lange ein Wunsch gewesen, heute wollten wir ihn uns erfüllen, dann wollten wir Essen gehen, den Abend gemeinsam genießen. Stumm saß ich neben ihm und als er mich fragte, was mit mir sei, sagte ich: «Ich bin so voller Traurigkeit, ich habe keine Tränen!» Er nahm meine Hand. Es war doch «unser Tag» – unser glücklicher Tag!

Gegen Mitternacht kamen wir nach Hause. Es blinkte der Anrufbeantworter: 16 Nachrichten! Wir erschraken – fast alle Anrufe waren aus Irland, von Astrid, Hans-Jürgens Schwester, die immer flehentlicher darum bat, zurückzurufen. Irgendetwas war geschehen. Aber nicht mit Florian, nein, daran hatte ich nicht eine einzige Sekunde gedacht. Hans-Jürgen rief in Irland an – und er hatte die entsetzliche Aufgabe, mir Deinen Tod mitzuteilen!

Ich trage Deine Uhr an meinem Handgelenk und wundere mich immer wieder, daß sie nicht mit dem letzten Pulsschlag Deines Herzens stehenblieb!

Heute habe ich Dir das schönste Eichen- und Ahornlaub aus dem Wald mitgebracht und es zu den vielen kleinen Dingen auf Deinem Tisch gelegt. Dort steht Sand aus Irland, dort liegen Steine, Muscheln.

Halte Deine Hände über uns, Florian!

28. Oktober 2000

Doch im Tal der Todesschatten
werde ich der Liebe ein Denkmal
setzen und sie anbeten
Khalil Gibran

Liebster Florian, welches Geschenk machst Du mir seit zwei Tagen: Es herrscht tiefer Friede in mir – da ich Dich so nah fühle! Ich spüre eine große Veränderung und eine große Ruhe. Was hat das zu bedeuten? Ist es nicht viel zu früh für diese Ruhe in mir? Nur eine Pause?

Zunächst habe ich mich schuldig gefühlt, wenn ich in den letzten Tagen öfter lachen mußte. Das Lachen war einfach zurückgekehrt und ich spüre, daß es ein Leben neben meiner Trauer geben wird und daß das Lachen dazu dient, die Trauer zu ertragen. Du hast mich gelehrt, daß zum Leben auch der Tod gehört. Ich habe keine Angst mehr vor der Vergänglichkeit, vor der Endlichkeit. Die Winde des Himmels dürfen um mich herum tanzen! Ich empfinde eine so tiefe Liebe zu Dir und eine so große Dankbarkeit, Dich und gerade Dich so lange an meiner Seite gehabt zu haben. Ich dürfte eigentlich nicht so schrecklich unglücklich sein, denn Du hast meinem Leben viel Glück und Licht gegeben. Wie kann ich nur traurig sein mit all den glücklichen Erinnerungen an Dich?

Du bist uns nur voraus und ich denke oft, Du öffnest uns auch neue Tore, Tore der Erkenntnis, was das Leben eigentlich ausmacht, wie dankbar wir sein müssen für alles, was wir haben, wie unwichtig viele Dinge sind und daß das Wahre, das wirklich Wichtige unseren Augen früher verborgen blieb. Wir müssen unseren Geist bemühen – dann sehen wir. Du hast uns das gelehrt, Florian.

Astrid hat einen riesigen Koffer voller Sachen von Dir aus Irland mitgebracht. Nun füllt sich Dein kleines Zimmer und endlich habe ich auch etwas, das ich Deinen Freunden geben kann. Sie haben immer wieder danach gefragt und warteten darauf. Jedes einzelne Stück, das zurückkommt, ist unendlich viel wert. Alles ist Teil Deines Lebens gewesen – wichtig oder unwichtig, es gehörte zu Dir, Du hast es getragen oder in der Hand gehabt.

Deine Kleidung riecht nicht mehr nach Dir, Florian. Ich schliesse oft die Augen und versuche, mir Deinen Duft zurückzuholen. Es war ein angenehmer Geruch, der von Dir ausging – und noch habe ich ihn in der Nase. Und ich kann noch immer Deine Stimme hören. Ich vermisse Deine Stimme ganz besonders. Sie war der Teil von Dir, den ich am meisten in den letzten vier Jahren Deines Lebens wahrnehmen durfte. Ich habe Deine Stimme immer geliebt!

Talk to me free spirit! In meinen Träumen kannst Du doch mit mir sprechen. Ich habe nicht mehr von Dir als Lebendem geträumt – aber ich träume jede Nacht «um Dich herum». Meine Nächte sind ruhig und ich habe keine schlechten Träume.

Ist es so, daß Ihr Toten uns so nah zu Euch holt, damit Ihr uns dann zurückstoßen könnt in das Leben?

I love you so much, Florian, watch over us, little lamb!

29. Oktober 2000

Liebster Florian, here I am again! Ich möchte so gerne mit Dir sprechen, Dir erzählen, wenn ich schon nicht mehr von Dir höre. Warum rufst Du nicht an?

Wir sind heute wieder im Wald gelaufen und haben einen herrlich milden Sonntag. Ich weiß, Du hättest uns in Irland um dieses Wetter beneidet. Ich genieße die Bewegung sehr. Ich war zu lange erstarrt in meinem Körper. Ich konnte mich sogar ins Freie setzen, auf die kleine, geschützte Terrasse. Wir haben damals, als Du hier warst und wir Deinen 22. Geburtstag feierten, oft hier zusammen gesessen, es ist unser schönster Sonnenplatz im Herbst.

Ich habe Dir Laub aus dem Wald mitgebracht. Wußtest Du, Florian, daß es Blätter gibt, die sich nicht nur als Ganzes verfärben, sondern bunte Punkte tragen, wie von Kinderhand gemalt? Ich habe das noch nie bemerkt und ich war gerührt. Wie schön die Natur ist, mein Sohn, Du öffnest unsere Augen und Sinne und gibst uns einen neuen Zugang zu all diesen Dingen. Unsere Augen, unsere Ohren, unsere Herzen spüren und sehen die Dinge, das ist vielleicht das Neue.

«Wer die Bäume singen hört, kennt die Farbe des Windes …» Ich habe Dir diesen Satz einmal nach Irland geschickt. Ich höre die Bäume singen und ich kenne die Farbe des Windes. Du hast mir dies eröffnet, Du hast eine neue Dimension in mein Leben gebracht, Du geliebter, toter Sohn! Solange ich Dich an meiner Seite spüre, eröffnest Du mir diese Blicke und ich habe keine Angst. Ich schaue mit Deinen Augen.

Habe ich Dir erzählt, daß Gomero wieder gesund ist, dieser kleine, gelbe Vogel? Das ist wie ein Wunder. Niemand hat mehr so recht daran geglaubt. Aber er ist Dein Geschenk an mich, Dein Abschiedsgeschenk vor Irland! Er sollte der sein, der mich nun begleitet, wenn Du schon «ausfliegen» mußtest! Gestern begann er wieder zu singen: schöner denn je! Ich hatte das Gefühl, daß ihn und mich noch etwas sehr eng verbindet: unsere Selbstheilungskräfte und unser Wunsch, zu überleben.

Ich habe lange mit Mirco telefoniert. Er ist so lieb, so zugewandt und ich bin froh, daß es Deine wunderbaren Freunde gibt. Er freut sich sehr darauf, endlich etwas von Deinen Sachen zu bekommen. Lange stand ich deshalb einmal mehr vor Deinem Schrank, und ich hatte ein Paar blaue Socken von Dir in der Hand. FLORIAN steht auf ihnen – und ich erinnerte mich daran, wie ich sie für Dich kaufte. Viel von der Kleidung hat für mich keine Geschichte mehr, Du warst zu lange schon weg. Ich bin froh, daß Hans-Jürgen Deine Jacken trägt. Astrid schicke ich heute ein T-Shirt und ein kleines Boot.

Draußen tanzt das Laub im Wind. Bist Du im Wind, Engel, wie man in Irland denkt? Für mich bist Du überall. Wenn ich meine Arme ausbreite und sie dann wieder schließe, dann kannst Du dort hineingeschlüpft sein. Ich umarme Dich, free spirit!

Ich habe Vatis Foto zu Deinem gestellt. Sind Eure Seelen sich schon begegnet? Ihr habt Euch hier auf dieser Welt geliebt, und Du hast ihn sehr vermißt, als er ging. Nun seid Ihr wieder vereint. «Florian is playing chess with his granny» … hat Eimear nach Deinem Tod öfter gesagt. Ja, sie sieht Euch beide dort. Sie weiß offenbar um die große Freundschaft, die Dich mit Deinem Großvater verband. Ich verzweifle manchmal an der Ungerechtigkeit, mit der das Schicksal Menschen von hier abberuft, Florian. Warum mein Vater? Er war ein guter Mensch. Warum meine Lieben – mein Vater, und warum Du, mein Sohn?

Warum, Florian, warum?

Warum mußtest Du gehen, mein Sohn? Warum gerade Du?

Warum müssen wir verlieren, wenn wir es so sehr verdient hätten, zu gewinnen?

Verlust führt uns auf Pfade, die wir niemals gegangen wären, zu Träumen, die wir nie geträumt hätten.

I love you so much, free spirit.

30. Oktober 2000

Florian, mein Kind, heute ist Aufruhr in mir, es herrscht Krieg in meiner Seele, alles rebelliert, alles lehnt sich auf, Revolution der Gefühle: doch nicht Florian! Doch nicht mein Sohn, nicht mein geliebtes Kind, nicht er!

«Warum» würde auf meinem Grab stehen – nichts sonst.

1. November 2000

Das gestohlene Kind

Wo das Mondeslicht erglänzen läßt
das fahle Grau des Sandes,
weit weg von Rosses Stränden,
tanzen wir die ganze Nacht,
drehn uns nach alten Reigen,
vereinend Hände und Blicke,
bis der Mond entflohen ist.
Wir hüpfen hin und her
und jagen den Schaumblasen nach,
und die Welt ist voller Kummer,
und besorgt in ihrem Schlaf.

Folge mir, du Menschenkind,
wo die Naturgewalten sind,
mit einer Elfe Hand in Hand,
denn die Welt ist weit mehr voll Trauer,
als fassen kann dein Verstand.
W.B. Yeats

Heute, Florian, vor 4 Monaten mußtest Du uns verlassen, lief Deine Erdenzeit aus. Heute, mein Sohn ist der 123 Tag nach Deinem Gehen. Was denkst Du, wie lange werde ich die Tage zählen? Jeder Tag seit dem 1. Juli war ein Tag der Trauer, der Erinnerung, der Liebe! Du hast Liebe gesät in Deinem kurzen Leben – nun erntest Du Liebe.

Du machst uns heute einmal wieder das Geschenk von Sonnenschein. Ich hatte mir vorgenommen, darauf zu achten – und – nachdem wir düstere Tage hinter uns haben, empfing uns heute die Sonne. Wärme unsere traurigen Herzen, Florian. Wir können es so sehr gebrauchen.

Die letzten Tage waren schrecklich, ich war kurz davor, mich zu verlieren. Grenzgängerin! Ich war wie ein kleines Boot, das ziellos auf dem Wasser treibt, auf dem Meer unendlicher Traurigkeit. Ich befürchte, daß es diese Tage immer wieder geben wird – hilf mir, sie zu durchstehen. Ich habe gewütet, innerlich und äußerlich. Ich bin nicht gerecht zu Hans-Jürgen, er muß unter mir leiden. Hilf mir Florian, daß ich nicht ungerecht und bitter werde, laß mich nicht verzweifeln und hilf mir, daß mein kleines Boot nicht sinkt und hilf mir, daß ich nicht untergehe.

Breite Deine Flügel aus – schütz mich – vor mir selbst!

3. November 2000

Liebster Flo, es ist wieder Wochenende und eine schwere Woche liegt hinter mir, aber ich will nicht klagen, mein Florian, ich will Dir einfach meine Gedanken schicken. Erreichen Dich meine Gedanken? Nimmst Du an unserem Leben auf eine Art teil? Wie sehr ich mir dies wünsche und wie sehr ich daran glaube! Du kannst nicht einfach weg sein, Du bist nur einen Raum weiter, ja? Aber Du wirst nicht wiederkommen, Liebes, weil Du es nicht kannst, so sehr wir es uns auch wünschen mögen!

Vorhin flog eine Meise gegen unser Fenster und fiel tot zu Boden. Es war schrecklich. Niemand, keine Kreatur sollte sterben müssen, und doch ist der Tod etwas Unausweichliches. Das hast Du uns doch gelehrt.

Ich holte also für die Meise einen Spaten, grub ihr ein Grab und trug sie hinein. Wie sollte ich einen Vogel nicht zu Grabe tragen können, wo ich Dich, als mein Liebstes, zu Grabe tragen konnte.

Wie oft denke ich an diesen Tag zurück. Ich werde oft mit den Gedanken an Dein Begräbnis wach und sehe Dich immer und immer wieder in Deinem Sarg liegen. Muß ich immer wieder daran denken, damit ich es glaube?

Die Bilder schmerzen so sehr und ich wische sie weg und suche neue, lebendige von Dir. Dann sehe ich Dich, wie schön Du warst, Florian, wie schön Du bleiben wirst.

«Doch soll Dein ewiger Sommer nie ermatten:
Dein Schönes sei vor dem Verlust gefeit»

Wie kamst Du nur auf dieses wunderschöne Gedicht? Es ist alleine schon wie ein Vermächtnis! Ich habe im Moment noch das Gefühl, daß Du meiner Liebe, dort, wo Du jetzt bist, noch bedarfst – oder ich Deiner???

Traum

22./23. November 2000

Wir sind in unserem Garten. Er liegt hoch über dem Meer und er hat eine steil abfallende Rasenseite hinunter zum Wasser. Du bist da! Freunde von dir tauchen auf, du bist voller Fröhlichkeit und ausgelassen. Ich beobachte dich froh, aber auch sorgenvoll. Ich weiß um dein bedrohtes Leben.

Ihr springt die Böschung hinab, ich hoffe, du wirst nicht oft hinauf- und hinunterlaufen ... (Tod auf der Treppe in Dublin ...) Du bist voller Lebensfreude, voller Kraft und ich weiß um das, das auf dich wartet ... Dennoch genieße ich diesen Anblick!

Florians Briefe aus Irland
17. September 1996 – 28. Juni 2000

«Ich würde Euch so gerne zeigen, was ich den ganzen Tag mache, wo und wie ich lebe und arbeite. Ich war auf einmal so stolz auf mich, so froh, daß ich diesen Schritt gemacht habe, auch wenn die Konsequenzen oft schmerzhaft sind ...»

Dienstag, 17. September 1996

Liebe Gabi, so, jetzt habe ich endlich einmal Ruhe und Muße gefunden, um Dir ein paar Zeilen zu schreiben. Vielleicht siehst Du an meiner Schrift, daß die ersten 1½ Arbeitstage nicht spurlos vorbeigegangen sind. Vormittags von 9.15 bis 12.15 Uhr arbeite ich im Garten. Hier habe ich an den letzten beiden Tagen (gestern und heute) ein zirka 80 Quadratmeter großes Beet umgegraben und vom Unkraut befreit. Im Garten habe ich mit Elaine, einer Kanadierin, die heute fährt, und der taubstummen Autistin Ruth zusammengearbeitet – really hard work. Gestern nachmittag ging es dann aufs Feld zur Kartoffelernte von 14.00 bis 17.45 Uhr.

Du siehst, der Tag besteht fast nur aus Arbeit, die auch in den tea-breaks um 10.45 und 16.00 nicht endet, da man immer von «special people» umgeben ist. Der Kontakt zu ihnen klappt wirklich immer besser und es ist schön, sie lachen zu sehen. Da viele ein wenig autistisch sind, kommt das bei einigen nicht so oft vor. Vor allem zwei von ihnen haben es mir angetan: Derek und Liam. Derek ist erst seit kurzem hier, fühlt sich aber sehr wohl. Er ist meist sehr ruhig und fragt jeden ständig: «Who are you?» Er braucht am meisten Hilfe, vor allem beim An- und Ausziehen. Er hat aber manchmal seine Höhepunkte, in denen er ansteckend lacht und Witze macht, über die er sich selbst fast totlacht …

Liam ist 42 und sozusagen der Senior. Er hat graue Haare und einen kurzgeschnittenen Vollbart. Wenn er guter Laune ist, ist er der Scherzkeks überhaupt und amüsiert den ganzen Tisch oder das Zimmer. Gestern abend haben wir eine Abschiedsparty für Ulli (eine Österreicherin) und Elaine gegeben, wo er auf dem Sofa liegend, drei Frauen um sich herum «Born to be wild» und andere Lieder mit geschlossenen Augen aus voller Kehle gesungen hat.

Oh shit, ich muß jetzt schnell in die «weavery» (Weberei).

Okay, hier bin ich wieder zurück mit der Erkenntnis, daß Weben und Wolle nichts für mich sind. Tja, da muß man eben durch, ich bin ja nicht in den Ferien hier, sondern absolviere meinen Zivildienst.

So jetzt gibt's Essen, melde mich gleich wieder.

Jesus Christ, soeben habe ich beim Essen meine zukünftigen haushälterischen Aufgaben erfahren. Morgen (Mittwoch) muß ich Frühstück (7.30 beginnt die Vorbereitung) und Supper (17.30) machen und Samstag wieder Frühstück. Hinzu kommt zirka drei Mal in der Woche Derek aufzuwecken, waschen und anzuziehen sowie ihn vier Mal die Woche zu Bett bringen, Zähne putzen, Schlafanzug anziehen und Tabletten geben. Damit kann ich dann auch gleich heute anfangen.

Also, Du siehst – a lot to do. But it could be worse!

See you, Florian

P.S. Ich schreibe bald wieder.

Samstag, 21. September 1996

Liebe Gabi, ich sitze gerade draußen auf der Terrasse und der kühle Herbstwind streicht über mein Gesicht. Das Wetter hat zum Glück gehalten: leicht bewölkter Himmel und Sonnenschein. Nur an den Temperaturen merkt man, daß der Herbst begonnen hat.

Samstag ist hier ein besonderer Tag, alle bleiben im Haus und säubern und reinigen es. Astrid ist mit Cara über das Wochenende nach Cork, um eine Hebamme zu finden, Josef hat einigen Papierkram zu erledigen. Also bleibt die meiste Arbeit an Tobias und mir hängen. Aber wir haben soweit alles geschafft. Gleich ist «Bible-reading» und Abendessen. Hier soll die Kommunikation auf einem höheren Level als sonst ablaufen. We'll see! Ansonsten lebe ich mich immer besser ein und werde langsam ein Teil der Community.

Trotz allem habe ich gestern im Garten einen Punkt erreicht, wo ich kurz davor war, meinen Koffer zu packen. Im Garten ist immer der Punkt, wo man am meisten für sich ist, nachdenken kann. Ich habe mich plötzlich so allein, so weit von allen gefühlt.

Ich wollte wieder dieses unbeschwerte Leben führen, das ich in den letzten Wochen gelebt habe. Gott sei Dank ist mir aber schnell in den Sinn gekommen, daß sich mein Leben in Berlin auch ändern würde. Aber ich hatte einfach einen Punkt erreicht, an dem ich total ausgelaugt und fertig war. Heute sieht die Welt schon wieder anders aus – obwohl ich viel an zu Hause und an alle denke.

Vielleicht verstehst Du das ja, es fällt mir einfach wirklich schwer, so weit weg von allem zu sein. Man nennt das wohl Heimweh. Ich wünsche mir daher auch zum Geburtstag das «Tagesspiegel»-Abo von Euch, damit ich mir ein bißchen Berlin in mein Zimmer unterm Dach und in mein Leben hier holen kann. Ich hoffe, die anderen haben nichts dagegen.

Sonst geht hier alles seinen gewohnten Gang – bis auf Derek. Er hatte gestern einen sehr schlechten Tag, hat nur rumgeschrieen und hätte fast einen Webstuhl zerstört. Er kriegt immer seine Fluchanfälle, schaut aber im nächsten Moment so aus der Wäsche, als könne er keiner Fliege was zuleide tun. Tja, es sind eben «special people».

Donnerstag war ich mit Suzanna und Wouter (Holländern) zum ersten Mal im Pub – was quite funny! Ganze irische Familien, incl. Oma, haben zu Fugees und Michael Jackson getanzt. Man kam schnell mit ihnen ins Gespräch, auch dieses «Vorurteil» stimmt also.

Bis jetzt haben sich alle Vorurteile bestätigt, bis auf – das Wetter. Ich glaube, das wird am schwierigsten werden, da ich sehr «wetterlaunisch» bin. So, jetzt wird's langsam ein wenig kalt hier draußen, da die Sonne untergeht. Ich schreibe Dir morgen weiter, weil der postman sowieso erst Montag wiederkommt. So long!

Sonntag, 22. September 1996

Liebe Gabi, so, jetzt die Fortsetzung von gestern: Das «bible-reading» (-supper) war eine schöne Abwechslung, obwohl mir, wie der Name schon sagt, die Bibel/Gott zu sehr im Vordergrund stand. Aber der Tisch war sehr schön gedeckt mit frischen Blumen, schönem Geschirr, Tischdecke und Servietten. Vor dem Essen haben wir uns erst einmal ins Wohnzimmer gesetzt und 10 Minuten lang – bei Kerzenlicht – geschwiegen. Jeder sollte über die Menschen nachdenken, die ihm – ob lebendig oder tot – sehr viel bedeuten. Ehrlich gesagt, dies war für mich kein leichtes Unterfangen, ohne gleich anzufangen zu weinen. Ich vermisse so viele Menschen in diesen Tagen.

Danach sind wir ins Eßzimmer gegangen, Josef hat ein Tischgebet gesprochen und wir haben eine Diskussion über weltpolitische Themen (Irak, USA, Algerien, Tschechien etc.) geführt. Nach dem Essen, als der Tisch abgeräumt und mit dem Tischbesen gesäubert war, hat jeder eine Bibel bekommen und wir haben gemeinsam die Bibelstelle gelesen, die wir jeden Wochentag nach dem Mittagessen im living-room gelesen haben. Jeder sollte sich darüber Gedanken machen und diese mitteilen (sofern er welche hatte).

Heute haben Tobias und ich nach dem Frühstück, die meisten waren in der Kirche, zusammen das Mittagessen gekocht: Lammbraten mit Kartoffelbrei und Salat. Ich habe dann noch frischen Torf geholt, abgewaschen, die Küche und das Eßzimmer ausgefegt. Um 14.00 habe ich mich dann auf mein Bett gelegt und ein wenig gelesen und geschlafen.

Ich hoffe, mit Euch ist alles o.k. und Ihr hattet eine schöne Zeit in Hamburg. Ihr fehlt mir – alles alles Liebe

25. September 1996

Hallo Mutti, vielen Dank für Deinen «Rügen-Brief». Leider hat die Muschel den weiten Weg bis ans Ende der Welt nicht überstanden.

Wenn ich mir die Pausen schon nicht nehme, tut es wenigstens mein Körper samt Psyche. Ich habe seit zwei Tagen Bauchschmerzen und verbringe den Tag mehr oder weniger im Bett. Ich lese viel und schlafe tagsüber, während ich mich nachts von einer Seite auf die andere rolle. Bin heute erst um 6.00 Uhr morgens eingeschlafen. Ich mache mir viele Gedanken über die Zukunft, habe im Versuch des Einschlafens schon meine zukünftige (irgendwann) – Wohnung eingerichtet. Außerdem habe ich die Idee gehabt, daß ich den «Dienst» im Notfall auch splitten kann. Ich will mich Weihnachten einmal bei der «Pumpe» erkundigen. Ich würde dann 7 Monate hier in Irland bleiben und den Rest in Berlin. Mal sehen, was die Zeit bringt.

Im Moment ist mir hier alles zu viel, ich fühle mich so einsam, so fern von allen, die mir so viel bedeuten. Ich habe das Gefühl, hier zählt nur die community, das Individuum kommt viel zu kurz. Die Natur bestimmt den Tagesablauf, nicht der Wille. Wenn es draußen regnet, dann wird die Natur gefragt, ob man weiterarbeiten will/kann, nicht der Mensch. So geht es hier in vielerlei Beziehung. Die anderen haben eben die Ideologie, geben ihr Leben für die Sache, aber das kann und will ich nicht. Ich bin nicht aus ideologischen Gründen hierher gegangen. Das ist aber – glaube ich – die oberste Maxime von Camphill – die eigenen Bedürfnisse zurückzuschrauben, seine Kraft in den Dienst der Sache zu stellen. Ich habe das Gefühl, alle meine Stärken und Eigenschaften sind hier gar nicht gefragt, nicht gebraucht. Ich fühle mich irgendwie fehl am Platz. Das Psychologische, das Kombinieren, der Humor, das alles ist zweitrangig, sind Eigenschaften, die ich hier nicht einbringen kann. Ich bin als Arbeitskraft gefragt, nicht als die Person, die ich bin. Vielleicht auch nur «noch nicht»?

Dann das ganze «Katholische», Singen nach dem Frühstück, Bibel-Lesen nach dem Mittagessen und Abendessen, immer die Gebete vor und nach einer Mahlzeit, Kerzen die angezündet und gelöscht werden. Das sind alles Sachen, die sind Teil des Alltags, Richtlinien, Rituale, an die man sich halten muß. Es ist mir aber alles so fremd. Warum soll ich auf das Gebet warten, wenn ich vorher Durst habe? Warum soll ich morgens Kirchenlieder singen, wenn ich in dieser Stimmlage gar nicht singen kann? Warum soll ich die Beete umgraben, wenn es regnet und ich friere? Warum soll ich nur noch Sachen machen, die gegen meinen Verstand sprechen? Warum soll ich in einer Welt leben, die mir so fremd ist?

Ich seh' doch auch die positiven Sachen, aber irgendwie stimmt das Gleichgewicht nicht! Die Lebensfreude, der Spaß kommen hier so kurz, geht unter in der Arbeit und der Verantwortung. Es sind irgendwie zu viele Gegensätze zu meinem vorangegangenen Leben. Die Sprache, die Landschaft, die Arbeit, die Menschen – das ganze Leben als solches. Ich bin es nicht gewohnt als Asket zu leben. Ich kann gut auf TV und Video verzichten, ich hab' sie nie vermißt. Aber ich kann nicht auf allen Luxus verzichten, der mein Leben vorher bestimmt hat. Ich fühle mich einfach nicht wohl!!!

Das hört sich jetzt alles so enorm schlecht an, ganz so ist es auch nicht, aber das sind die Fragen und Tatsachen, die mir den ganzen Tag durch den Kopf gehen.

Ich will aber noch nicht zurück. Ich will durchhalten, solange es geht. Vielleicht ist das ja nur der Anfang, hoffentlich nicht der Anfang vom Ende. Ich will mir, ich weiß nicht warum, selber beweisen, daß ich die Stärke habe, das alles durchzuhalten. Ich gebe erst dann auf, wenn ich merke, daß ich mich negativ verändere, z.B. meinen Humor verliere. Wenn ich mich nicht zurückziehe, so wie ich es im Moment mache. Ich möchte nicht den ganzen Tag vor irgendwas, vor irgendwem flüchten wie ich es zur Zeit tue. Ich ziehe mich zurück, gehe jedem Kontakt aus dem Weg. Ich will am liebsten alleine sein, mich nicht mit Problemen anderer Leute auseinandersetzen – hab' doch selber genug Probleme.

Naja, dies ging mir letzte Nacht so durch den Kopf! Mir fehlt einfach die Farbe, die Abwechslung im Leben. Jeder Tag ähnelt dem vorangegangenen. Es gibt 5 Montage in der Woche – es ist alles so eingefahren, unspontan.

O.k. soweit zu meinen momentanen Gefühlen. Schick mir bitte die Sportseiten vom Wochenende und falls vorhanden von Mi, Do, Fr. Danke. Ich vermisse Euch! I love you, Dein Florian

P.S. Grüß Hans ganz lieb!!!

Montag, 21. September 1996

Liebe Gabi, ich weiß gar nicht, wo ich anfangen soll! Ich habe so viel Post von Dir gekriegt, daß ich schon fast ein schlechtes Gewissen habe. Aber ich finde echt nicht so viel Zeit und muß meine freien «Minuten» häufig zum Relaxen nutzen. Am besten fange ich mit einem riesengroßen Dankeschön an!!! Vielen Dank für die zwei CD's, die «Longjohns», ein Geschenk, auf das nur Du kommen kannst, das Geld und vor allem für Deine schönen Briefe. Ich genieße es immer, Post aus Berlin zu kriegen.

Es macht mich aber auch traurig, daß Du gerade jetzt so viele Probleme mit der Arbeit und Deiner Gesundheit hast. Ich würde Dir gerne soviel zurückgeben. Ich würde mich so gerne bei Dir revanchieren, für alles, was Du für mich gemacht hast. Ich weiß, daß ich das nie kann, aber ich würde es gerne ein wenig wiedergutmachen. Erst wenn ein Mensch nicht mehr so nah bei einem ist, merkt man, wie wichtig er ist und wie Unrecht man ihm doch oft getan hat. Daß man dies in der damaligen Situation nicht erkannt hat, gehört wohl zu der Natur des Menschen. Sorry!!!

Ich weiß, daß ich Dir die Dankbarkeit nur sehr selten zeige, gezeigt habe, aber dies bedeutet nicht, daß ich Deine Taten nicht anerkannt habe. Wir waren uns einfach zu nah, die «objektivierende» Entfernung hat gefehlt. Ich habe manchmal das Gefühl, daß mir erst hier die Bedeutung der einzelnen Menschen, ihre Nähe bewußt wird. Ich misse unsere Sonntagabende mit Spaghetti, dem ich früher einem Fußballspiel im Fernsehen vorgezogen hätte. Ich denke, daß unsere «Mutter-Sohn-Beziehung» wirklich einzigartig ist. Ich kenne keine, die annähernd so gesund und gut ist. Ich glaube, daß wir den idealen Mittelweg gefunden haben und hoffe, daß wir eines Tages einen ähnlich guten finden.

Ich weiß, daß ich Dir in Berlin bei der Lösung Deiner Probleme nicht direkt behilflich sein könnte, aber ich würde Dich so gerne in den Arm nehmen, Dich trösten, zum Lachen bringen und ablenken. Ich bin aber glücklich, daß Du in Hans-Jürgen jemanden gefunden hast, der Dir dies auch geben kann. Du weißt gar nicht, wie froh ich bin, daß Du Dich damals für ihn entschieden hast! (Wie das Schicksal es will, läuft gerade «You'll see» von Madonna – und bei mir die Tränen, da sind wir uns sehr ähnlich!)

Wie ich Dir schon am Telefon erklärt habe, denke ich vor allem in den bible-readings häufig an Euch. Auch wenn man es mir vielleicht nie angemerkt hatte, aber ich stelle mir auch häufig Köpenick vor, wäre gerne im Sommer dort. Heute, als ich nach dem teabreak zu unserem Haus gelaufen bin, hätte ich mir so gewünscht, Ihr wäret hier. Ich würde Euch so gerne zeigen, was ich den ganzen Tag mache, wo und wie ich lebe und arbeite. Ich war auf einmal so stolz auf mich, so froh, daß ich den Schritt gemacht habe, auch wenn die Konsequenzen oft schmerzhaft sind. Wie jetzt, wo ich Dich gerne in den Arm nehmen würde. Ich habe am Telefon an Deiner Stimme gehört, daß Dir Deine momentane Situation zu schaffen macht. Ich fühle mich so hilflos! Langsam fange ich wieder an, Kraft aufzubauen. Ich würde Dir so gerne helfen, bin aber zu weit weg.

Dies war auch an meinem Geburtstag so komisch: Ich mußte mich mit den Briefen und Karten zufriedengeben. Alle Menschen – vor allem Ihr – die mir wichtig sind, waren in weiter Ferne: Mirco, Boris, Kevin und Mirjam haben mir anstatt eines Briefes eine Kassette geschickt, auf die sie gesprochen haben. Sie haben einen unserer «üblichen» Abende aufgenommen, mir gratuliert und gesungen. Sie haben mit mir gesprochen, als würde ich neben ihnen sitzen. Das war ein schönes Gefühl und hat mir gezeigt, daß ich noch bei ihnen bin.

In der vergangenen Woche habe ich Post von Euch, Ulla, Tante Gili, Fux, Neckargemünder Family, Mirco, Boris, Jette, Nina, Claudine, Lutz, Deiner Schwester Christine ... (das war's glaube ich) gekriegt. Es hat mich sehr gefreut, daß so viele Leute an mich gedacht haben – sogar Carola.

Ein weiterer Emotions- und Situationsbericht folgt, sobald ich Zeit habe. Ihr seid ganz oft bei mir! Sei aus der Ferne umarmt und getröstet!

Donnerstag, 7. November 1996

Liebe Gabi, es ist 23.00 Uhr und ich habe gerade an Lutz geschrieben. Danach habe ich meinen Hocker genommen, meine Dachluke aufgemacht und eine Zigarette geraucht. Die Lichter in meinem Zimmer sind, bis auf ein paar Kerzen, erloschen und ich habe den klaren Sternenhimmel genossen. Dann habe ich die Lichter eines Flugzeuges gesehen und plötzlich das Bedürfnis gehabt, nach Berlin zu fliegen. Dies sind die Gefühle des Heimwehs, die ich ab und an habe und die mir sagen, daß ich Ende Dezember auf jeden Fall kommen möchte.

Ich will Euch alles erzählen, mit Euch lachen und Euch sehen. Ihr seid jetzt auf Gomera, in meinen Gedanken aber in Berlin, in Köpenick, bei uns zu Hause! Ich merke, wie ich immer mehr mit diesem Platz hier verwachse, ohne aber zu vergessen, wo meine Wurzeln, mein wahres Zuhause ist. Ich liebe und schätze diesen Platz, sehne mich aber manchmal nach dem Vertrauten, dem Privaten.

Heute war mein day-off und ich habe ihn – zum ersten Mal seit bestimmt 4 bis 5 Wochen in meinem Zimmer verbracht. Ich wollte mich mal wieder erholen. Ich habe das Buch «Rote Sonne – Schwarzes Land» zu Ende gelesen. Unter anderen bin ich dabei auf den Spruch gestoßen: «Wir alle haben zwei Leben. In das eine sind wir hineingeboren worden. Das andere suchen und gestalten wir uns selbst.»

Ich fand diesen Spruch sehr schön und treffend und habe über ihn nachgedacht. Ich mußte dabei an Freunde in Berlin denken und darüber, warum sie sich das Leben so schwer machen, alles dem «Schicksal» überlassen? Ich denke viel über sie nach.

Gestern, Mittwoch, waren Douglas und ich beim «Irish-Dancing» und hatten viel Spaß und viel zum Lachen. Es ist ein setdance; immer zwei Paare, die sich gegenüber stehen. Dann wird sich gedreht und gekreist, daß sich alles nur so dreht. Ich habe mit einer 23-jährigen Irin getanzt. Dies war eine Ausnahme, da sonst fast nur Mitte 40- bis Ende 60-jährige Frauen und Männer dort waren. Nächste Woche gehen wir auf jeden Fall wieder hin. So, jetzt höre ich auf, es ist 23.30 und ich muß morgen um 7.00 früh melken. Alles Liebe

Montag, 11. November 1996

Liebe Gabi, eigentlich habe ich kaum Zeit und der Druck ist, da Du ja hoffentlich in der Sonne Gomeras liegst, auch nicht da. Trotzdem habe ich das große Bedürfnis, Dir zu schreiben. Aus verschiedenen Gründen: Heute ist Opas Todestag und ich denke viel an ihn, da der November der «Month of the Dead» ist. Bei uns im Haus wird daher dieser Tage häufig über den Verlust von Menschen geredet und es ist erschreckend, wie tief und wie häufig dieses Erlebnis bei den specials verankert ist. Fast jeder, außer Derek, hat entweder einen Elternteil oder Geschwister (meist durch Unfall) verloren.

Natürlich habe ich auch darüber nachgedacht, wen ich verloren habe und kann sehr glücklich darüber sein, daß mich diese Trauer noch nicht so oft erfaßt hat. Es ist komisch, aber der Tod an sich ist für mich ganz eng mit Opas Tod verbunden. Denke ich an Tod, kommt mir immer sein Bild vor Augen. Mir wird immer wieder bewußt, was für ein wichtiger und toller Mensch er für mich war. Du weißt ja, daß ich auf Kommando weinen kann: Wenn ich dies will, stelle ich mir immer Opa vor und es funktioniert.

Natürlich gibt es zur Zeit auch andere Themen und Aktivitäten, als das Dahinleben. So ist heute zum Beispiel «Martinmass» (St. Martin). Christopher, der Künstler aus Teach Solas, hat nach dem gathering am Morgen erklärt, was die besondere Bewandnis, wer St. Martin ist. Es ist schön, daß solche Feste jetzt eine Art Sinn für mich haben. Als Kind wäre ich damit überfordert gewesen, aber heute erklärt es mir einiges. Warum die Laternen oder Fackeln?

Danach bin ich mit Douglas, Josef, Kieran und Thomas in den Wald gefahren und habe Holz für den Winter geholt. Es war wieder so ein wunderschöner Tag, daß das Gemüt einfach aufblühen muß. Der Wald, der mittlerweile nicht mehr steht, liegt auf einem Hügel, so daß wir eine tolle Weitsicht bei Sonnenschein und frühlingshaften Temperaturen hatten. Es wurde, obwohl es sonst recht kühl bis frostig ist, richtig warm, so daß wir uns unserer Jacken entledigen mußten.

Am Nachmittag haben sich dann alle, entgegen des normalen Tagesablaufs, in den einzelnen Häusern versammelt und Laternen für den Umzug gebastelt. Tobias, Melanie und ich haben bereits am Samstag Fackeln gebaut für den heutigen Umzug.

Um 18.00 Uhr haben sich dann alle auf dem Euch bekannten farm-yard getroffen und gemeinsam mit Singen einen Marsch über das Gelände gemacht. Auf dem topfield haben wir einen Halbkreis gebildet, vor dessen Öffnung das «St. Martins Ritual» gespielt wurde: Der wohlhabende Reiter schenkt einem armen, frierenden Vagabunden das Innere (Warme) seines Mantels. Danach sind wir zurück zum Hof und haben uns im Kreis aufgestellt. Brötchen wurden verteilt und jeder hat seines mit seinem Nachbarn geteilt, in Anlehnung an St. Martin. Es war ein netter Abend, der mit supper bei Laternenschein ausgeklungen ist.

Der eigentliche Grund dieses Briefes ist aber ein ganz anderer: Ich habe heute meinen Flug nach Berlin für den 29. Dezember (17.30 Ankunft) gebucht. Ich freue mich schon wahnsinnig, da ich Euch doch recht häufig vermisse. Es gefällt mir hier zwar wirklich super und das Wetter ist für den November phantastisch, aber Ihr und meine Freunde fehlen mir einfach! Eigentlich wollte ich ja heute den Familienbrief schreiben, verschiebe dies aber auf morgen. Alles Gute und eine hoffentlich schöne Zeit, die Ihr auf Gomera gehabt habt. See You! Soon!!!

P.S. Habe in letzter Zeit viel über Menschen nachgedacht, die mein Leben in irgendeiner Weise geprägt haben und habe dabei auch an Kaja gedacht. Mich interessiert echt, was sie jetzt tut! Kannst Du mir vielleicht ihre Adresse schicken? Wäre wirklich nett.

Freitag, 22. November 1996

Liebe Gabi! Heute war wieder einer der tollen irischen Wintertage. Sonnenschein und Kälte. Zum Glück ist es zur Zeit recht windstill, so daß der eisige Polarwind einem das Leben hier nicht zur Eishölle macht. Ich liebe dieses Wetter, auch wenn es mal regnet.

Seit dieser Woche arbeite ich nicht mehr auf der Farm, d.h. nicht mehr richtig. Meine ganze Energie soll sich Mark widmen, einem special, der über die letzten Jahre hinweg zum Einzelgänger geworden ist. Er hat unglaublich viel Arbeitsenergie, weiß aber nicht, für welchen Zweck er etwas tut – eine neue Herausforderung für mich!

So, hier bin ich wieder. Ich habe gerade mein Zimmer gründlich aufgeräumt und danach alle meine Fotos angeguckt. Die Sehnsucht und Freude wird langsam größer!

Heute abend ist «Evening for the Dead». Ein weiterer Anlaß um an Opa zu denken. Nach einem «festive supper» treffen sich alle in der Hall, um eines Verstorbenen zu gedenken. Der Chor singt, die Eurythmy-group führt etwas auf und eine – mir noch unbekannte – Person, hält eine Rede. Es ist schon erstaunlich, wieviele Menschen im November sterben, gestorben sind. Jetzt muß ich aber zum supper. Bis morgen – am Telefon!

Montag, 3. März 1997

Liebe Gabi, ich möchte Dir aus Irland alles, alles Liebe zum diesjährigen Muttertag wünschen. Ich möchte Dir ganz lieb für Deine tolle Unterstützung und Hilfe danken. Ich weiß, daß dies weiß Gott keine Selbstverständlichkeit ist und hoffe, daß ich einiges davon in ein paar Jahren wiedergeben kann.

Ich habe häufig ein schlechtes Gewissen, wenn ich sehe, wie viel Du für mich opferst und einbüßt. Oft habe ich das Gefühl, Du solltest Dich vielleicht ein wenig mehr um Dich kümmern, anfangen, mehr an Dich zu denken. Natürlich genieße ich die Sicherheit, die Du mir gibst, bin Dir unendlich dankbar, aber wenn ich dann von Deiner Gesundheit höre … Es tut mir leid, daß Du momentan solche Probleme hast, daß ich nicht für Dich dort sein kann. Ich wünsche Dir auf alle Fälle einen schönen Samstag und denke an Dich.

P.S. Der nächste Brief wird wieder länger

Freitag, 11. April 1997

Liebe Gabi, als allererstes möchte ich Dir ganz, ganz doll für die Gartenhandschuhe und die CD danken. «Freundeskreis» gefallen mir total gut, auch wenn ich sie vorher noch nicht kannte. «Anna», ja das Stück ist schön! Zu dem, was Du im Brief schreibst, möchte ich sagen, daß ich zwar generell mit Dir übereinstimme, doch an manchen Punkten anderer Meinung bin.

Die «Distanz» zwischen uns, von der Du sprichst, die ich allgemein nicht so krass sehe, ist doch u.a. auch ein Resultat der geographischen Distanz. Natürlich habe ich jetzt zum großen Teil «mein eigenes Leben», doch aber nicht isoliert von Dir/Euch. Ich möchte Euch so weit einbeziehen, wie es geht, aber mir sind auch Grenzen gesetzt. Ich will meine eigenen Erfahrungen und Fehler machen. Ich will mich selbst am Zopf aus dem Schlamassel ziehen. Sieh' es doch als Erfolg, daß ich Dich nicht wegen jedem Problem kontaktiere, daß Du ein «selbständiges Kind» großgezogen hast. Daß ich Dich nicht mehr so viel brauche (zur Zeit) ist doch eine Erlösung. Ich bin sicher, andere Mütter wären froh, ihre Kinder kämen ohne ihre Obhut aus. Natürlich bist und bleibst Du mit Abstand der wichtigste Mensch in meinem Leben, was sich nie und nimmer ändern wird, aber man muß sich Kontaktpersonen in seinem Umfeld suchen; Menschen, die mit der Situation vertraut sind, die sie tagtäglich erleben. Ich werde mir natürlich immer Deinen allgemeinen Rat einholen, da ich weiß, daß er (fast) immer richtig ist; vor allem auf Mädchen oder Frauen bezogen! Aber ich muß mir auch meine eigenen Stärken und Fähigkeiten beweisen. Was Beziehungen (ich meine damit eher die Kenntnisse darüber) betrifft, bist Du mein großes Vorbild, gebe ich immer mit Dir an. Ich will auch sehen, wie viel ich von Dir gelernt habe.

All dies war einer der Hauptgründe, warum ich ins Ausland wollte. Vielleicht habe ich das nie so deutlich ausgedrückt, aber ich benötige eben diese Distanz zu Dir, um mich selber zu finden.

Wer bin ich? Ich bin eben nicht nur Dein Sohn, sondern muß/will auch von anderen lernen. Ich habe hier so viele verschiedene

Menschen um mich herum, daß ich über diese Situation echt dankbar sein kann. Ich denke, viele Dinge, die Du mir über die Jahre mit auf den Weg gegeben hast, kann ich nun zum ersten Mal anwenden, das Resultat sehen. Du kannst mir mehr oder weniger nur Theorie und Beispiele auf den Weg geben. Das Prüfen auf Richtigkeit und Funktionalität muß ich jetzt selber tun. Dafür brauche ich eben Deine Hilfe nicht. Aber ich brauche noch immer Dich!!! Werde Dich immer brauchen, auch als Berater. Nur hier habe ich die Sicherheit von Camphill, die ich im späteren Leben nicht mehr haben werde. Ich kann hier Fehler machen, ohne an ihrem Ergebnis unterzugehen. Ich denke, als «Entwicklungshilfe» ist dies hier der ideale Platz. Man erlebt täglich alle Facetten des Lebens, mit immer anderem Ausgang.

Douglas sagt immer, wäre das Leben einfach, so wäre es doch langweilig. Im Grunde bin ich über jedes Problem froh, da man hier immer die Chance einer Lösung hat, der andere nie wegrennen, sich verstecken kann. Man wird mit den Dingen des Lebens konfrontiert.

Meine momentane Distanz hat mit dem momentanen Problem zu tun, ist aber eben nur momentan.

Jette habe ich einmal geschrieben, daß ich hier im «Paradies auf Zeit» wäre. Ich denke, genau dies ist mein Gefühl. Ich will den Moment genießen, voll auskosten und unter ihm leiden, da ich weiß, daß er nicht für die Ewigkeit sein wird. Es ist ein Leben in Sicherheit, in «falscher Sicherheit». In einem Netz von Verantwortungen und Aufgaben kann man nicht verloren gehen. Doch jede Spinne muß einmal ihr Netz verlassen, ein neues bauen. Dies bedarf großer Fähigkeiten und genügend Zeit. Ich bin von einem (Zuhause) ins andere Netz gesprungen (Camphill). Aber eines Tages muß ich mein eigenes bauen. Dafür muß man sich aber vorbereiten. Meine Zukunft ist noch zu verschwommen, um zu planen. Deswegen lebe ich im Nun.

Trotz aller Distanz, Gabi, brauche ich Dich, vielleicht mehr (da anders) als je zuvor.

In Deinem letzten Brief hast Du mich zitiert, daß ich Dir gerne einiges zurückgeben würde. Du meintest, besser früher als zu spät. Aber bevor man geben kann, muß man erst einmal haben. Ich bin dabei, mir etwas zu erarbeiten, bin aber gerade erst am Anfang. Laß uns die momentane Krise bitte so meistern, wie alle anderen zuvor. Wir sind stark genug!! Bis dahin, sei fest gedrückt.

P.S. Ich freue mich schon sehr auf euch. Es wird ganz toll werden!!

Montag, 16. Juni 1997

Liebe Gabi! Ich sitze gerade am Schreibtisch in Dungarvan (endlich bin ich wieder einmal am Meer) und schaue in den wunderbaren Abendhimmel über Irland. Die fast untergegangene Sonne strahlt ein paar Wolken an, die sich vereinzelt am rotgefärbten Himmel befinden. Wie Du siehst haben wir Glück mit dem Wetter, seit heute scheint die Sonne über der grünen Insel. Es ist schon erstaunlich, welch einen Unterschied das Wetter macht. Während der Arbeit kriegt man dies gar nicht so mit. Aber jetzt in den «Ferien». Ich bin hier mit Pete und den «specials» Derek und Martin. Das kleine Ferienhaus, das Camphill zur Verfügung gestellt wurde, ermöglicht solche Ausflüge.

Heute haben wir einen Tagesausflug nach Tramore gemacht. Unterwegs haben wir an verschiedenen Stränden gestoppt und sind ins Wasser gesprungen. Das Meer ist zwar eisig kalt, aber eine angenehme Erfrischung.

Mit Pete verstehe ich mich wirklich total gut und wir hatten schon ein paar nette, ruhige Gespräche miteinander, sofern dies mal möglich ist. Martin «Chatterbox» läßt einem kaum einmal eine leise, private Minute. Auch während ich jetzt den Brief schreibe, labert er dauernd auf mich ein: «You're writing a letter to your family in Germany! Are you?» «Yes, Martin I am.» – «To your Mum, are you?» – «Yes, Martin.» – «To Germany, is it?» – «Yes, it is» … Diese Art von Konversation hatten wir bereits zum vierten oder fünften Mal «To Germany?» – «Yes to Germany». Doch bevor ich meine Geduld endgültig verliere, geht er in die Küche, um sich eine Birne zu holen. Ruhe. «It's a nice pear. Isn't it?» – «Aaaahhh, f... off!!!» ... war mein Gedanke, aber «Yes, Martin, they are very nice!» und das nennen die hier in Camphill Ferien????!!!! Nicht für mich jedenfalls!

Nun aber nochmal zurück zu unseren Ferien! Ich habe die Zeit mit Euch wirklich sehr genossen, auch wenn es am Anfang ein wenig schwer für mich war, mich an die neue Situation (Euch in Irland) zu gewöhnen. Ohne Euch für lange Zeit gesehen zu haben, wart Ihr plötzlich in «meinem Irland». Ihr habt es mir dann ermöglicht, dieses Land, welches ich wirklich sehr, sehr in mein Herz geschlossen habe, zu entdecken. Dafür bin ich Euch sehr dankbar.

Als Ihr/wir zurück in Camphill waren, habe ich plötzlich ganz stark den Kontrast zwischen den zwei Welten gespürt – vom Schloß zum Kuhstall. Ich habe mich in dieser Situation ein wenig überfordert gefühlt, da auf der einen Seite die Verantwortung für Haus, Garten und Farm war, auf der anderen Seite wart Ihr. Berlin mit all seinen Zukunftsfragen war von einem Augenblick auf den anderen wieder so nah, nachdem ich all dies so gut wie möglich verdrängt hatte. Dies ist aber sehr gut, da Ihr mir die Augen geöffnet habt. Es ist aber nicht immer einfach, mit der unangenehmen Wahrheit konfrontiert zu werden.

Ich denke aber, daß es gut ist, wenn ich nächsten Sommer zurück nach Berlin komme und, falls möglich, anfange Psychologie zu studieren. Camphill setzt einem so viele Flausen in den Kopf, daß man irgendwann die Übersicht und die Vernunft verliert. Hier sind all die Querdenker, zu denen ich mich eigentlich nicht zähle, auch wenn ich vieles von ihnen lerne. Ich lerne eine andere Denkensart, muß aber manchmal aufpassen, meine eigene, sofern sie bereits gefestigt sein sollte, nicht zu verlieren. Aber wie läßt sich Melken und Psychologie- oder Jurastudium unter einen Hut bringen?

Das Leben ist für mich einfach so irreal – aber es ist einfach großartig! Manchmal beneide ich mich wirklich selbst um diese

Chance. Ich sehe sie als riesiges Geschenk an und mir wird wieder einmal bewußt, daß ich auf der Sonnenseite des Lebens geboren wurde. Für die Kraft und vor allem das Durchhaltevermögen muß ich Dir danken. Von wem soll es sonst kommen?

Manchmal sage ich mir, egal welche Entscheidung ich treffe, mit Dir als Mutter kann eh nichts schief gehen! Und in Fällen, in denen Du mir nicht helfen kannst, gibt es Menschen wie Hans-Jürgen, deren Wort mir sehr, sehr viel bedeutet. Was berufliche oder «objektive» Lebenstipps angeht, kann ich mich, glaube ich, weitestgehend auf ihn verlassen. Ihr seid der Anker meines Lebensschiffes. Ich bestimme zwar Weg und Richtung, aber Ihr gebt mir Festigkeit und den Kontakt zum Grund. Ohne Euch würde ich vielleicht in einer unachtsamen Stunde abgetrieben, vom Weg gelenkt werden.

Bitte glaube mir, daß ich diese Tatsache nie vergesse, auch wenn Du es nicht immer fühlst, aber unsere Zeit kommt noch! Versprochen! Nach 19 Jahren festgefahrener Position kann sich dies nicht von heute auf morgen ändern. Vorallem nicht ohne Kontakt und Zeit.

Sicher bin ich mir allerdings darüber, daß ich müde bin und Martin mich auch noch meines letzten Nerves beraubt hat. Alles Liebe

Samstag, 21. Juni 1997

Liebe Gabi, es ist Samstagnacht 1.30 Uhr. Ich bin gerade von Douglas zurückgekommen und habe Deinen Brief gelesen. Bin vorher nicht dazu gekommen. Ich schaffe es aber auch nicht, mit einer «Antwort» bis morgen zu warten.

Du hast ja meinen Brief aus Dungarvan sicherlich schon gekriegt und siehst, daß wir über unsere «ersten gemeinsamen Ferien seit einigen Jahren» sehr ähnlich denken. Es war für mich eine wirklich wunderschöne Zeit, die ich so schnell nicht vergessen werde! Aber für mich ist der Kontakt zu Dir und Hans-Jürgen auch immer ein wenig eine Konfrontation mit der Zukunft, was ja sehr gut, aber auch ein wenig schmerzhaft ist.

In Dungarvan hatte ich seit einer Ewigkeit mal Zeit, mich mit dieser auseinanderzusetzen. Eines Abends habe ich mich mit dem «Studienführer Psychologie» und einer halben Flasche Weißwein an den Schreibtisch im Wohnzimmer gesetzt und bei Kerzenschein gelesen. Obwohl die Lektüre recht trocken war, wollte ich immer weiterlesen. Zwischendurch habe ich immer wieder eine Pause gemacht und in die finstere Natur draußen geguckt und über die Menschen (Mirco, Kevin, Mirjam ...) aus Berlin nachgedacht und warum sie so sind, wie sie sind. Dann habe ich weitergelesen und nach ein paar Seiten eine weitere Pause gemacht. Mir sind plötzlich so viele Fragen durch den Kopf gegangen, warum unsere Gesellschaft so ist, wie sie ist. Ich habe mich dann mit einer Zigarette vors Haus gesetzt und in den Sternenhimmel geschaut. Ich habe mich so inspiriert und interessiert gefühlt, daß mir klar wurde, dies will ich studieren. Noch nie vorher hatte ich ein solches Gefühl der Überzeugung.

Die Unterstützung durch Hans-Jürgen ehrt mich sehr und ich habe das Gefühl, daß zwischen uns etwas Neues, Eigenständiges entstanden ist. Er ist für mich mehr als nur Dein Mann oder mein Stiefvater. Für mich ist seine Meinung sehr wichtig und zeitweilig auch entscheidend.

Was meine Berufsaussichten in der Zukunft angeht, so mache ich mir darüber keine Gedanken. Erstens ist dies noch fern in der Zukunft, zweitens muß man auch ein gewisses Risiko eingehen um etwas zu erreichen, drittens wird man schon etwas finden, wenn man von der Sache überzeugt ist. Außerdem denke ich, daß der Wert von Psychologie in unserer «kranken Gesellschaft» in Zukunft auch steigen wird. Wenn nicht in Deutschland, dann vielleicht in Irland, den Staaten, China, Australien ... who knows?

Das war's für heute! Ich wünsche Dir eine schöne Woche, sofern noch etwas von ihr übrig ist, wenn Du den Brief erhälst. Alles Liebe an Dich und Hans-Jürgen.

Samstag, 11. Oktober 1997

Liebe Gabi! Ich sitze gerade an meinem kleinen Schreibtisch, schreibe Dir und schlürfe meinen lauwarmen Instantcoffee.

Zur Zeit plagt mich ein Problem, welches ich lange nicht mehr hatte und welches auch keines sein sollte: ich habe Zeit – viel Zeit. Es ist eine Situation, der ich seit einem Jahr nicht mehr begegnet bin! Durch das Penicillin fühle ich mich schlapp und diesig. Ich habe keine Energie und keine Lust, etwas zu beginnen. Mit anderen Worten: Mir ist langweilig! Langeweile ist eigentlich ein Wort, welches ich aus meinem Wortschatz gestrichen habe, aber plötzlich ist es wieder da, erscheint ganz deutlich vor meinen Augen.

Also dachte ich mir, ich fange einfach an, Dir zu schreiben und sehe, wie weit ich komme. Gestern kam mir in den Sinn, daß mein Kranksein nicht nur mit Überforderung und Streß zu tun hat, sondern auch eine Art midlifecrisis ist: nach einem von insgesamt zwei Jahren. Auch ist Berlin und die Sehnsucht nach Euch durch Mircos und Mirjams Anwesenheit wiedererwacht. Hinzu kommt Boris' Rückkehr und seine Fröhlichkeit bei unserem letzten Telefonat. Plötzlich wurde mir etwas bewußt, was ich seit langer Zeit verdrängt hatte und auf eine bestimmte Weise auch nicht sehen wollte: Man kann auch in Berlin glücklich sein!

Ich vermisse all die Menschen und all die Dinge, die ich noch gar nicht erlebt habe. Natürlich fragst Du Dich, wie ich etwas vermissen kann, das ich noch gar nicht kenne. Aber genau dies ist der Punkt! Ich habe das Bedürfnis, endlich mein eigenes Leben zu leben, nur für mich verantwortlich zu sein. Ich will endlich egoistisch sein, mal nur an mich denken müssen, ohne immer 40 Personen, 30 Schafe, ein Pferd, vier Ziegen und zehn Kühe im Hinterkopf haben zu müssen. Ich will auch mal wieder unverantwortlich sein, Dinge tun, die ich nicht machen sollte. All dies kann ich hier nicht, da ich mir während des letzten Jahres die Bürde des Erwachsenen, Verantwortungsbewußten aufgeladen habe. Es war meine eigene Entscheidung, dies zu tun, keiner hat es von mir verlangt, aber ich habe einfach manchmal das Gefühl, als wäre ich jemand, der ich nicht bin. Natürlich hat auch alles seine guten Seiten, aber die will ich jetzt einfach mal nicht sehen. Die sehe ich die ganze Zeit, jetzt muß ich mich auch mal auf die negativen konzentrieren können. Ich weißt nicht, ob ich es Dir oder jemand anderem geschrieben habe, daß ich das Gefühl habe, meine Jugend zu verlieren, bevor ich sie ausgelebt habe. Vielleicht sind meine Mädchen-Geschichten nur ein Teil dieser «unterdrückten Jugend», ein Teil, den ich in gewisser Weise ausleben kann, da er keinen negativen Effekt auf die community hat. Vielleicht ist dies die kleine Verantwortungslosigkeit, die ich mir «gönne». Keine Ahnung!

Eine Tatsache, die meinen selbstauferlegten Druck am besten widerspiegelt ist vielleicht, daß ich während des einen Jahres hier nur 3 bis 4 Mal verschlafen habe. Egal wann und in welchem Zustand ich ins Bett gehe, am nächsten Morgen stehe ich wieder auf der Matte.

Wie Du siehst, entsteht dieser Brief aus der Feder eines gelangweilten Jugendlichen in seiner ersten «midlifecrisis». Du mußt all diese Gedanken nicht zu ernst nehmen, aber sie entstehen eben, wenn man Zeit hat! Wann kann ich endlich wieder arbeiten!!

Naja, ist doch ein «kleiner Brief» geworden, der es wert ist, abgeschickt zu werden! Alles Liebe, Dein Sohnemänn(le)

1. November 1997

Liebe Gabi, mittlerweile ist hier richtig Winter; die Luft ist klar und kalt und verbreitet den Geruch von verbranntem Torf. Es ist, im anthroposophischen Sinne, die Zeit des «In-Sich-Hineinkehrens». Nachdem man im Sommer draußen in und mit der Natur gelebt hat, zieht man sich jetzt in sich zurück. Natürlich hat dieser Gedanke ganz reale und selbstverständliche Züge, trotzdem denke ich, es ist gut, sich diese Tatsache noch einmal klarzumachen. Hier liegt vielleicht auch die Antwort, warum gerade im November so viele Menschen sterben oder Selbstmord begehen. Durch Kälte und Regen wird man zurück in sich selber getrieben, trifft häufig Dinge, die schon längst vergessen und überwunden schienen.

Erinnerst Du Dich, als ich Dir über diese unglaubliche Energie erzählt habe, die mir die Sonne verlieh?! Dies war eine Zeit, in der ich jede Minute draußen verbringen wollte, wo ich voller Ehrgeiz und Energie war. Nun setzt der umgekehrte Prozeß ein und ich quäle mich mit Langeweile und Desinteresse. Ich habe mir vorher nie große Gedanken über das Wetter und die Jahreszeiten gemacht, kann jetzt aber ihren Einfluß und ihre Bedeutung erkennen!

Ich denke, das Problem ist nicht die Phase an sich, sondern die Umstellung: Man muß seinen Tag, seine Freizeit und seine Interessen neu ordnen und organisieren. Dies ist im Frühling sehr viel leichter als im Herbst, da die Natur und das Draußensein weit mehr Alternativen und Beschäftigungsmöglichkeiten bieten als das Zimmer. Weniger Ablenkung und Beschäftigungen wie Lesen & Schreiben geben einem mehr Zeit, über Zukunft, Vergangenheit, sich selbst und andere Menschen nachzudenken.

Gerade der Gedanke an die Zukunft ist für mich momentan kein einfacher! Nenne mir bitte nur eine (!) Person, die in Berlin glücklich und zufrieden ist!!! Dies ist mehr als nur eine Bitte, es ist vielmehr ein Appell. Ich möchte wissen, ob dieser Mensch in unserer Umgebung existiert. Man sagt immer so schön, «durch Kiffen und Drogen der Realität entfliehen», aber erst jetzt sehe ich die Wahrheit und die Gefahr darin (ich meine richtig). Guck' Dir doch mal unsere Generation an! Ich kenne keinen in meinem Alter, der noch nicht gekifft hat, keinen. Eine gute Freundin von Mircos Schwester ist an einer Überdosis Heroin gestorben, mit 15! Es scheint wirklich kein Syndrom mehr alleine der «Kinder vom Bahnhof Zoo» zu sein … Alle kiffen sich in Berlin die Birne voll, um den Problemen zu entrinnen. Auch wenn ich das gleiche Alter habe, so kann ich all dies echt nicht mehr verstehen. Warum?! («Warum» von Tic, Tac, Toe).

Ich weiß, daß ich weit von alledem entfernt bin, die Dinge aber langsam näher kommen und mir wird bewußt, daß viele Menschen, die auch ich kenne, sich am Scheideweg befinden. Mir kommt alles so krank und kaputt vor! Ist all' dies neu oder war ich bisher nur zu blind, um all dies zu sehen? Naja, ich will jetzt auch nicht paranoid werden, aber als ich angefangen habe, dies zu schreiben, haben sich mir plötzlich die Augen geöffnet.

Soviel erst einmal zu meiner «Krisenerklärung»! Euch wünsche ich ganz, ganz tolle Ferien in der Sonne und Wärme. Abstand tut immer gut, brauch' ich zur Zeit auch! Alles alles Gute + Liebe und bis in zwei Wochen, Dein Sohn(emann)

23. November 1997

Liebe Gabi! Vor meinem Fenster ergießt sich seit ein paar Stunden der Himmel über Irland. Der Wind läßt die Tropfen gegen das Glas trommeln, dieses beruhigende Geräusch, welches mich immer an unsere Autobahnfahrten bei Nacht im Regen nach Iburg und Egg erinnert. Es herrscht irischer Winter: kalter bis eisiger Wind, der den Regen fast horizontal fallen läßt. Aber im Gegensatz zu Deutschland ist es hier verhältnismäßig hell.

Ich weiß nicht warum, aber hier in Irland habe ich das Verhältnis für die Zeit verloren, es ist schon wieder Ende November! Der Monat der Depressionen und des Todes – er steht für mich für beides – ist so gut wie vorüber und der Kelch des Schicksals ist wohl an mir/uns vorbeigegangen.

Gestern hatten wir «Evening for the Dead», das Ereignis welches mich schon im letzten Jahr tief beeindruckt hat und als eines der schönsten Erlebnisse in meinem Gedächtnis bleiben wird. Dadurch, daß ich bis Donnerstag in London war und somit das bible-supper vergangenen Samstag verpaßt habe, war ich emotional überhaupt nicht auf diese Veranstaltung vorbereitet. Der Tag verlief ganz normal, kein Gedanke ging in diese Richtung! Letztes Jahr im Farmhaus war ich, auch durch die vorangegangenen Wochen, sehr viel mehr auf dieses Thema vorbereitet, hatte mich viel intensiver mit dem Tod – und vorallem mit Opa – beschäftigt!

Dieses Jahr ging all dies an mir vorbei, auch habe ich Opas Todestag vergessen gehabt. Zuviel hat sich in den letzten Wochen in mir abgespielt, so daß ich mich (aus verschiedenen Gründen) nicht übermäßig viel mit meiner Außenwelt abgegeben habe. Es war einfach eine melancholische, krisenhafte Zeit, in der ich mir bestimmt überflüssiger Weise zu viele Gedanken über dies und jenes gemacht habe. Aber ich denke, daß diese Zeit, aus der ich noch nicht ganz draußen bin, auch etwas Gutes hat, den es war/ist auch eine Art «augenöffnend». Es hat mich ein bißchen auf den Boden der Realität und der Gegenwart zurückgeholt. Natürlich sagt man immer, daß man im Nun leben muß und den Augenblick geniessen soll, aber eine anthroposophische Idee oder Aussage ist, daß man durch das Betrachten der Vergangenheit in die Zukunft blicken kann, was einem ermöglicht, in der Gegenwart zu leben.

Es ist das Gleichgewicht, aus dem «Was war» und dem «Was wird», welches einem zeigt, wo man steht. So habe ich mich in den letzten Wochen sehr viel mit beidem beschäftigt und das Jetzt ziemlich vernachlässigt, aber ich denke, daß ich dadurch mehr Stabilität in meiner momentanen Situation gewonnen habe.

Vielleicht macht das, was ich schreibe für Dich keinen Sinn und vielleicht macht es allgemein keinen Sinn, aber es ist für mich eine Art Erklärung und Stütze.

Gestern habe ich mit Mirco, nach dem «Evening for the Dead», über Religion allgemein, Anthroposophie im speziellen und Kirche geredet. Für mich sind all diese Dinge nur Stützen im Leben.

Ich habe mir das Bild gemalt, daß es so ist, als würde man auf einem Schiff die Welt umsegeln. Man befindet sich die ganze Zeit auf dem Ozean und kann in jede Richtung segeln, keiner gibt die Richtung vor und man sieht bis an den Horizont nur Wasser. Wasser steht hierbei für mich für das Leben. Zwar möchte man die Welt umsegeln, aber trotzdem freut man sich, von Zeit zu Zeit einen Fuß aufs Festland zu setzen – als Sicherheit und Orientierung, um zu sehen, wo man sich eigentlich befindet. Kirche kann manchen Leuten beides geben, aber genauso können dies auch Menschen, Freunde und Familie. Welche anderen Sicherheiten hat man denn sonst? So wichtig materielle Dinge in unserem Leben geworden sind, trotzdem können sie uns diese Dinge nicht geben.

Wie ich bereits in einem anderen Brief geschrieben habe, bist vor allem Du und danach die Familie, Freunde mein Festland. Man braucht einfach diesen Kontakt.

Um das Festland zu erreichen, muß man sich allerdings für eine Richtung entscheiden und diese auch mit aller Kraft verfolgen, denn wenn man die Richtung häufig ändert und sich unsicher fühlt, segelt man womöglich im Kreis und erreicht nie das rettende Ufer.

Ich denke, es ist enorm wichtig, zu wissen, wo man im Leben steht, doch dazu braucht man Hilfe. Zum einen können Mitmenschen durch Aussagen helfen, zum anderen kann ihre Sicherheit einem helfen, sich selbst zu betrachten. Dies heißt aber auch, daß man sich nicht nur auf dem Festland bewegen muß/sollte, sondern auch sein Ziel, die Weltumsegelung, nicht aus den Augen verlieren. Da ich Dich und eine tolle Familie habe, brauche ich (!) die Religion oder Kirche nicht als rettendes Ufer. Ich kann sie als Hilfe benutzen, bin aber nicht auf sie angewiesen, wie es viele andere Menschen zu sein scheinen.

Aber Dinge wie der «Evening for the Dead» geben mir auch Energie! Man sagt es immer so einfach, daß etwas einem Energie oder Stärke gibt, aber es stimmt einfach. Ich kann nicht sagen, warum es bei mir so ist, aber ich fühle mich heute viel stärker als gestern.

Der Abend war ähnlich wie letztes Jahr. Auf dem Boden Holzkreuze mit Kerzen versehen, dazu Chorgesang mit 15 Leuten, was sich sehr schön angehört hat. Musik von Mirco (Geige), Agnes (Flöte) und Gabriella (Cello) und – natürlich Eurythmie. Die Atmosphäre war aber wieder einzigartig – Opa war mir plötzlich so nah, ich konnte einfach abschalten und nur an ihn denken! Ich muß eingestehen, daß ich am 11.11. nicht an ihn gedacht habe und es war so umso schöner!

Ich denke, dies war einer dieser Abende, wo man das Zusammengehörigkeitsgefühl in Camphill spürt, ein Abend, der mir vielleicht wieder gezeigt hat, warum ich eigentlich (noch) hier bin.

Vielleicht hat mir dieser Abend deshalb so viel Stärke gegeben!? Auf jeden Fall bin ich momentan wieder auf einem Hoch!

Ich möchte Dir einen ganz lieben Nikolaus wünschen und alles, alles Liebe

Sonntag, 6. Dezember 1997

Liebe Gabi! Ich möchte Dir und Hans-Jürgen ein ganz, ganz schönes und warmes Weihnachtsfest wünchen! Ich denke, es ist diese Wärme, symbolisiert durch den Kerzenschein, die dieses Fest zu so etwas besonderem macht. Es ist auch das Zusammenkommen und gemeinsame Erleben.

In einer von Steiners Reden sagt er, daß auf der Welt Frieden herrschen würde, würden die Menschen die christlichen Feste wieder richtig mit Leben füllen. Und ich denke, er hat Recht. Guckt man zur Weihnachtszeit in die Welt, so sieht man, daß selbst die größten Feinde für diese paar Tage Frieden schließen. Es muß wohl diese Sehnsucht nach Wärme sein, die bei manchen Menschen wenigstens für kurze Zeit den Verstand walten läßt.

Um so schwerer und merkwürdiger ist es für mich, daß ich dieses Fest ohne Euch, die wichtigsten Menschen in meinem Leben, feiern werde. Da ich es aber bereits zum zweiten Mal tue, zeigt es auch, daß Camphill in der Lage ist, dieses Gefühl von Wärme und Geborgenheit in mir zu wecken. Auch durch die Anwesenheit von Mirco, Mirjam und Katharina wird es mir bestimmt erleichtert. Aber im Gegensatz zum letzten Jahr komme ich nicht direkt im Anschluß nach Weihnachten nach Berlin, sondern doch erst eine ganze Weile später. Die Tatsache des baldigen Nach-Hause-Kommens hat es mir natürlich vereinfacht, über die Weihnachtstage hier zu sein. Von daher ist es wichtig, daß ich meinen Flug so bald wie möglich buche, um diese Sicherheit wenigstens zu haben!

Gestern haben wir miteinander telefoniert und Du hast mir von dem Buch von Figdor über Trennungskinder erzählt. Du meinst, daß Du mich in diesem Buch häufig findest und daß wir all diese Zeit und Probleme sehr gut gemeistert hätten. Wenn ich versuche, mich objektiv zu betrachten, dann bin auch ich (!) recht stolz auf mich. Ich weiß, daß ich das wahrscheinlich noch nie gesagt habe, aber ich denke wirklich, daß ich sehr viele positive Eigenschaften habe.

Der Spiegel der eigenen Persönlichkeit sind ja die Menschen, von denen man umgeben ist! In meiner Umgebung kenne ich niemanden, der mich nicht mag und besonders wichtig, auch niemanden, der nicht auch ein wenig Respekt vor mir hat. Ich weiß, daß ich hier sehr viele Dinge tue, die mir «Respekt» von anderen beschaffen. Doch manchmal frage ich mich, ob ich diese Dinge nur deswegen tue, um Respekt vor mir selber zu kriegen.

Ich weiß nicht, ob Du verstehst, was ich meine!? Es ist so, als wenn man einer alten Dame die Einkaufstasche nach Hause trägt. Aber warum tut man es? Tut man es, weil man ein hilfsbereiter Mensch sein will, oder in der Hoffnung, die Alte rückt ein bißchen Kohle raus.

Öfters erwische ich mich, daß ich härter arbeite, wenn Josef in der Nähe ist, um ihm zu imponieren. Und wenn ich mich dabei ertappe, dann mache ich extra eine kurze Pause, um nicht wie ein Arschkriecher zu wirken oder noch viel mehr, um mich nicht als solcher zu fühlen. Und dieses Problem habe ich mit vielen Dingen: Bin ich so, weil ich einfach so bin oder um anderen zu imponieren. Meine Antwort auf diese Frage ist, daß ich so bin, weil Du den Grundstein gelegt hast und mir vorlebst, wie man sozial handelt.

So wie heute bei unserem Weihnachtsmarkt: Wir haben im Eßzimmer des Farmhauses eine Art kleines Café eingerichtet und nach einer Weile bin ich dann eben dort hineingegangen und habe die Keksteller neu aufgefüllt und das dreckige Geschirr abgeräumt. Und die Leute, die da gesessen haben, haben mich echt mit erstaunten und erfreuten Augen angeguckt. Dies sind Dinge, die für mich total normal, ja sogar selbstverständlich geworden sind, weil Du es mir jahrelang vorgelebt hast. Ich weiß noch, daß ich mich immer amüsiert habe, daß Du bei Festen anderer Leute oft abgewaschen hast und jetzt tue ich genau dasselbe. Ich glaube, daß dies Dein ganz, ganz großer Verdienst war: Du hast nicht nur die Ideale gelehrt oder sie mir anerzogen, sondern gelebt. Dadurch hast Du ein Vertrauen in Dein Wort aufgebaut. Ich weiß, daß Du kein «Hypokrat» bist, der das eine sagt, aber das andere tut. Und wenn ich in meinem letzten Brief über Sicherheit, die vor allem Du mir gibst, geschrieben habe, so ist dies bestimmt ein ganz elementarer Bestandteil.

Natürlich waren die Trennungen für uns beide sehr, sehr schwer und schmerzlich, aber wir sind zusammen da durchgegangen und nicht jeder für sich. Weder habe ich Dir, soweit meine Erinnerung mich nicht belügt, jemals ernsthafte, große Vorwürfe gemacht, noch hast Du mich je, trotz neuer Männer und neuer Liebe, im Stich gelassen. Du warst immer für mich da, manchmal vielleicht sogar zu viel, aber wer kann das schon richtig beurteilen. Im Gegensatz zu anderen hast Du mir nie falsche Versprechen gemacht. Egal was es war, Du hast immer zu mir gestanden und warst immer für mich da. Und mit «immer» meine ich auch immer!

Eines der Schlüsselerlebnisse für mich war, als ich dir davon erzählt habe, daß ich das erste Mal gekifft habe. Ich war mir ganz sicher, daß ich (auch wenn Fritz immer etwas anderes gesagt hat) dachte, ich hätte ein ganz großes Unrecht getan und meine Gewissensbisse waren enorm. Ich habe Dir aber nicht deswegen gebeichtet, sondern da ich mir sicher war, Du würdest es sonst durch jemand anderen erfahren, was ich auf jeden Fall vermeiden wollte. (Wieder dasselbe Problem, ich habe nicht aus Überzeugung gehandelt, sondern um etwas Größerem auszuweichen.)

Auf jeden Fall hast Du total gut reagiert und mir nicht, wie erwartet, den Kopf abgerissen! Ich habe Dir daraufhin mit einem riesigen Seufzer der Erleichterung versprochen, daß ich es nie (!) wieder tun würde! Aber Du wußtest bestimmt, daß ich dieses Versprechen wohl kaum einhalten werde. Du hast es aber dabei belassen.

Dies sind solche Vorfälle, denen man zum Zeitpunkt des Geschehens wahrscheinlich keine große Bedeutung beimißt, die aber viel bewirken können. Ich war immerhin der erste und lange Zeit der einzige, der es den Eltern oder einem Elternteil gesagt hat.

Das Resultat des so aufgebauten Vertrauens ist, daß ich Dir so gut wie alles sage, mehr als jemand anderem. Ich denke, daß das, verbunden mit unserer Fähigkeit (!) Streiten zu können, die Besonderheit unserer Mutter-Sohn-Beziehung ausmacht! Wo sonst findet man in solch einer Konstellation solche Qualitäten? Und ich bin wirklich sehr stolz auf uns beide! Natürlich werden auch wir Probleme kriegen, ich vielleicht mal wieder das Gefühl des Abgrenzenmüssens erleben, aber ich bin mir hundert Prozent sicher, daß wir unsere Fähigkeiten miteinander nie verlieren!

Mittlerweile ist es bereits Freitag, der 12. Dezember und wieder ist eine Arbeitswoche vergangen! Ich bin ganz froh, daß zur Zeit alles so schnell zu gehen scheint, mich die Strömung des Lebens mitgerissen hat und ich in den tosenden Wellen vorbeitreibe. Den bremsenden rettenden Ast werde ich wohl erst in 1–2 Wochen erreichen, bis dahin «lasse ich mich leben». Diesen Vergleich hat Astrid im gerade beendeten friday-meeting angewandt. Wann immer sie das Gefühl hat, gelebt zu werden, muß sie eine Pause machen und ihre Situation betrachten. Sie hat dies im Zusammenhang mit unserem Gespräch über meinen Morgenvers gesagt.

Mounting on high I begin to realize the
smallness of Man's Domain.
Gazing into distance I begin to know the vanity
of the carnal World.
I turn my head and hurry home – back to the court and market,
A single grain of rice falling – into the Great Barn.
Chinese Verses, 643 v. Chr.

Zwar hört sich der Vers, vorallem als Start in den Tag, sehr negativ an, aber ich wollte damit nur sagen, wie wichtig es ist, daß man von Zeit zu Zeit auf einen «Berg» (bildlich gesehen) steigt und sich sein Leben von außen betrachtet. Wobei man in unserem Fall hier die Metapher ja sogar realisieren kann, indem man den Slievenamon (den «heiligen Berg», auf den ich von meinem

Küchenfenster aus sehe ...) besteigt. Hat man nach einem beschwerlichen Aufstieg (die Probleme des Lebens) den Gipfel erreicht, schaut man hinunter und sieht, daß seine eigene Domäne (in diesem Fall Camphill) so klein ist. Der Ort, der unser Leben zu sein scheint, in dem wir schlafen, essen, arbeiten, streiten etc. ist auf einmal ganz klein und wird in ein Verhältnis gebracht. Plötzlich realisiert man, daß das Leben noch viel mehr ist, als Camphill oder woanders der Alltag in einer Großstadt.

Und ähnlich verhält es sich mit dem Aufstieg! Die ganze Zeit quält man sich, zweifelt an dem Sinn dieser Aktion und muß sich überwinden, nicht aufzugeben. Doch sobald der Gipfel erklommen ist, gewinnt man all die verlorene Kraft zurück und ist erfüllt von Glück. Man atmet durch und fühlt sich frei. Und ..., man denkt bereits an den nächsten Berg, falls möglich eventuell sogar einen größeren!

Ich denke, daß es je nach Mensch verschiedene Berge im Leben gibt, für die einen sind es besondere Veranstaltungen oder Anlässe, für den anderen erreichte Ziele im Leben (Erfolg), oder für wieder andere die verschiedenen Feste. Wichtig ist es meiner Meinung nach, daß man die Berge selber und aktiv aufbauen muß. Dies ist der Unterschied zur geografischen Welt, wo Berge einfach zu existieren scheinen. Außerdem brauchen manche Menschen wohl mehr Berg als andere.

Ich habe gemerkt, als es mir hier nicht so gut ging vor einem Monat, wie wichtig es sein kann, wenn andere Leute einem den Blick von außen aufs eigene Leben ermöglichen. Das Gespräch am Abend vor dem London-Trip mit Astrid hat mir dabei sehr geholfen, da sie viele Dinge in Relation gesetzt hat. Schwimmt man erst einmal im reißenden Fluß, ist es schwer, die Umgebung, die an einem vorbei saust, zu beobachten. Wie ich meine, *man wird gelebt!* Zur Zeit macht mir dieser Zustand nichts aus, da ich das Gefühl habe, gut genug schwimmen zu können. Ich nutze das Tempo des Wassers als Transportmittel aus, um möglichst schnell an einen anderen Ort zu gelangen. Guck ich mir die Situation jetzt mal so an, sieht es so aus, als läge es an einem selbst, wie man die Strömung nutzt! Es ist wie ein Messer, welches Leben retten, aber auch töten kann. Alles hat eben dann doch zwei Seiten! Cool!!!! Oder Scheiße!!!!

Hätte ich doch bloß besser und früher Schwimmen gelernt …

Soviel auf jeden Fall zu dem Vers!

Na dann erst mal gute Nacht …

Guten Morgen! Es ist Sonntag und ich werde gleich zur Adventmesse gehen. Ich möchte Euch einen ganz lieben 3. Advent wünschen. Ich denke, daß sich jetzt mein Weihnachtsbrief an Dich langsam dem Ende zuneigen wird, da er morgen in die Post muß. Wenn Du diesen Brief kriegst, ist wahrscheinlich schon fast Weihnachten – für mich ein weiteres ohne Euch! Sei ganz, ganz lieb und fest umarmt

Karte vom 25. Dezember 1997

Liebe Gabi! Es ist der 25. Und ich habe gerade (alleine) Deine Geschenke ausgepackt und mir sind die Tränen nur so die Wangen runtergerollt. Ich vermisse Dich sooo sehr, ich wäre so gerne bei Euch in Berlin. Deine Geschenke sind so wunderschön. Du kannst Dir gar nicht vorstellen, wie wahnsinnig ich mich gefreut habe, aber auch wie gerührt ich bin. Du bist einfach eine einzigartig tolle Mum. Es ist nicht das Geschenk, sondern die Gedanken, die Du Dir dazu gemacht hast, und … Weihnachten ist wirklich eben ein Familienfest und Freunde und Bekannte können Euch nicht ersetzen, nicht annähernd!!! Bisher war ich noch nicht in Weihnachtsstimmung, daher habe ich mir nicht so viele Gedanken gemacht, aber jetzt seid Ihr ganz nah bei mir und das Problem ist, daß ich Euch, obwohl ich es sooo gerne tun würde, nicht anrufen kann, da der Sturm das Telefon «ausgeschaltet» hat. Ich bin so traurig, würde so gerne Deine Stimme hören und somit etwas näher bei Dir sein. Die Welt kann so gemein sein!!!

Sei ganz fest und lieb umarmt!!!

Merry Christmas & I love you

23. März 1998

Hi meine liebste Mom! Jetzt habe ich mir einfach die Zeit genommen, um Dir zu schreiben und schwänze die montägliche Study-Group. Ich weiß nicht warum, aber zur Zeit bin ich immer so müde, daß ich kaum etwas schaffe. Gestern haben wir miteinander telefoniert und haben u.a. ein wenig über Berlin gesprochen. Ich freu' mich schon sehr, auch wenn mir bereits Angst und Bange vor dem Abschied ist. Gerade in letzter Zeit sind einige Leute zu mir gekommen und haben mir gesagt, wie schade es sei, daß ich schon so bald gehe. Das erweckt bei mir immer ambivalente Gefühle, da ich mich natürlich einerseits riesig freue, daß mich die Leute so mögen und auch denken, daß ich etwas Positives der community gebe, andererseits macht es das anstehende good-bye nicht leichter. Und natürlich frage ich mich dann ab und zu, warum gerade jetzt?! Jetzt, wo alle gehen, wo ich anders einsteigen könnte; Autofahren, mit Doro zusammen den Laden in Collum Beag und mit Douglas die Farm schmeißen! Ich denke, daß dies meine Chance wäre, endgültig aus dem Schatten «der Alten» zu springen.

Ich denke, daß jeder Lebensabschnitt etwas Bestimmtes mit sich bringt. Dies ist doch jetzt das Alter des Aufblühens, wo man die Möglichkeiten hat, all das zu tun, was man sich jahrelang gewünscht hat, man aber immer zu jung für war. Und ich weiß, daß dann auch bald die Zeit kommt, in der man zu alt für all dies ist!

Ich hoffe, Du verstehst meine Gefühle und Ängste ein wenig, auch wenn ich weiß, daß ich sie sehr kraß geschildert habe, so schwirren sie eben in meinem Kopf herum. «Summertime and the living is easy ...» ?! We'll see!

Tja, so macht es mir das Hiersein im Moment eben einfacher. Trotzdem freue ich mich auch schon auf den neuen Lebensabschnitt in Berlin – auch wenn es bestimmt nicht easy wird. Naja, wenn mir alles zuviel wird, dann komme ich eben raus nach Köpenick und verstecke mich! Meine neue Insel!

Ich hoffe, Du hast noch eine schöne Woche! Alles Liebe & bis Sunday! Dein «Beewee» son

Freitag, 17. April 1998

Liebste Mum! Heute ist so ein Tag, einer wie ich ihn öfter in letzter Zeit hatte, der mir zeigt, daß meine Entscheidung, ein weiteres Jahr auf der grünen Insel zu verweilen, die einzig richtige war. Ich habe sie bisher noch keine Sekunde bereut! Ich bin einfach glücklich darüber, daß diese so wichtige und lehrreiche Zeit noch kein Ende findet, jäh unterbrochen oder abgebrochen wird. Es stimmt einfach!

Es ist so ein tolles, erfüllendes Gefühl, wenn man merkt und gesagt kriegt, man wird gebraucht. Ich sehe meine Aufgaben und meine Bedeutung für den Platz. Dies hat aber weniger damit zu tun, daß ich dadurch mein Selbstbewußtsein aufpolieren kann (was bestimmt auch eine wichtige Rolle spielt), vielmehr habe ich das Gefühl, daß ich etwas geben kann, was die Menschen hier gerne annehmen. Bisher in meinem Leben war ich hauptsächlich der Nehmende, so auch hier am Anfang. Treibende Kraft meines Kommens nach Irland war das Sammeln von Erfahrungen, vor allem Lebenserfahrungen. Und jetzt habe ich das Gefühl, ich könne einige von diesen weitergeben oder erfolgreich einsetzen.

Ich hoffe, Ihr beide seid gut in Greece eingetroffen und habt dort gutes Wetter vorgefunden! Sind Deine Füße wieder o.k.? Also viel Spaß beim Wandern! Alles Liebe, Dein Sony. Grüß Hans-Jürgen ganz, ganz lieb!

Montag, 18. Mai 1998

Liebste Mom! Es ist wirklich unfaßbar: Draußen herrscht seit zirka fünf Tagen absoluter Hochsommer! Und Du kannst Dir vorstellen, wie ich dieses Wetter genieße ... Was aber vielleicht noch unglaublicher für Dich sein wird als das Wetter, ist der Fakt, daß es schwer ist, mich ins Haus zu kriegen.

Freitag war mein «Feldtag». Ich war von 9.00 bis 18.00 Uhr fast ohne Unterbrechung, lunch und lunchbreak habe ich ausfallen lassen, im Feld und habe Unkraut gejätet. Strahlender Sonnenschein, Trockenheit und Hitze ist ja das Beste gegen Unkraut. Ich war irgendwie richtig «drin» und es hat riesigen Spaß gemacht. Ich hatte für einen Moment das Gefühl, dies sei nur mein Feld, nur meine Farm.

Wie Du Dir vorstellen kannst, war ich dann abends nach dem friday-meeting total erschöpft und bin früh schlafengegangen. Ach so, nicht ganz, denn vorher hat mich Eimear noch angerufen und wir haben über eine Stunde lang telefoniert. Alles war so, als sei nichts geschehen und all meine Sorgen und Gedanken seien total unnötig gewesen. Da ich mit dieser ungezwungenen Situation sehr zufrieden war und keine weiteren Kohlen ins Feuer schmeißen wollte, welches nur noch auf letzter Flamme zu brennen schien. Bei immer ausgiebigerer Ursachenforschung bezüglich des ausgebliebenen Anrufs letzten Sonntag kam ich nach Gesprächen mit Dir und Mirco zu dem Schluß, dies auch auf das Konto ihrer Unerfahrenheit im Umgang mit Beziehung zu schreiben. Es war auch nicht der erste Eintrag auf der Haben-Seite. Aber das ist ja immer das Praktische, findet man den Grund, sei er auch noch so unplausibel, ist die Sache so gut wie abgehakt; für den Moment. Wiederholungen kann man dadurch leider nicht ausschließen, höchstens beim nächsten Mal mit einer Art Routine reagieren.

Naja, das hört sich jetzt alles so abgewogen, cool und kontrolliert an, aber um ehrlich zu sein, habe ich doch ein paar Tage ganz schön gelitten! Das ist eben der Unterschied zwischen Herz und Kopf, wobei zweiter im ständigen Kampf der beiden häufiger und häufiger das Feld als Verlierer verläßt!

Ich habe mir auch sehr zu Herzen genommen, was Du mir letzten Montag am Telefon gesagt hast; daß man ein größeres Verlangen und Sehnsucht nach dem hat, was man schwerer kriegen kann. Ich bin mir sicher, daß da ein großer Funken Wahrheit steckt. Nur das Bizzare dabei ist, daß sich das Blatt in den letzten Wochen so gewandelt hat. Ich dachte immer, ich säße am längeren Hebel, da ich doch all die Dinge mitbringe, die sie mag: vier Jahre älter, lange Haare (Zitat Eimear: «I wouldn't go out with a boy with short hair» – sehr sehr schwer zu verwirklichen in Irland!

Ausländer (Ich: «I often have the feeling that I'm so different to all the Irish boys around you!» Eimear: «Yeah, it's true, but am I going out with any of them?»)

All dies gibt mir in gewisser Weise auch ein wenig Sicherheit, all right, ein wenig! Es ist eben immer schwer zu wissen, woran man ist. Als wenn es nicht schön genug wäre, daß sie vom anderen, von mir glaube ich niemals verstandenen Geschlecht ist, kommt auch noch hinzu, daß sie vier Jahre jünger ist und irisch, also katholisch erzogen wurde. Sobald ich das Gefühl habe, die eine Seite, z.B. das Alter, verstanden zu haben, funkt eine der anderen oder sogar beide dazwischen. Ich denke das Gesamtbild zu erkennen, dauert eben noch ein wenig. Und man darf ja auch nie außer Acht lassen, daß all unsere Kommunikation linguistischer Form in einer Sprache stattfindet, die nicht meine Heimatsprache ist. Mißverständnisse nicht total auszuschließen, wie bereits erfahren …

Nachdem ich sie letzte Woche vermißt habe, habe ich es dieses Wochenende geschafft, auf Wolke Sieben hochzukraxeln! Noch befinde ich mich auf ihr und hoffe, dieses Gefühl hält noch bis nächstes Wochenende an! Love Dein Sony

2. Juni 1998

Hallo, liebste Mom! Draußen herrscht wieder einmal «irischer Sommer»; die Wolken haben vor drei Tagen ihre Schleusen geöffnet und es gelang ihnen bisher anscheinend nicht, sie wieder zu schließen. Und so regnet es 24 Stunden beinahe ununterbrochen. Die Flüsse, die vor vier Tagen noch kleine Rinnsale waren, treten plötzlich über die Ufer und verschlingen Wege, Felder und Strassen. Von Dürre zu Sintflut in wenigen Tagen: typical irish!

Ich versuche, das trübe, nasse Grau draußen nicht an meine Seele kommen zu lassen. Dies fällt mir aber mehr und mehr schwer, da ich heute bereits den dritten triefenden Pullover über die sichtlich überforderte Heizung gehangen habe. Ich muß mir eben nur immer wieder klar machen, daß dies in diesem Land eben so ist. Wenn schon die Menschen nie rechtzeitig kommen, warum sollen es die Jahreszeiten dann tun. Eine schwache Erklärung, aber in der Not greift man nun eben zum sprichwörtlichen Strohhalm! Wenn es draußen aber so weitergeht, dann wird es auch mit dem Stroh in diesem Jahr nichts!

Der eigentliche Grund meiner Zeilen hat aber mehr mit unserem Telefonat am Sonntag zu tun. Auch wenn es bereits zwei Tage her ist, so ist es mir doch noch recht nah. Mir war einfach nie so bewußt, daß ich eine Sicherheit oder *die* Sicherheit in Deinem Leben bin/war. Ich habe diese «Verantwortung» nie so gespürt. Und es ehrt mich schon sehr, da ich eher das Gefühl hatte, ich sei ein Unsicherheitsfaktor, der ich ja durch mein Weggehen aus Berlin auch ein wenig geworden bin. Und genau dies ist so ein wenig mein Problem, meine Unsicherheit! Was bin ich, was kann ich … Ich habe häufig das Gefühl, als habe ich praktische Fähigkeiten, auf die ich – ehrlich gesagt – sehr, sehr stolz bin, dazugewonnen, auf Kosten meiner theoretischen! Ich denke manchmal, daß bei mir als einem Theoretiker (was auch meine Mädchengeschichten erklären würde) ein Praktiker wird. Der Gedanke macht mir manchmal Angst, da mir klar ist, daß meine Zukunft wohl zu einem sehr geringen Teil aus körperlicher Arbeit bestehen wird. Die Arbeit schlaucht mich teilweise so, daß nach wenigen Seiten des Lesens meine Augen zufallen. Und dies ist leider bei weitem nicht mein einziges Problem. Ich bin derzeit ein Spielball meiner eigenen, nicht kontrollierbaren Gefühle, unfähig, Entscheidungen zu fällen. Sollte ich mich jetzt entscheiden müssen, was ich in Zukunft und für immer machen möchte, so bin ich sicher, würde ich die falsche Wahl treffen. Vielleicht hat dies auch damit zu tun, daß ich gerade eine festgefällte Entscheidung über den Haufen geworfen habe und ich mich im Prozeß der «Anfreundung» dieser Wendung befinde. Keine Ahnung, aber manchmal ein wenig scary. Es ist mit mir ein bißchen so wie mit Demos; es ist einfach, Leute auf die Straße zu kriegen, wenn es gegen (!) etwas geht, aber keiner kommt bei Pro-Demos. Ich weiß, was ich nicht möchte, nicht aber, was ich möchte. Aus dieser Stimmung heraus habe ich beschlossen, mir alle Wege offen zu lassen, damit ich die Möglichkeit der Wahl auch später noch habe.

Tja, wie gesagt: Die Unsicherheit! Und von der Unsicherheit zur Sicherheit, denn ich bezweifle, daß ich in meiner momentanen Situation eine solche für dich sein kann! Nicht, daß ich sie nicht gerne wäre, aber dazu müßte ich meine eigene erst einmal selber finden. Andererseits denke ich, daß unsere Beziehung die größte Sicherheit ist, die man sich vorstellen kann!!! Andererseits finde ich auch, daß Hans-Jürgen mehr Vertrauen in diesem Zusammenhang verdient hat! Wenn man sich nur mal Euch beide (ich versuche dies mit meinen schwachen Erinnerungen) vor zehn Jahren anguckt, so denke ich, daß Ihr beiden Euch in die bestmögliche Richtung verändert habt. Ich habe auf jeden Fall das Gefühl, Ihr habt beide einen Teil der guten Eigenschaften des anderen übernommen!

Bei Hans-Jürgen habe ich das Gefühl, Du seist für ihn genauso wichtig, wie er sich selber. Und dann baut er Dir auch noch Dein «Wunschschlößchen»! Und guck' Dir das Haus doch einmal an! Allein bei der Planung dieses Hauses sieht man doch, was für ein tolles Team Ihr beide seid! Während er sich mit Prozenten und Krediten rumplagt, wählst Du die Farben der Gardinen. Dies zeigt doch auch, welches Vertrauen er in Dich hat und daß er Dir die Freiheit gibt, Du zu sein.

Ich glaube schon, daß Hans-Jürgen sehr, sehr viel von seiner früheren Identität für Dich geändert hat. Oder anders gesagt, Du hast ihn dazu gebracht, seine positiven Eigenschaften wieder auszugraben und auszubauen! So habt Ihr es geschafft, das Beste aus dem anderen rauszuholen! Und was sollte mehr Sicherheit geben, als diese Tatsache! Ich kann nur immer wieder sagen, wie unglaublich glücklich ich bin, zu sehen, daß Ihr so happy miteinander seid. Und ich bin da geschichtlich nun einmal ein wenig «vorbelastet», und somit vielleicht auch besonders empfindlich!

Wäre ich mir bei Euch nicht so sicher, so wäre ich bestimmt auch nicht noch ein weiteres Jahr geblieben! Habe ich in der Vergangenheit von einer Insel der Sicherheit und Geborgenheit gesprochen, die Du für mich darstellst, so meine ich vorallem auch Euch beide, denn die Situation wäre wohl grundverschieden, würdet Ihr Euch wider Erwarten trennen! Wenn ich vorher geschrieben habe, daß ich schwer eine Sicherheit für Dich sein kann, bevor ich meine eigene gefunden habe, so sehe ich dies auch umgekehrt! Du könntest für mich auch schwerer eine Sicherheit sein, hättest Du sie nicht auch selber!

So viel für heute, denn es ist Mitternacht und meine Matratze ruft, ich höre sie schon ganz deutlich! Schlaf gut und sei ganz fest gedrückt!

21. August 1998

Meine liebste Mom! Es ist zwar noch eine Woche hin bis zu Deinem Geburtstag, aber ich dachte, ich fange schon einmal an, Deinen Geburtstagsbrief zu schreiben. Nebenan sitzt Mark, mit sich selbst redend, in der Badewanne und plätschert vor sich hin. Er ist schon seit über einer Stunde in der Wanne und das Wasser müßte schon lange kalt sein – scheint ihn aber nicht sonderlich zu beeindrucken!

Ich mache mir im Moment viele Gedanken zu meiner Beziehung zu Eimear! Ich habe plötzlich Angst, daß ich mich von meiner Außenwelt abkapsele und unsozial werde. Ich bin über jede Stunde, die ich mit ihr verbringen darf, dankbar. Es ist nicht immer einfach. Trotzdem ist es wunderschön mit ihr und ich kann ihre Anwesenheit einfach genießen! Unsere Beziehung hat so viel Leichtigkeit und Humor, daß es nie langweilig wird! Und, vielleicht zum ersten Mal in meinem Leben, genieße ich es in vollen Zügen, geliebt zu werden. Ich habe nie das Gefühl von «Freiheitsentzug» und Einengung! Gabi, ich bin einfach so glücklich mit ihr!!! Jede Minute mit ihr ist wunderschön und sobald einer von uns gehen muß, fange ich an, sie zu vermissen!

Ich weiß, daß Du Dich ein wenig vernachlässigt fühlst, und das tut mir wirklich leid. Ich möchte Dich auf gar keinen Fall verletzen! Mir ist klar, daß die momentane Situation und die Perspektive für die Zukunft nicht gerade einfach sind, aber es ist eben ein wenig so, daß wir mehr denn je anfangen, unsere (ich mehr als Du) eigenen Wege zu gehen! Ich sehe zur Zeit meine Zukunft einfach nicht in Berlin!!! Dies bedeutet aber nicht, daß ich Dich deswegen weniger liebe!!! Du bist für mich auch weiterhin der wichtigste Mensch in meinem Leben und wirst es für immer bleiben. Ich muß aber auch ein wenig Platz für andere Menschen in meinem Herzen schaffen. Liebe mehr zu teilen und nicht nur auf eine Person zu fixieren, ist etwas, was ich erst wieder lernen muß. Seit der Trennung von Toni, dem Tod von Opa und dem Verlust Stephans habe ich all meine Liebe für Dich reserviert! Eimear ist das erste Mädchen, das ich wirklich liebe (sofern ich in der Lage bin) – meine erste große Liebe!!!! Da muß ich erst einmal mit klarkommen, dies ist eine ganz neue Situation für mich. Bisher habe ich ja nur geliebt, wenn dieses Gefühl entweder unerwidert war oder die Situation keine Beziehung ermöglicht hat. Jetzt bin ich bereit, all den Raum und die Zeit zu schaffen, daß ich eine Beziehung aufbauen kann. Wie soll sich meine oder Eimears Liebe entfalten und entwickeln können, wenn unsere Beziehung wieder (!) ein Verfalldatum erhält? Von daher weiß ich nicht, wann ich nach Berlin zurückkehren werde. Realistisch betrachtet dauern in unserem Alter Beziehungen aber noch keine Ewigkeit! Aber man weiß eben nie!!!

Vielleicht mag sich dies komisch anhören, aber hierbei spielt Köpenick für mich eine ganz besondere Rolle. Wenn ich einmal geschrieben habe, daß Du und Hans-Jürgen meine Insel seid, dann ist Köpenick mein Hafen. Es ist etwas für die Ewigkeit, anders als die Wohnung in der Rauchstraße. Ich weiß, daß Köpenick, egal wo ich mich befinde, meine zweite Heimat werden wird. Ich habe das Haus zwar noch nicht «live» gesehen, aber ich weiß einfach, daß ich mich dort pudelwohl fühlen werde. Und ich bin stolz auf dieses Haus!

Seit ich weiß, daß ich in Irland bleibe, hat es einen ganz neuen, viel höheren Stellenwert für mich erhalten! Es ist ein wenig so ein Gefühl, wie ich es immer mit Egg hatte, als ich klein war! Ich glaube, daß Egg in meiner Kindheit eine ganz bedeutende Rolle gespielt hat. Tja, lange Zeit hatte ich einen solchen Ort nicht mehr und ich glaube, ihn in Köpenick wieder gefunden zu haben. Ich weiß, dies klingt verrückt, da das Haus noch nicht einmal fertiggestellt ist, aber ich spüre es einfach. Ich freue mich schon riesig, Euch im Oktober besuchen zu kommen. Ich bin so gespannt, wie alles sein wird! Es wird ein ganz neues Gefühl sein, ein Haus; außerhalb der City … Ich bin schon neugierig! Und … stolz! Also bis zum 5. Oktober!

Das Plätschern nebenan hat jetzt ein Ende gefunden und auch ich werde mich langsam ins Bett begeben! Für mich schlägt langsam die Stunde, da Augen und Gehirn ganz allmählich den Geist aufgeben … Gute Nacht und sei geküßt!!! So, ich hoffe, Du hast einen wunderschönen Geburtstag in Köpenick. Ich melde mich. Happy Birthday

Sonntag, 6. September 1998

Liebste Gabi! Gerade habe ich meine Briefe an die drei größten Universitäten in Dublin beendet. Es war gut, daß Du mich heute Mittag noch einmal darauf aufmerksam gemacht hast. Manchmal braucht man/ich einen kleinen push, um die Dinge dann auch wirklich anzupacken! Und da Du mir dabei nicht direkt helfen kannst, war es gut, mich noch einmal darauf hinzuweisen.

Ich habe auch im Moment das Gefühl, daß ich wieder ein wenig mehr Sicherheit für die Zukunft benötige. Um mich herum scheinen alle in Aufbruchstimmung zu sein, so daß ich mich diesbezüglich ein wenig in Zugzwang fühle. In meinem Kopf nimmt alles ein wenig Konturen an, aber auf dem Papier ist noch alles blank. Also habe ich mir vorgenommen, in den nächsten 4 bis 5 Wochen vor Berlin ein wenig Farbe und Klarheit in die Angelegenheiten zu bringen. Schaden kann es ja auf gar keinen Fall.

Vielleicht war auch diese Ungewißheit ein Grund für meine kurzzeitige Krise letzte Woche. In solchen Situationen kommen ja immer viele Dinge zusammen. Ich bin mir aber sicher, daß, wenn ich die Dinge jetzt in die Hand nehme, dies mir wieder ein wenig mehr Stärke und Halt gibt. Irgendwie scheint mir der letzte Schritt in die Unabhängigkeit, so sehr ich nach ihm schmachte, noch Probleme zu bereiten. Dabei will ich ihn doch wirklich machen, aber Camphill ist dafür ein recht schweres Sprungbrett mit seiner «Weltfremdheit und vortäuschender Sicherheit». Naja, wenn der Anfang erst einmal gemacht wurde, geht der Rest hoffentlich einfacher von der Hand.

Mircos bereits vollzogener und Douglas' bevorstehender Abschied von hier machen es natürlich nicht leichter. Ich merke ein wenig, wie sehr man andere Menschen in seiner engsten Umgebung (sprich Camphill) vernachlässigt, wenn man jemanden als Freund hat. Nun hatte ich für ein Jahr gleich zwei. Ich merke, wie viele Leute, mit denen ich seit einiger Zeit in nächster Nähe gelebt habe und noch immer lebe, mir noch recht fremd sind. Ich hatte einfach kein größeres Interesse, war glücklich mit dem, was ich hatte! Zum Glück ist ja bei Minna und Douglas noch nicht das letzte Wort gesprochen! Bewußt wird mir dadurch nur, wie sehr Eimear somit an Bedeutung gewinnt. Immer mehr offenbart sich mir, wieviel Stärke diese Liebe zu einem anderen Menschen einem geben kann. Diesbezüglich kann man der Zukunft gewissermaßen doch offener in die Augen schauen, denn man ist wenigstens nicht einsam.

Ich glaube, das ist Eimear und mir aufgefallen, daß wir beide uns auf eine bestimmte Weise brauchen. Nicht in einer Art Abhängigkeit, sondern mehr als Stabilitätsfaktor. Wir können dem anderen Sicherheit geben, ohne dafür entbehren zu müssen – durch bloßes Vorhandensein.

Dies ist vielleicht eine Sache, die sich bei mir in den letzten zwei Jahren in Camphill geändert hat; ich finde meine Heimat weniger in einem Ort, als vielmehr in Personen. Wenn ich Menschen um mich habe, die ich mag, ist es völlig egal, wo ich mich befinde. Ich assoziiere Camphill zum Großteil mit Douglas und sein Weggang würde auch ein Stück «Zuhause» von mir nehmen.

Vielleicht ist es von daher besonders wichtig, daß ich realisiere, daß ich auch in Berlin Freunde habe. Und seitdem Europa immer weiter zusammenrückt, darf ich ihren Wert für mich nicht außer Acht lassen. Camphill bietet leider nicht den Rahmen für viel Flexibilität und Eigeninitiative. Ich bin mir aber sicher, daß dies außerhalb von Camphill dann auch einfacher wird!

Diesbezüglich kommt mir vor allem Weihnachten in den Kopf. Einerseits würde ich dieses Fest liebend gerne mit Euch verbringen, andererseits spricht wohl mehr für ein Kommen nach Berlin zu Ostern. Letzte Nacht, nach meinem Pubbesuch mit Douglas, lag ich noch lange Zeit wach im Bett und habe darüber nachgedacht! Irgendwie hätte ich ein schlechtes Gewissen, würde ich Weihnachten nicht hier sein, da ich weiß, wieviel den anderen diese Zeit bedeutet. Es ist eine Art Höhepunkt des Jahres. Letztes Jahr war es für mich leider mehr eine Art Tiefpunkt, aber Eimear kann mir vielleicht dabei helfen, meine Einsamkeit zu überwinden. Auch weiß ich, wieviel ihr mein Hiersein zu dieser Zeit bedeutet, da wir die nächsten acht Monate ja nicht gerade sehr viel Zeit füreinander haben werden. Außerdem haben wir den 24. Dezember ja auch als «Ausgangspunkt» unserer Beziehung gewählt – haben von daher Jahrestag. Die Tatsache, daß ich an meinem Geburtstag schon nicht hier in Irland bin, macht sie sehr traurig, auch wenn sie es nicht offen zugibt, merke ich es, sobald wir über Berlin reden. Es stand aber nie außer Frage, daß ich nicht nach Berlin gehe. Ich denke aber, daß man dem anderen in einer Beziehung auch Zugeständnisse machen und einen Kompromiß eingehen muß. Ich verzichte ja nicht auf meinen Berlinbesuch, sondern verschiebe ihn auf einen Zeitpunkt, den ich auch wegen anderer Punkte besser finde.

Nicht über Weihnachten hier zu sein, würde mich auch aus all den Vorbereitungen heraushalten – Weihnachtsspiel, holynights … Ich hätte einfach ein schlechtes Gewissen und würde mich ein wenig außen vor fühlen. Ich bin nun einmal «eine der Säulen» dieses Platzes und stehe von daher auch in einer gewissen Verantwortung! Ich weiß, ich sollte dieses Gefühl nicht haben, aber es ist nun mal Teil meines Daseins hier! Und ich genieße ja auch die Konsequenzen: mehr Verantwortung auf der Farm, «Hausvater» und bald hoffentlich auch Fahrer! Von nichts kommt eben nichts.

Ich hoffe, diese Lösung ist auch für Dich o.k. Es ist ja auch nur eine Idee und wir können in Berlin noch einmal darüber reden. It won't be long anyway! Ich muß jetzt auch einmal ins Bett. Bis bald (Sonntag). Dicken Kuß

Mittwoch, 2. Dezember 1998

Meine liebste Mom, irgendwie habe ich es mit meinen Freunden schon nicht so einfach! Douglas und Minna trennen sich. Jeder versucht, mich auf seine Seite zu ziehen. Oft weiß ich nicht, wohin ich gehöre.

Ich bin froh, daß ich wenigstens Eimear im Moment habe. Mit ihr, auch wenn sie seit zwei Wochen nur zu Hause ist und ich sie von daher nur dort besuchen kann, ist es zur Zeit wunderschön. Alles ist so easy-going und harmonisch. Und irgendwie fühle ich mich wohl bei denen dort drüben. Zwar sind die Eltern immer nebenan im Wohnzimmer, aber trotzdem fühle ich mich dort in gewisser Weise «freier» und ungezwungener! Ich kann mal für ein paar Stunden abschalten und muß niemanden im Kopf haben; kein Mark, Clye oder Mary weit und breit!

Wir können es beide nicht erwarten, nach Paris zu gehen. Neun oder besser acht Tage nur sie und ich. Tun und lassen, was wir (!) wollen. Auf niemanden Rücksicht nehmen und neun Mal zusammen einschlafen und nebeneinander aufwachen! Ich möchte diese Zeit einfach nur genießen und mich um nichts sorgen. Es sind heute ja auch nur noch 71 Tage! (Eimear rechnet übrigens mit, von daher die genaue Angabe.)

Morgen geht sie wieder zur Schule und Freitag möchte sie dann abends zu mir kommen. Die offizielle Version wird dann aber lauten, daß wir in die Spätvorstellung um 23.30 gehen (Kino), denn das erlauben sie ja! So muß man sich eben seine Nischen schaffen.

Und morgen habe ich wieder meinen Psychologie-Kurs, der letzte Woche ausgefallen ist, da der Professor zu einer Tagung nach England mußte.

Heute habe ich übrigens Deinen Adventskalender gekriegt. Vielen lieben Dank. Ich habe mich sehr gefreut und Doro mich sehr beneidet. Sie beneidet mich immer für «die schönen Sachen, die Deine Mom Dir schickt»! Vor allem möchte ich Dir aber dafür danken, daß Du in den letzten Wochen nicht die Geduld mit mir verloren hast. Ich weiß, daß ich ein kleiner «Verräter» bin, aber kann es manchmal einfach nicht ändern. Ich möchte ja, nur fehlt mir momentan häufig die nötige Energie.

Ach so, habe ich Dir erzählt, daß es gar kein Problem ist, daß ich Weihnachten und Silvester mit Eimear verbringe! Ich bin so froh!! Ich hätte es ja eh getan, muß mich so aber nicht schlecht dabei fühlen und kann es voll und ganz genießen. Ich glaube, ich werde mein Bett jetzt auch voll und ganz genießen. Sei ganz fest gedrückt! Alles Liebe

8. Dezember 1998

Hallo meine liebste Mom, ich beschäftige mich sehr mit der Zukunft in diesen Tagen. Als ich vor 1½ Wochen oben in Dublin bei der Uni war, bekam ich im Bus plötzlich Angst! Mir wurde auf einmal bewußt, daß ich die Großstadtmenschen nicht mehr gewohnt bin. All der Verkehr, der noch komprimierter zu sein schien wie in Berlin! Und wie wird Eimear, das Landkind, diese Umstellung vertragen, welche Auswirkungen wird dies auf unsere Beziehung haben ... Auf der anderen Seite ist dann aber auch das Wissen, mein Leben leben zu können und endlich meine Beziehung zu Eimear «ausleben» zu können!

Du siehst, wieder all diese ambivalenten Gefühle. Man kann es mir wohl nie richtig Recht machen. Aber Paris wird ja vielleicht eine kleine Generalprobe für uns werden, wo wir sehen können, wie wir uns zusammen in einer Großstadt zurechtfinden können! Naja, erst einmal kommt Weihnachten.

Ich muß jetzt zum nächsten meeting: Reception Group! Und bevor ich es vergesse: ganz herzlichen Dank für den Nikolaus, ich lasse ihn mir bereits schmecken. Have a nice week-end. Bis Sonntag am Telefon. Einen dicken Kuß.

Merry Christmas, dear Mom

«Das Leben ist nicht immer so,
wie man es sich wünscht. Der
einzige Weg zum Glücklichsein ist
das Beste daraus zu machen.»
Jennie Churchill

Dies ist vielleicht der Spruch, der uns beide momentan am meisten verbindet. Für mich gilt er als eine Art Lebensmotto. In meinem Leben gibt es zur Zeit viele Dinge, die ich mir wünschen würde, aber leider keinen Weg, der diese Wünsche miteinander verbinden könnte. Ich lebe eine Art Leben der Kompromisse und gebe mich mit Momenten des Glücks zufrieden. Und so ist es auch mit dem diesjährigen Weihnachten. Wie sehr sehne ich mich nach der Ruhe, Harmonie und Gemütlichkeit eines Weihnachtsfestes mit Euch. Ich freue mich aber auch auf ein paar schöne Stunden mit Eimear, Stunden, die zur Zeit sehr rar und oft von schlechtem Gewissen gefolgt sind, da ich nicht die Arbeit getätigt habe, die ich in der Zeit hätte tun können. Ich weiß auch, wie sehr Dich meine Gegenwart erfreuen würde, andererseits ist mir auch klar, wie enttäuscht Eimear wäre, wenn ich nicht hier wäre. Häufig sage ich zu Eimear, unsere Zeit kommt noch. Jetzt ist aber die Möglichkeit vorhanden, ein Stückchen dieser Zukunft Gegenwart sein zu lassen. Egal für was ich mich entscheide, das wahre Glück finde ich auf keinen Fall.

Es ist komisch, wenn ich zu Eimear sage, unsere Zeit käme noch, so erinnere ich mich daran, daß ich dasselbe zu Dir gesagt habe. Und es hört sich so an, als wäre das nicht möglich! Aber vielleicht müßte ich vielmehr sagen, «meine Zeit kommt noch». Eine Zeit, in der ich für mich (!) Entscheidungen treffen kann. Wo ich nur für mich verantwortlich bin.

Naja, it won't be long now! Ich kann es kaum erwarten, endlich alleine oder mit Eimear zu wohnen. Obwohl mir auch davor ein bißchen bange ist. Wie wird es sein, wenn wir plötzlich so viel Zeit füreinander haben? Und dann wieder ein Leben in einer Großstadt!? Ich hoffe so sehr, daß alles gut wird und ich mit Eimear glücklich sein kann. Sie bedeutet mir wirklich sehr, sehr viel, so viel, wie mir noch nie ein Mädchen bedeutet hat und wenn ich vorher geschrieben habe, daß Camphill jede meiner Entscheidungen beeinflußt, so tut es dieses Gefühl für Eimear bestimmt in genau so einem Maße – wenn nicht noch mehr.

Ich möchte aber auch, daß Du weißt, daß meine Liebe für Eimear nichts von meiner Liebe für Dich wegnimmt! Nur unsere Liebe ist bereits «sicher» und die zu Eimear eben noch nicht in diesem Maße. Zwar weiß ich, daß wir uns beide enorm lieben, aber in diesem Alter gibt es noch so viele Dinge und Eventualitäten, die einen Keil in eine solche Beziehung treiben können. Wenn ich mir Eimears Liebe sicherer bin, kann ich auch wieder mehr um mich herum lieben, aber erst einmal muß ich diese Liebe festigen, um die Angst los zu werden, sie verlieren zu können. Und deswegen denke ich auch, daß es immer noch gültig ist, daß unsere Zeit noch kommt. Und auch hierfür habe ich einen Spruch gefunden:

> *«Die Menschen geraten in Zweifel,*
> *weil sie Angst haben geradeaus zu*
> *schauen. Siehe nach vorne und wenn*
> *du die Straße entdeckst, dann*
> *betrachte sie nicht länger – geh.»*
> Ayn Rand

Oder um auf eine alte Metapher zurückzugreifen: Ich muß mit meinem Schiff erst einmal den Kurs und die Route finden, bevor ich Deinen Hafen ansteuern kann. Es gab eine Zeit, in der ich dachte, die richtige Route entdeckt zu haben, ich mußte aber herausfinden, daß diese mich nicht an das erhoffte Ziel geführt hätte: Glück! Jetzt denke ich, den Weg zum Glück gefunden zu haben, muß ihn aber nur noch erreichen. Trotzdem werde ich in Zukunft versuchen, häufiger neben mich zu schauen und Dich am Wegesrand zu entdecken. Doch man muß sich dieser Tatsache erst einmal bewußt werden, denn wenn man immer nur nach vorne starrt, verliert man leicht die Orientierung über den Ort, an dem man sich befindet. Aber ich verspreche, mein Bestes zu tun und ich wünsche mir von Dir, mich auch weiter darauf hinzuweisen, wenn ich meine Umgebung um mich herum außer Acht lasse. Ich wünsche Euch beiden jedenfalls alles, alles Liebe zu Weihnachten und hoffe, alles läuft reibungslos und harmonisch bei Euch. Merry Christmas

Ohne Datum

Liebste Mom! Vielen lieben Dank für Deinen Brief. Er hat mich zu Tränen gerührt. Einerseits macht es mich unendlich traurig, daß Du mehr und mehr Alterserscheinungen ertragen mußt, andererseits bin ich so froh für Dich, daß Du mit Hans-Jürgen glücklich bist. Bald seid Ihr ein Jahr in Köpenick und es scheint ja wirklich die beste Entscheidung zu sein, die Ihr zusammen getroffen habt. Und Glück ist ja zeit- und alterslos.

Für mich ist auch weiterhin Glück das erstrebenswerte Ziel im Leben! Und es ist doch toll, daß Du mit fast 52 Jahren auf Dein bisheriges Leben zurückschauen kannst und sagst, Du bist zufrieden mit Deinem Leben. Wenn ich das gleiche tun kann in Deinem Alter, dann habe ich das erreicht, was ich wollte. Ich weiß, daß ich bisher vom Leben verwöhnt wurde, mir ist aber und wird immer mehr bewußt, wieviel Du für mich getan hast und wieviel Du vor allem richtig gehandelt hast. Je mehr ich in meinen Psychologie-Büchern blättere, desto mehr erinnere ich all die positiven Dinge, die Du für mich getan hast oder mir geholfen hast, sie zu entwickeln. Allein die Tatsache, daß ich die Pubertät so gut überstanden habe, ist ein großer Verdienst Deiner Hilfe und Unterstützung in dieser Zeit und ich danke Dir dafür! Du hast mir eine großartige Basis geschaffen und jetzt liegt es an mir, das Beste daraus zu machen. Dies sind nur ein paar Gedanken, die mir beim Lesen Deines Briefes in den Kopf gekommen sind!

Oh, by the way, gestern hatten wir ein paar Schneeflocken und Hagelstürme – gepaart mit blauem Himmel und Sonnenschein! Crazy Ireland. I love you and see you soon

Karte: «I want my mother»
und Brief ohne Datum
[Florian verläßt Camphill und zieht nach Dublin]

Hallo, meine liebste Mom! Es ist Donnerstag, 1.30 nachts und all die Aufregung über die bevorstehenden Veränderungen lassen mich einfach nicht schlafen. Ich sitze unten in meinem Zimmer und stöbere durch die Regale und neben mir füllen sich Kisten mit meinen Habseligkeiten. Es geht plötzlich so schnell, ein wenig zu schnell!!

Geplant war ein sanfter Ausstieg aus Camphill – er wird nun in rasanter Form Realität. So traurig auch alles ist, so glücklich bin ich andererseits. Ich gebe eine weitere Heimat auf, um eine neue zu entdecken. So tief meine Wurzeln auch sind, sie lassen sich ausgraben und verpflanzen. Zwar habe ich gelernt, daß Verpflanzen sehr viel Vorsicht und Muße bedarf, aber wenn die Umstände nicht ideal sind, muß man sich eben sputen, den Baum schnell aus- und wieder einzugraben. Zwar ist die Wahrscheinlichkeit so höher, daß die Wurzeln zu Schaden kommen, aber die Pflanze übersteht diesen Schmerz schnell und hat sich nach ein paar Tagen oder Wochen von diesem Schock erholt.

Ich hoffe, dieser Prozeß wird auch bei mir ähnlich verlaufen und der Schmerz läßt mich nicht daran hindern, die Qualität der neuen Umgebung genießen und schätzen zu lernen.

Ich werde wohl kaum die Häuser, die Farm etc. vermissen, als vielmehr all die Clydes und Dereks. Sie haben mich gelehrt, verantwortungsvoll, einfühlsam und in gewisser Weise selbstlos zu sein. Von ihnen habe ich auch gelernt, wie wenig man braucht, um glücklich zu sein. Und ich konnte ihnen helfen, ihr Glück und ihre individuellen Qualitäten mehr zur Entfaltung zu bringen. Ich habe gelernt zu geben – nicht weil ich mußte, sondern weil sie es brauchten. All die specials haben mir gezeigt, wer ich bin, mir geholfen, mich zu finden. Ich glaube, ich weiß jetzt, wer ich bin, kenne meine Stärken und Schwächen. Ich verdanke ihnen so viel und es macht mich unendlich traurig, all dies hinter mir zu lassen. Well, aus Beewee wird wohl allmählich wieder Florian!

Tja, jetzt sitze ich hier, mitten in der Nacht, und wieder kommt in mir dieses Gefühl von endloser Leere auf. Dasselbe Gefühl hatte ich vor fast drei Jahren. Damals bestieg ich das Flugzeug, um meine Heimat zu verlassen. Ich saß da, über den Wolken, in die Ferne starrend und habe mich meinem Schicksal übergeben. Heute weiß ich, daß es die beste Entscheidung meines Lebens war und hoffe, daß ich dasselbe in ein paar Jahren auch über meine momentane Situation sagen kann.

Und heute ist die Ausgangsbasis ja eigentlich sogar besser. Damals habe ich mich gegen eine gefestigte Zukunft entschieden, heute entscheide ich mich für sie – so hoffe ich jedenfalls. Der Vorteil damals war, daß ich ausschließlich für mich gehandelt habe, heute ist auch ein großer Schuß *uns* im Spiel. Aber ich habe hier ja gelernt, für uns verantwortlich zu sein und für uns zu handeln, ohne mich dabei zu vergessen und zu übersehen. Für alles gibt es eben eine Zeit. Ich mußte mir vielleicht erst einmal gewisse Dinge aneignen, um einen weiteren Schritt machen zu können. Jetzt bin ich bereit, auch wenn Abschied immer schmerzt!

Das Gute ist, daß ich auf meiner Reise nie meinen Heimathafen vergesse und weiß, daß ich jeder Zeit umkehren kann. Du hast mir den Kompaß mit auf den Weg gegeben und ich habe hier gelernt, ihn anzuwenden. Jetzt ist es Zeit, daß ich ihn benutze, und meine Reise fortsetze. Die Richtung ist mir bekannt, aber die Riffe und Felsen werde ich erst finden, wenn sie vor mir liegen. I love you und danke Dir für all die Hilfe!

Florian schrieb kaum mehr Briefe aus Dublin. Ein Faxgerät, das wir ihm zum Einzug geschenkt haben, wurde unser Kommunikationsmittel und leider haben wir beide diese Faxe nicht mehr gesammelt …

Mittwoch, 27. Oktober 1999

Hallo meine liebste Mom! So, endlich finde/nehme ich mir die Zeit, Dir wieder zu schreiben. Eimear ist außer Haus, sie trifft sich mit ihrer Cousine, die auch in Dublin lebt. Ich habe die leere Stube und Ruhe genutzt, um endlich Dein «Murkel-Buch» oder den Beginn meiner Biografie zu lesen. Es hat mich wirklich sehr, sehr gerührt und ich muß immer noch meine Augen wischen. Gerührt aus verschiedenen Gründen. Erstens tat es mir leid, daß ich Dich durch so viele Qualen geschickt habe, und ich hätte Dir wirklich eine einfachere Geburt gewünscht. Zweitens, weil es so wunderschön ist, ein wenig Teil haben zu können an meiner Geschichte. Da meine Erinnerungen ja nicht so weit zurückreichen können, habe ich dadurch wenigstens das Gefühl gehabt, dort gewesen zu sein – war ich zwar, aber nicht richtig präsent eben. Naja, und zuguterletzt hatte ich das Gefühl vom «perfekten» Familienleben. Die schwangere Mutter, der sich kümmernde Vater und der kleine Murkel, auf den sich alle freuen.

Ich möchte mich auch noch einmal ganz, ganz herzlich für Deine Geburtstagsgeschenke bedanken. Sie sind auch weiterhin die tollsten und Du wohl der Mensch, der mich am allerbesten kennt – auch über die Entfernung.

Ansonsten nimmt das College den Hauptteil meines Lebens ein. Manchmal habe ich schon das Gefühl, ich mache zu viel, aber es macht mir einfach Spaß, zu lernen. All die Referate – genau das habe ich ja in Camphill vermißt! Aber es ist auch nicht nur freiwillig, da ich eben so viele Arbeiten schreiben muß. Aber während die meisten aus dem College erst einen Tag vor Abgabetermin anfangen, oder es erst später abgeben, fange ich schon ein bis zwei Wochen früher an, alles vorzubereiten. Die drei Jahre Pause haben mir diesbezüglich sicher sehr gut getan. Es macht jedenfalls Spaß! So, langsam werde ich müde ... Ich wünsche Euch ein schönes Wochenende! Alles, alles Liebe ...

P.S. Anbei einige Zeitungsartikel zum Thema «vereintes Deutschland». Ich dachte, es ist auch interessant zu sehen, wie man im Ausland dazu berichtet. Schicke sie mir aber bitte so bald wie möglich zurück, da ich sie eventuell in einem Referat benutzen möchte.

Fax vom 6. Februar 2000

Good morning Gabi! Es ist ein stürmischer Sonntag, und steht daher stark im Kontrast zu meinem ruhigen Wochenende. Wenn draußen der Wind so peitscht, erinnert es mich immer an Camphill. Dort mußte ich ja an Tagen, an denen man am liebsten den Schutz der Bettdecke sucht, wie an diesem – immer noch auf's Feld, oder sonst irgendwelche Arbeiten verrichten. Heute sitze ich gemütlich im Wohnzimmer und lese Freud. Ich genieße die Ruhe, die nur durch das monotone Rauschen des Windes im zugemauerten Kamin unterbrochen wird. Dies sind immer die gemütlichsten Momente, wenn man weiß, daß draußen Unwetter ist, hier in der warmen Stube alles an einem vorbei geht.

Es war schön, mit Dir gestern zu telefonieren und die letzten Infos aus Berlin zu hören. Es tut mir leid, daß ich das Fax bisher eher als Empfangsstation, denn als Kommunikationsmedium ansehe. Ich hoffe, ich werde es noch entdecken. Ich sitze jetzt hier in der Stille und hoffe insgeheim, daß irgendwann das Telefon klingelt und jemand am anderen Ende sagt: «You've got the job!!!» Ich will endlich ein wenig Geld verdienen! So, was soll's, in der Ruhe liegt die Kraft. Obwohl dieses Sprichwort nicht ganz mit der unbändigen Kraft des pfeifenden Sturms draußen harmoniert. Well, who cares? Hab eine schöne Woche, grüße alle ganz lieb! Ganz feste Umarmung

E-mail vom 28. Juni 2000 um 14.37 Uhr

Hi, Gabi, ich habe gerade Eure homepage gefunden. Ein schönes Foto von Dir. Ich hoffe, Dir geht es gut. Wir sind gerade auf dem Absprung nach Dublin. Wir sind wegen des guten Wetters noch einen Tag länger geblieben. Also, wir müssen jetzt los. Habt eine schöne Woche, und alles Liebe an Hans-Jürgen.
Tschüss, Dein Florian

Das war Florians letztes schriftliches Zeichen an uns!

Mein Tagebuch von 1976,
das ich für Florian schrieb und ihm
zu seinem 22. Geburtstag schenkte

«Ein Buch für Murkelchen, das jetzt schon 7 Monate in mir lebt und am 29. Oktober 1976 auf die Welt kommen soll, damit wir uns später beide an die Zeit zusammen erinnern können.»

16. Juli 1976 [7. Monat]

Ich nenne Dich «Murkel», denn Du bist noch mein unbekanntes Kind, das ich seit 7 Monaten in mir trage und ich spreche oft mit Dir und habe noch keinen anderen Namen. Ich weiß, daß Du ein Junge werden wirst. Ich habe es ganz früh gewußt – mein Murkel-Baby. Seit einigen Wochen spüre ich nun endlich, daß ich etwas Lebendiges (und zwar sehr Lebendiges) in meinem Bauch trage. Die anfänglichen scheuen Tapser werden jetzt immer kräftiger. Wenn ich ruhig liege, kann ich mit Sicherheit davon ausgehen, daß gleich «angeklopft» wird.

Mir geht es jedoch rundum gut. Ich war heute wieder im Klinikum und hatte gehofft, durch Ultraschall mehr über Murkel zu erfahren, aber man meinte, ich sei zu «gesund» und ein Ultraschall sei nicht nötig. Murkel wird ein privilegiertes «Privat-Baby» werden – aber mir soll es Recht sein. Fritz wird assistieren und das beruhigt mich sehr. In Kürze werde ich den Arzt kennenlernen, der Dir auf die Welt helfen soll.

9. August 1976 [8. Monat]

Murkelchen, wir liegen hier auf meinem Bett und Du meinst, mich mit kleinen und größeren Tritten daran erinnern zu müssen, daß es Dich auch noch gibt. Wie könnte ich es vergessen! Deinetwegen müssen wir hier in den nächsten Tagen und Wochen grössere Umräumarbeiten vornehmen und ich habe heute einige Zeit damit verbracht, einen Umzugsplan aufzustellen. Gestern haben wir für Dich ein Bettchen gekauft. Zuerst wollten wir lauter teure Dinge kaufen, aber Du wirst uns nicht böse dafür sein, wenn wir lieber etwas für uns kaufen – wir haben es zur Zeit nötig.

Fritz hat gestern Dein Schränkchen abgebeizt und fertiggestellt. Es ist wunderschön geworden. Das sind seine Beiträge, damit Du es schön hast, wenn Du kommst.

Ich wiege jetzt 70 Kilogramm (mein Bauch scheint täglich dicker zu werden) und habe mir vorgenommen, ab morgen regelmäßig zur Gymnastik zu gehen. Mein Arzt, bei dem ich diese Woche war, ist sehr zufrieden mit Dir und mit mir. Er meint, es bleiben noch Zentimeter bis zum Rippenbogen, dann würdest Du entweder nach vorn fallen oder Dich sonstwohin drehen. Ich spüre die Tritte jetzt auch viel härter als früher. Lustig ist Dein «Stereo-Trampeln» links und rechts unter der Bauchdecke. Kürzlich wurde ich davon wach und mußte lachen – so ulkig hat sich das angefühlt.

26. August 1976

In drei Tagen habe ich Geburtstag und werde 29 Jahre alt und von diesem Tag an in genau 8 Wochen soll Murkel auf die Welt kommen. Seit heute liegt er mir übrigens wie ein Stein im Bauch. Ich weiß nicht, was sich verändert hat, aber ich habe das Gefühl zu platzen und als sei mein Bauch seit gestern um das Doppelte gewachsen. Ich weiß auch nicht, ob deshalb, auf alle Fälle habe ich heute angefangen, Murkels erste Sachen zusammenzustellen und ihm einen eigenen kleinen Schrank einzurichten.

Ich habe das Gefühl, als würde es jetzt noch beschwerlicher werden, obwohl ich mir das bislang überhaupt nicht vorstellen konnte ... Was mit Murkel in diesem Monat an Entwicklung geschah ist die, daß er Speck ansetzt, kein Wunder also, wenn ich platze. Das Schlimme ist wohl, daß ich selbst auch zuviel gegessen habe und ich will jetzt etwas aufpassen.

Damit ich's nicht vergesse: Heute habe ich ein ganz wunderschönes Tragetuch gesehen, was ich mir zum Geburtstag von Fritz wünsche!

Jetzt habe ich noch einen Termin und hoffe, Murkel ärgert mich nicht so oft wie gestern bei der Sitzung, in der ich dem Geschehen kaum folgen konnte. Mein Murkelchen fordert meine ganze Aufmerksamkeit – schon jetzt!

20. September 1976

Murkelchen, gestern hast Du mir aber einen Schrecken eingejagt, ich dachte, es wäre soweit! Fritz war über das Wochenende in Düsseldorf. Ich wäre so sehr gerne auch gefahren, aber Du läßt eine solche Strapaze nicht mehr zu, und ausgerechnet in Magdeburg solltest Du nicht zur Welt kommen.

Im Krankenhaus, in das wir eilten, schleppte mich ein junger Arzt zum Ultraschall und endlich konnte ich mehr von Dir erfahren: Dein Köpfchen ist noch nicht fest im Becken, es hat einen stolzen Durchmesser von 9 Zentimeter. Du bist überhaupt schon voll entwickelt und es ist offenbar – soviel man sehen kann, alles an Dir dran! Du sollst zwischen 2800 und 3000 Gramm wiegen und schon voll lebensfähig sein. Das alles hat mich so sehr gefreut, daß ich den Arzt am liebsten umarmt und geküßt hätte. Ich wurde noch eine Weile an den Wehenschreiber angeschlossen und dort konnte man erkennen, daß ich noch keine richtigen Wehen habe, sondern Senkwehen, die etwa vier Wochen vor der Geburt normal sind. Damit waren wir wieder entlassen und ich war sehr froh darüber! Im Auto hatten wir nämlich bereits festgestellt, daß praktisch noch nichts so richtig für Deine Ankunft vorbereitet ist, und ich war doch sehr beunruhigt.

Fritz war sehr happy, als wir wieder zu Hause waren. Auch er muß sich offenbar noch vorbereiten! Jetzt stürzen wir uns in die Arbeiten: Ein Bekannter hat uns gestern eine wunderschöne Wiege aus Holz gebracht. Ich werde sie umstreichen und mit schönem «Apfelstoff» aus dem ich Dir auch Bettwäsche genäht habe, bespannen.

Ich freue mich jetzt mehr denn je auf Dich, denn langsam nimmst Du einfach Gestalt an und wir haben einen Namen für Dich: Du wirst Florian heißen!

29. September 1976 [9. Monat]

Murkel macht mir im Moment schon ganz schön zu schaffen. Ich werde von Tag zu Tag unbeweglicher und das scheußlichste sind die Rückenschmerzen. Die letzte Woche stand im Zeichen deutsch-chinesischer Freundschaft, d.h. wir waren zwei Mal im Kino in chinesischen Filmen, und wenn sie mich nicht so hätten begeistern können, ich hätte das Kino sofort wieder verlassen. So nahm ich alle paar Minuten eine neue Sitzstellung ein und nicht genug, daß das schon schwerfiel, Murkel nahm so regen Anteil am Geschehen, daß Fritz, der seine Hand auf meinem Bauch hatte, wiederholt zusammenzuckte.

Zum Glück ist die Freude doch immer größer als der Schmerz und die restlichen 4 Wochen werden wir auch noch schaffen. Murkels Zimmer ist noch immer ein einziges Chaos, wir sind zu nichts mehr gekommen. Die letzten Wochen waren voller Termine und ich hab mir jetzt endgültig geschworen, leiser zu treten. Das heißt nicht «bourgeoise Schwangerschaft», aber es heißt «Konzentration der Kräfte», denn ich weiß ja nicht, was noch alles auf mich zukommt. Lieber möchte ich es ausgeruht erleben als mitten aus dem Streß gerissen zu werden. Ich war inzwischen zwei Mal zur Untersuchung. Es ist alles nach wie vor in Ordnung. Auf mein Gewicht müßte ich achten – ich wiege jetzt schon 75 Kilogramm!

Manchmal bekomme ich ein wenig Angst vor der Geburt. Ich weiß einfach nicht, was auf mich zukommt – und zugleich bin ich so unendlich gespannt auf dieses Leben als Mutter und kann die Ankunft meines Murkels deshalb kaum erwarten.

Am Sonntag haben Fritz und ich uns nach dem Frühstück im Bett all die gesammelte Literatur zum Thema «Geburt» vorgenommen. Wir müssen uns schließlich beide vorbereiten. Ich hoffe, daß Fritz mir eine gute Hilfe sein wird. Am Donnerstag muß ich wieder ins Klinikum. Ich hoffe so sehr, daß es beim errechneten Termin bleiben wird.

Ich bin das Warten ganz schön leid. Mein Arzt meint übrigens auch, ich hätte einen gewaltigen Bauch und dies von einem Frauenarzt gesagt zu bekommen, will bestimmt etwas heißen. Meine Güte, bin ich gespannt auf das «kleine Etwas».

20. Oktober 1976, Klinikum Steglitz

Mein geliebter Florian-Murkel, mein Sonntagskind! Du bist seit Sonntag, dem 17. Oktober um 11.27 Uhr auf der Welt und wir beide haben Furchtbares durchgemacht. Ich darf Dich im Moment nur zwei Mal täglich sehen und noch mache ich mir viele Gedanken darüber, wie es Dir, mein geliebtes Kleines, geht.

Aber ich muß Dir erst einmal der Reihe nach erzählen. Ich weiß nicht, wie weit ich heute komme, denn ich bin noch sehr schwach und muß noch viel neue Kraft schöpfen.

Dein Steckbrief

Name: Florian
Geboren an einem Sonntag, dem 17. Oktober 1976 um 11.27 Uhr
Größe 54 cm
Gewicht 3600 g
Haare viele und dunkel
Ohren klein und anliegend
Augen blau/grau
Kopfumfang 40 Zentimeter
Mund breit
Stimme piepsend

Man würde Dich sicherlich nicht als hübsches Baby bezeichnen, aber als ich aus der Narkose erwachte und man Dich mir zeigte und mir sagte, Du seist mein Sohn, da warst Du bestimmt das schönste Baby auf der ganzen Welt!

Du hast ganz schrecklich unter der Geburt gelitten. Dein Kopf ist sehr geschwollen und Du hast dicke blutunterlaufene Äugchen. Du siehst aus wie ein kleiner Boxer nach etlichen harten Runden oder – wie Fritz Dich sofort nannte – wie ein kleiner Nußknacker!

Ich habe versucht zu erfahren, wie schwer Deine erlittenen Verletzungen, Dein Geburtstrauma ist, man kann mir bisher nichts Verbindliches sagen. Gestern war ich darüber sehr geknickt und deprimiert, aber als ich Dich abends auf meine Brust gelegt bekam, Du ganz ruhig – mit einem Fäustchen im Mund – schliefst, da habe ich mir vorgenommen, zuversichtlich zu sein und mir zu sagen, daß alles gut gehen wird.

Ich kann Dir, mein kleiner Murkel, überhaupt nicht beschreiben, wie lieb ich Dich habe – vielleicht gerade auch weil Du mir so viele Sorgen machst, Du nicht ein problemloses Baby geworden bist, wie ich mir das immer vorgestellt habe. Wenn Du mich durch Deine dicken blutunterlaufenen Äuglein anschaust, dann weiß ich, wie sehr Du unsere Liebe und Pflege brauchen wirst.

Ich möchte Dir noch ausführlich von Deiner Geburt erzählen, aber ich werde es jetzt noch nicht schaffen. Nur kurz: Man hat uns über 30 Stunden liegen lassen, weil «Herr Professor» im Wochenende war. Ich hatte Wehen und als man ihn schließlich erreichte, war ich zu schwach, um die mir vorgelegte Erklärung zu unterschreiben. Wir wurden in den Operationsraum gefahren. Du bist durch Kaiserschnitt zur Welt gekommen.

Um zehn Uhr wirst Du mir gebracht und da ich heute – nach drei Tagen und sechs Tröpfen zum ersten Mal wieder freie und bewegliche Hände habe, kann ich Dich vielleicht schon füttern. Milch habe ich leider noch keine für dich, aber ich werde alles dransetzen, daß ich Dich stillen kann. Ich habe ein helles schönes Zimmer und heute scheint zum ersten Mal die Sonne. Ich werde sie Dir gleich zeigen und Dir eine Geschichte erzählen!

23. Oktober 1976

Murkelchen, morgen bist Du schon eine Woche alt und es wird höchste Zeit, Dir mal wieder zu sagen, was sich in drei Tagen ereignet hat. Du bist zwischenzeitlich fast schon ein richtig schönes Baby geworden. Dein Köpfchen hat seine Form sehr verändert – die Hämatome sind fast völlig weg, Deine Äuglein werden mit jedem Tag besser. Die Schwellungen sind beinahe verschwunden, Du hast nur noch Blutergüsse um die Augen herum. Die Ärzte scheinen auch immer zufriedener mit Dir zu sein. Deine starke Apathie läßt nach.

Du schaust mich oft an, wenn ich Dich füttere, hältst Dich ganz fest an meinem Finger oder meiner Brust, Dein Gesichtchen ist kugelrund, Du hast dicke, dicke Backen und Dein süßer Mund sieht oft aus wie eine Sonne – kreisrund, und dann steckst Du Deine kleine rote Zunge ganz spitz heraus. Ich muß oft lachen, wenn ich Dich anschaue – Du siehst so lustig aus – Du bist ein richtiges Knuffel-Baby. Du strahlst, wenn ich Dich vor dem Stillen oder Füttern richtig fest drücke und wenn Du satt bist, liegst Du mit einem kleinen Lächeln in meinen Armen. Ich bin so glücklich, daß es Dich nun hier auf der Erde gibt!

24. Oktober 1976

Florian-Murkelchen, heute hast Du meine ganze, so mühsam abgepumpte Milch mit einem Schwall über mein Bett erbrochen. Erst einmal habe ich mich ganz schön erschrocken. Die Schwester meinte, Du wiegst jetzt 3470 Gramm, was bedeutet, daß Du ganz schön abgenommen hast. Sie meinte, der Arzt würde Dich jeden Tag untersuchen und bisher sei kein Anlaß, etwas zu unternehmen. Ich werde ihn Montag einmal ansprechen. Bis auf Dein doch recht häufiges Spucken scheint auch sie mit Deiner Entwicklung zufrieden zu sein. Ich bin jeden Tag aufs neue begeistert von Dir. Du hast schon so viele hundert Gesichter – Du siehst einfach lustig aus und niemand weiß, wem Du eigentlich ähnlich bist. Deine Augen werden täglich besser und dadurch wird sich Dein ganzes Gesichtchen sehr verändern. Fritz stellt täglich etwas Neues an Dir fest und kann es nicht erwarten, Dich endlich einmal richtig drücken zu dürfen.

Mir sind heute die letzten 4 Klammern (von 14) gezogen worden und ich werde jetzt mobiler. Das Fieber ist allerdings noch immer nicht weg, aber ich messe ihm nicht mehr so viel bei. Gleich kommt Papa und ich freue mich auf ihn!

26. Oktober 1976

Flöhchen, heute habe ich vom Kinderarzt erfahren, daß Du nun ein «völlig unauffälliges» Kind seist. Nun ist der letzte (oder vorletzte, denn ich bin noch nicht in Ordnung) Brocken von meinem Herzen gefallen. Wir haben diese frohe Botschaft mit einem ausgiebigen Knuddeln gefeiert. Ich habe Fritz sofort angerufen und ihm ist es wohl nicht anders ergangen als mir – Erlösung – wir haben beide so sehr um Dich gebangt!

29. Oktober 1976

Mein liebster Florian, heute ist eigentlich Dein (errechneter) Geburtstag! Du warst einfach zu ungeduldig. Übermorgen werden wir entlassen, so sehr ich mich auch darauf freue und so ungeduldig ich auch bin – ich weiß nicht, was uns beide alles erwarten wird. Die Entlassung aus der Klinik wird Dein Schritt endgültig an Fritzens und meine Seite sein und wir haben uns so sehr vorgenommen, gute Eltern für Dich zu werden. Das ist sicherlich nicht immer leicht. Wir haben beide keine Erfahrung mit einem Murkelchen wie Dir. Aber wir werden sie bekommen. Wir haben Dich beide so unendlich lieb, kleiner dicker Murkel und das ist schon eine gute Voraussetzung. Wir drei werden das alles schon meistern!

Du hast Dich prächtig entwickelt. Du bist hier mit Sicherheit eines der größten Babys und durch unsere «spektakuläre» Geburt kennen Dich alle hier! Bekannt machst Du Dich leider aber dadurch, daß Du ein kleiner Spucker bist. Ich erschrecke mich jedes Mal ganz schön und hoffe, daß sich das zu Hause vielleicht bessern wird, wenn Du mehr Ruhe hast. Du scheinst – wie Dein Papa, ein Sensibelchen zu sein.

Deine Augen sind kaum mehr geschwollen und man sieht jetzt kleine blonde Wimpern. Du scheinst überhaupt blond zu werden, aber das läßt sich jetzt wohl noch nicht sagen. Gestern hast Du Fritz zum ersten Mal hinter dem Glas Deine offenen Augen gezeigt. Er war richtig aufgeregt. Er sehnt sich so sehr nach Dir und ich kann es auch kaum erwarten, bis ich Dich ihm richtig in den Arm drücken und mir Euch beide ansehen kann.

4. November 1976

Liebstes Flöhchen, wir sind seit Sonntag zu Hause und ich mußte drum kämpfen, sonst hätten sie uns noch länger behalten. Die Umstellung ist nicht ganz einfach und wäre wohl noch viel schwieriger, wenn Du nicht so phantastisch «mithelfen» würdest. Gleich der erste Tag war voller Überraschungen, als Du nämlich hier viel besser trankst als in der Klinik. Ich konnte es gar nicht fassen. Fritz durfte Dir auch schon die Flasche geben und Du hast Dich bei ihm ganz sichtlich wohl gefühlt. Er war hin- und hergerissen von Dir – er hatte Dich bisher ja nur hinter Glas gesehen und da sahst Du wirklich anders aus und hast all Deine lieben süßen Gesichter, die Du beim Essen oder besser danach machst, für ihn aufgespart.

Wenn Du in Deiner kleinen Wiege liegst, muß ich immer und immer wieder in das Zimmer kommen und nach Dir sehen. Manchmal habe ich schon nach kurzer Zeit eine große Sehnsucht nach Dir, mein kleiner Sohn. Und dann sehe ich Dir beim Schlafen zu und ich wünsche Dir, daß Du ein glücklicher Mensch werden wirst.

Den zweiten Teil meines Tagebuchs, den ich Florian nicht mehr schenken konnte, schenke ich ihm heute, da ich mir dieses kleine Tagebuch wieder anschaue und mich erinnere.

24. Dezember 1976

Heute ist Weihnachten und da Fritz jetzt (24 Uhr) noch am Renovieren ist, kann ich ein paar Zeilen schreiben.

Wir haben Dir heute einen wunderschönen Christbaum mit roten Äpfeln und roten Kerzen geschmückt – und ich muß sagen, Du hast ihn nicht gebührend gewürdigt. Vielleicht lag es daran, daß Du heute zu müde warst. Deinem Magen geht es weit besser und zwei Mal die Woche gehen wir zur Kinderärztin, wo wir beide staunen, wie rasend schnell Du nun zunimmst. Du wiegst jetzt 5000 Gramm und was am schönsten ist: Du schläfst mehr und mehr durch (nun schon von 22.30 bis 6 oder 7 Uhr früh), gönnst mir langsam meinen Schlaf.

Trotz der Anstrengungen der Krankheiten, die Dein kleiner Körper schon zu überwinden hat, bist Du ein süßer, hübscher kleiner Junge geworden. Dein Gesichtchen hat sich mächtig verändert: Deine Augen sind groß und strahlend und die anfänglich kurzen blonden Wimperchen sind zu langen schönen Wimpern geworden. Du hast eine süße Knubbelnase und einen schön ausgeprägten Mund und Kinn. Seit zwei Wochen kannst Du uns mit den Augen fixieren und folgst unseren Bewegungen und seit etwa einer Woche antwortest Du, zunächst sehr zaghaft, nun immer öfter, mit Lächeln auf Stimmen, die Dich freundlich ansprechen.

Besonders reagierst Du auf unsere Stimmen. Du kennst sie längst und unterscheidest sie auch. Besonders freundlich bist Du nach dem Essen, das eine zunehmende Wichtigkeit erlangt.

Sorgen macht uns Dein Leistenbruch, den wir – irgendwann – operieren lassen müssen. Überhaupt macht mir Deine Widerstandslosigkeit gegen Krankheiten Sorgen. Hoffentlich ist der Winter bald um und wir können mit Dir mehr an die Luft, an die Sonne. Sie wird Dir gut tun.

Immer häufiger binde ich Dich mit einem großen Tragetuch einfach auf meine Brust und dort schläfst Du sofort ein – ein seliges kleines Lächeln um Deinen Mund.

Wir scheinen ein schönes Paar abzugeben, denn wo immer wir auftreten, schaut man sich nach uns um. Du wirkst überhaupt sehr positiv auf Deine Umwelt. Jeder schließt Dich sofort in sein Herz. Du wirst bestimmt ein freundlicher Mensch werden.

6. Januar 1977

Häsilein, so nenne ich Dich häufig, weil eine der nettesten Krankenschwestern nach Deiner Geburt Dich so nannte, es hat mir gefallen. Du hast Dein erstes Silvester tapfer und tief schlafend hinter Dir gelassen. Opa und Oma waren einige Tage hier und sind hellauf begeistert von ihrem Enkel. Opa hast Du mit Deinem schönsten und liebevollsten Lächeln bedacht: Der Beginn offenbar einer großen Liebe!

Du hast Dir angewöhnt, beim Lächeln die Augen zusammenzukneifen. Das sieht so niedlich aus und überhaupt hast Du so lustige, fröhliche Augen bekommen. Sie sind meinen nun immer ähnlicher geworden – danke, mein Sohn, denn viel an Ähnlichkeit kann ich zwischen uns beiden – von den blonden Haaren abgesehen – ansonsten leider nicht feststellen.

Wir beobachten Dein Gedeihen mit viel Freude. Wir sprechen und spielen jeden Abend mit Dir und es ist erstaunlich, wie unterschiedlich «gelaunt» Du bereits sein kannst. Einmal hängst Du aufmerksam und vor Anstrengung gebannt an unseren Lippen, ein anderes Mal bist Du nur durch «Motorik» bei guter Laune zu halten. Du kannst Deinen Kopf nun selbst halten und immer wieder willst Du an Deinen kleinen Armen hochgezogen werden. Du kannst vor Vergnügen quietschen. Deine größte Schwierigkeit ist, einzuschlafen. Du kommst einfach nicht zur Ruhe. Ich halte dann mit der einen Hand das Köpfchen und die kleinen Augen zu, mit der anderen streichele ich Deinen Rücken … dazu spielt Deine kleine Aufziehorgel und so wiege ich Dich langsam in den Schlaf. Deine kleinen Hände liegen geöffnet neben Deinem Köpfchen, Du siehst völlig gelöst aus, und ich hab' Dich so unendlich lieb, mein kleiner Flo.

23. Oktober 1978

Du hast Deinen ersten großen Umzug hinter Dir: Wir sind von Berlin nach München umgezogen. Du scheinst diese große Unruhe in unserem Leben aber ganz gut überstanden zu haben. Du bist jetzt zwei Jahre alt und 87 Zentimeter groß. Deinen Geburtstag haben wir auf dem Bauernhof mit Jasper, Deinem Freund, gefeiert. Ihr seht Euch nun fast jedes Wochenende und dies tut Dir sichtlich gut. Du machst große Fortschritte mit dem Sprechen, sagst jetzt kleine Sätze und man versteht Dich immer besser. Kein Wort ist mehr zu schwer, um nachgesprochen zu werden.

Es ist schön mit Dir!

Das Bauernhaus ist, glaube ich, Dein größtes Glück. Hier kannst Du Dich frei bewegen, der große Garten war in den letzten Monaten ein wahres Paradies. Jetzt wird es Herbst und wir sind viel im Haus, sitzen um den Bollerofen und es ist gemütlich; keine Hektik, jeder hat Zeit. Du hast Dein eigenes kleines Zimmer mit einer Unmenge an Spielsachen. Dieser Ort ist ein wundervoller Ausgleich zu München, wo wir es kaum einmal schaffen, ins Grüne zu kommen.

Im Moment bist Du etwas krank, hast einen scheußlichen Husten, und ich bleibe zwei Tage mit Dir zu Hause. Das tut uns beiden gut, denn unter der Woche kommst Du oft ein wenig zu kurz. Wenn ich aus dem Büro komme, wartet der Haushalt. Manchmal wünsche ich, ich könnte zu Hause bleiben, für Dich da sein, mehr jedenfalls als jetzt. Vielleicht würdest Du es gar nicht mehr wollen: Du fühlst Dich wohl in der Krippe. Ich beobachte Dich beim Abholen manchmal heimlich und Du spielst so hingebungsvoll und siehst aus, als wäre Deine kleine Welt in Ordnung. Ich werde nun seltener schreiben – vor allem dann, wenn es etwas Wichtiges gibt!

2. Juli 1979

Geliebter Flo, es ist eine sehr lange Pause entstanden in unserem Buch. Ich habe «gekniffen», ich hatte ein schlechtes Gewissen, ich hatte Schuldgefühle und vielleicht war es besser, ein wenig zu warten. Ich lebe seit Dezember von Papa getrennt. Die Gründe für diese Trennung werde ich Dir später erzählen, wenn Du sie verstehen kannst. Ich kann Dir nur sagen, daß wir schon sehr lange nicht mehr glücklich miteinander waren, es sehr viel an Auseinandersetzung und Streit gab, was Du oft miterleben mußtest und was Dich sehr verunsicherte.

Ich weiß, daß dieser große, schwere und schmerzhafte Schritt notwendig war und wenn ich auch viel an Selbstvorwürfen habe, so stehe ich heute dazu und vor allem: Ich stehe zu Dir! Ich habe Dir Deinen Papa in gewisser Weise weggenommen. Das ist schmerzlich für Dich, mein kleiner Sohn, ich weiß es. Wir leben wieder in Berlin, dort wo Du geboren wurdest. Papa ist noch in München.

Manchmal habe ich den Eindruck, als würdest Du alles akzeptieren, dann fragst Du nach ihm und dann bricht mir das Herz. Es tut mir so leid, wenn ich Deine fragenden Augen sehe … Ja, ich mußte Dir weh tun, mein kleiner Junge, weil ich eine große Veränderung in unser Leben brachte.

Ich wäre froh, wenn Papa nach Berlin käme und Ihr Euch weiterhin sehen würdet. Ich möchte ihn Dir nicht wegnehmen, aber ich kann nicht mehr mit ihm leben. Verzeih mir dies, Flo. Frage mich später nach den Gründen für alles, ich werde es Dir erzählen!

Weißt Du, mein kleiner Junge, daß ich selbst zwei Jahre alt war, als sich meine Eltern trennten … Wir werden eines Tages viel miteinander sprechen … Ich hoffe, Du wirst mir verzeihen! Wir leben jetzt seit April mit Toni zusammen.

7. Oktober 1979

Wir haben hier eine schöne große Altbauwohnung, in der Du das zweitgrößte Zimmer bewohnst. Du hast einen schönen Kindergarten, in dem Du Dich sehr wohl fühlst. Ihr habt viel Freiheit, liebe Erzieher und Ihr habt «Papa Bernhard». Er ist ein rüstiger Rentner und kommt jeden Tag zu Euch und sitzt in der Küche und ist für Euch da. Ihr liebt ihn sehr. Er raucht schrecklich viel und aus seinen leeren Zigarettenpackungen bastelt ihr.

Ich gehe jetzt 7 Stunden arbeiten, da ich finanziell große Sorgen habe, Dich und uns überhaupt so recht über Wasser zu halten. Unser Urlaub war wunderschön. Ich habe Dich lange nicht mehr so glücklich und zufrieden erlebt.

Vor dem Urlaub war Papa noch mal hier. Das hast Du im Urlaub immer wieder erzählt. Du hast ihn überhaupt stets einbezogen. «Ich hab meine Gabi lieb, meinen Toni lieb und mein Papi. Ich hab mich selbst auch lieb!» Du sagst oft: «Mein Toni ist mein bester Freund», und ich glaube auch, daß dies seine Rolle in Deinem Leben geworden ist.

Wir gehen jede Nacht einige Male in Dein Zimmer, bevor wir ins Bett gehen, und schauen Dir beim Schlafen zu. Das ist so schön und berührend, daß ich oft nicht weg will und weinen könnte, weil ich Dich doch so lieb habe und Dir Dein kleines Leben so schön machen möchte, wie es nur geht.

Meine Briefe
29. November – 28. Dezember 2000

«Ich möchte Dich sehen, ich möchte Deine Stimme hören, Dich in meine Arme schließen, endlich wieder einmal in meine Arme schließen.»

29. November 2000

Ich möchte einen Mantel weben
aus dem Leid einsamer Stunden
Irmgard Keun

Liebster Florian, ich habe lange nicht geschrieben – vielleicht weil ich ständig mit Dir spreche.
Wir sind zurück aus Irland, unserem dritten Besuch, und ich bin in tiefe Trauer gefallen – nachdem es etwas sanfter in mir geworden war. Der «Evening for the Dead» hat die Wunden in mir erneut aufgerissen. Dieses Dir-besonders-nah-sein bedeutete tiefen Schmerz und Verzweiflung.

Du selbst hast den Abend für die Toten in Camphill als einen der wichtigsten Abende und Anlässe in jedem Jahr neu beschrieben. Er hat Dir viel bedeutet. Du konntest eine besondere Nähe zu Deinem Großvater herstellen – empfandest das Ritual als sehr ergreifend und schön.

Wir sind nach Irland zu diesem besonderen Abend geflogen, weil er dieses mal Dir gewidmet war. Wir wollten in Deinen Fußstapfen gehen. Es war eine Überforderung für mich. Du bist in Irland wirklich besonders nah, das hatten wir ja bereits erfahren, ganz besonders vermißt jedoch wirst Du von den «people with special needs» – Deinen «specials», die Dich nie vergessen haben. Sie fielen mir zum Teil weinend in die Arme – sie trauern mit uns um Dich. Du hast die Schönheit ihrer Gefühle, ihre Offenheit immer bewundert und sie dafür besonders geliebt. Sie haben das gespürt, Florian. Nun trauern sie um Dich, ihren Freund!

Es ist ergreifend, wenn Liam erzählt, was Du ihm bedeutet hast und wie Du ihm fehlst, die Hände im Spülbecken, dicke Tränen im Gesicht. «It is good you came, Gabi …» hörte ich von ihnen immer wieder. Sie wissen, daß ich Deine Mutter bin. Sie haben uns bei unseren Besuchen kennengelernt. «Are you Florians Mom?» fragten sie damals und: «Do you come from Germany?» Guter, lieber Kieran!

Vielleicht kannst Du über mich ein wenig lebendig für sie bleiben: «Vor allem die jungen Toten wollen über die Menschen, die ihnen besonders nah waren, weiter wirken», habe ich bei Rudolf Steiner gelesen. Ich werde mich mehr mit Anthroposophie auseinandersetzen. Du hast das getan und Du hast viele gute Gedanken mitgenommen von Camphill. Ja, Du warst erneut so nah in Deiner Heimat Irland und dort vermisse ich Dich auch ganz besonders … das Land ist voller Erinnerungen! Der Rückflug wurde zur Tortur. Ich saß erneut in dieser Maschine, die Dich zurückgebracht hatte, und ich brach völlig zusammen. Ich wurde in Dekken gehüllt, man war besorgt um mich. Nein, ich bin nicht krank. Ich bin nur eine trauernde Mutter!

5. Dezember 2000

Sie kommen noch immer durch den aufgebrochenen Himmel,
die friedlichen Schwingen ausgebreitet,
und ihre himmlische Musik schwebt über der ganzen müden Welt …
William Shakespeare

Liebster Florian, langsam kehrt der vorweihnachtliche Schmuck in unser Haus – vorsichtiger als in den letzten Jahren, aber ich will nicht auf diese besondere Stimmung, die die Adventstage haben, verzichten. Das Schmücken des Hauses, das Aufstellen der vielen kleinen weihnachtlichen Dinge hat – trotz dieser so schweren Zeit – auch etwas Tröstliches: Alles kehrt wieder, die Rituale, die Feste, sie bestimmen unser Leben und sie nehmen nicht Rücksicht darauf, ob wir trauern oder glücklich sind.

So denke ich in diesen Tagen ganz besonders häufig an Dich, lese in unseren Briefen, die ich nun alle abgeschrieben habe … Es war eine schwere Arbeit – viel haben wir beide geschrieben, aber nun, mein Sohn, habe ich eine lückenlose Korrespondenz unserer letzten fast 5 Jahre …

Meine Briefe sind zu mir zurückgekehrt und Deine Briefe hatte ich – chronologisch – in Ordnern gesammelt. Ich habe immer wieder darin geblättert und gelesen. Deine Worte, Deine Gedanken. Sie haben mir so viel bedeutet … Nun sind Deine Briefe mein Schatz, das Wertvollste, das ich besitze!

Anfang Dezember war immer die Zeit des Päckchenpackens an Dich: viele kleine Geschenke, Assoziationen – sie hatten sich schon seit Monaten hier bei mir gesammelt … Du hast nie einen Wunsch geäußert, und so konnte und durfte ich mir immer etwas ausdenken für Dich. Eine lange Seidenunterhose habe ich Dir im ersten Winter nach Irland geschickt. Du warst auf den Feldern tätig und Dir war immer kalt. Du hast gelacht! «Eine Seidenunterhose, Mom, das kannst nur Du Dir ausdenken!» Du trugst sie, bis sie Dir im wahrsten Sinne des Wortes vom Po fiel! Das Holzschaf «Selma» – ein Geschenk, das Dich zu Tränen gerührt hat. Ein Geschenk zum Thema «Glück». Wir haben damals darüber korrespondiert, was Glück für uns bedeutet. Dann fand ich das Buch «Selma» und dazu passend ein Schaf.

Sonntag haben wir also auch Dein Grab weihnachtlich geschmückt – in Gold gehüllt! Es sieht festlich aus, nie sieht es aus wie ein Grab. Als Hans-Jürgen seine kleinen goldenen Leuchttürme an den provisorischen Weihnachtsbaum hängte, brach er in Tränen aus.

Ach, Florian, es war doch gerade erst alles «vorhin»: Unsere Reise mit Dir entlang der Westküste Irlands und Eure gemeinsame Liebe zu den «Leuchttürmen». Ich nahm Hans-Jürgen tröstend in meine Arme. Du bist in solchen Momenten so präsent, man hört Dein frohes Lachen und sieht Dein strahlendes Gesicht vor sich …

Der Leuchtturm-Kalender, den Hans-Jürgen Dir zu Weihnachten gekauft hatte, hing, als wir im September in Dublin waren, noch immer an der Tür des Apartments. Das Kalenderblatt zeigte den Monat *Juli*. Eimear hatte nicht mehr weitergeblättert. Jetzt hängt dieser Kalender hier bei uns – in Deinem Zimmer – und immer wird er im Juli 2000 enden.

Heute habe ich unsere Briefe, die ich binden ließ, abgeholt. Ich saß hier, hielt sie auf dem Schoß, und ich wurde ganz andächtig.

Nicht nur der Reichtum, den sie für mich darstellen, auch die erledigte Arbeit des Abschreibens, die hinter mir liegt und unendliche Kraft gekostet hat, ließen mich erschöpft und froh durchatmen. Diese Briefe werde ich an die Menschen zu Weihnachten verschenken, die unser Leben in den letzten Monaten begleitet haben, die mit Dir verbunden bleiben. Es wird das einzige Geschenk sein, das ich in diesem Jahr mache.

Vor allem möchte ich Hans-Jürgen mit den Briefen danken – für seine Liebe, für seine Geduld und Ausdauer, sein Mitgefühl, seine eigene Trauer und seinen unerschütterlichen Glauben an mich und meine Kraft. In welch desolaten Stimmungen hat er mich erlebt in den vergangenen Monaten; nie war er ungeduldig.

Vor mir auf dem Tisch steht eine Skulptur. Es ist das Modell des Denkmales, das auf Deinem Grab stehen soll. Die Idee, unseren lieben Nachbarn Ed aus der Rauchstraße damit zu beauftragen, der ein begnadeter Künstler ist, kam mir vor einiger Zeit. Ed kannte Dich. Wir haben fast zehn Jahre Tür an Tür gelebt. Er sah Deine Entwicklung vom Kind zum jungen Mann.

Er wird mit der Ausführung der Arbeit nun beginnen, und im Frühjahr werden wir Deinen «kleinen Garten» damit abrunden. Oh, Florian, es ist eine sehr schöne Arbeit geworden, etwas sehr Besonderes für Dich, der Du besonders warst und bist: ein kupfernes Segel wird Deinen Namen tragen – diesen Namen, den ich liebe und der der einzige Name war, der zu Dir paßte: F L O R I A N.

Erst wenn diese Arbeit dort steht, wird der Ort Deiner letzten Ruhe vollkommen sein. Hättest Du einen Stein gewollt? Ich konnte es mir nicht vorstellen! Ein Stein paßt nicht zu Dir, ich konnte nicht einmal darüber nachdenken. Ich wollte etwas Leichtes, etwas, das Dir und Deinem Wesen entspricht. Ein Stein wäre zu schwer. Dieses Segel und der Stamm, von dem es ausgeht, und den Ed «Metamorphose» nennt, die Takelage, die sich von diesem Stamm zu lösen und aufzusteigen scheint. Es ist unglaublich schön!

12. Dezember 2000

Florian, mein Sohn, heute ist der 164. Tag nach Deinem Tod und in Kürze ist Heiligabend. Du würdest mit uns im feierlich geschmückten Haus sitzen, endlich würden wir wieder einmal gemeinsam Weihnachten feiern …

Oh, Florian, es schmerzt so sehr, ich ertrage den Gedanken daran, daß Du in den nächsten Tagen nicht kommen wirst, kaum noch. Ich möchte am Flughafen stehen und Dich ankommen sehen – wie glücklich waren diese Momente, Momente voller Stolz, voller Freude! Florian ist da!

Du hast versprochen, zu kommen, Florian. Du hast es doch versprochen, bevor Du zurückflogst … Du hast Deine Versprechen immer gehalten, soviel Wert darauf gelegt, daß man Versprechen hält, gerade Du.

Alles ist abgeschnitten, gekappt, die Gedanken so schmerzhaft, daß ich sie ständig kontrollieren muß, ich habe Angst, verrückt zu werden, krank zu werden. Ja, ich habe Angst! Es ist fast nicht mehr möglich, dieses Schicksal hinzunehmen, die Last zu tragen, die mir das Kreuz zu brechen droht. Zerbrechlich, so fühle ich mich, so total zerbrechlich! Warum mußtest Du mir dies alles auferlegen, Florian, warum nur? Dieses «warum» dröhnt in diesen Tagen dumpf und laut in meinem Kopf … Warum Du? Warum ich? Warum gerade wir beide, Florian?

26. Dezember 2000

Wenn Liebe einen Weg zum Himmel fände
und Erinnerungen zu Stufen würden,
dann würde ich hinauf steigen
und dich wieder zurückholen
Tagore

Liebster Florian, noch einmal höre ich Bachs Weihnachtsoratorium «Ehre sei Dir, Gottes Sohn». Ich habe in diesem Jahr doch ein «religiöses» Weihnachten erlebt. Religiös nicht im Sinne der weltlichen Kirche, aber religiös in einem völlig neu erlebten Sinn: Ich stieß in den letzten Wochen auf das Wort *Demut*, und es ließ mich nicht mehr los. Ich spürte, daß dieses vergessene Wort für mich Bedeutung bekommt und ich seinen Sinn erforschen muß.

Demut bedeutet: Ich stimme mir zu, wie ich bin, ich stimme dem anderen zu, wie er ist. Ich stimme einer Krankheit zu, wie sie kommt und ich stimme meinem Schicksal zu, wie es ist. In dieser Demut bin ich im Einklang mit allem – nicht in dem Sinne, es einfach zu ertragen, sondern es anzunehmen. In dem Moment, in dem ich zustimme, habe ich Kraft.

Florian, ich will Dich nicht irgendwo wissen – ich will keine Bilder, keinen Himmel, keine Hölle, wo Du sowieso nicht wärst. Wenn ich aber ahne, bleibe ich demütig, ohne etwas zu wollen, einzufordern, zu verlangen. Als Kind habe ich stets versucht, mit Gott zu handeln: Lieber Gott, wenn du mir dabei hilfst, will ich dies für dich tun, wenn du das verhinderst, bekommst du jenes. – Gott läßt nicht mit sich handeln. Er ist unerbittlich, Florian.

Ich weiß nicht, was hinter diesem Vorhang ist, der uns trennt, aber ich ahne, daß Du dort bist, daß es etwas gibt, das uns noch verschlossen ist. Ohne Bild und ohne Anspruch. Niemand, mit dem ich handeln kann. Dies Ahnen ohne zu fordern gibt eine Ruhe, die ich benötige, um mich dem Leben erneut zuzuwenden. Und dieses Ahnen und die Demut nehmen mir die Angst vor meiner eigenen Sterblichkeit.

Florian, sind wir eine geistige Verbundenheit eingegangen, seit Du uns körperlich verlassen mußtest?

Sendest Du mir all diese Gedanken, um mir Trost zu geben?

Du bist so spürbar unter uns in diesen Tagen. Du bist nicht weg, Du bist mitten unter uns. Wir müssen nur in der Lage sein, Dich zu erspüren – Dir die Möglichkeit geben, Dich uns mitzuteilen – in einer Art Religiosität oder Spiritualität – wie immer man es auch nennt. Ich spüre, wie weit meine Sinne geöffnet sind für das, was Du mir übermitteln willst.

Dein Foto vor mir auf dem Tisch steht neben einem flachen Stein, in den die Worte geritzt sind: «Es ist, was es ist, sagt die Liebe» von Erich Fried. Ich hatte Dir dieses Gedicht zu Weihnachten nach Irland geschickt – ein kleines Plakat, das ich von einer Hauswand abnahm – zweimal, einmal für Dich und einmal für Hans-Jürgen – meine beiden großen Lieben!

Draußen liegt Schnee, mein Engel, Dein Grab ist tief verschneit, wir mußten die Kerzen in den Schnee stecken. Diese weiße Decke macht alle Gräber gleich!

Ich habe in diesem Jahr, stärker als in all den letzten auch eine große Verbundenheit zu meinem Vater gespürt. Ihr beide seid nun beisammen. Dies ist ein tröstlicher Gedanke – mein Vater und mein Sohn! Grüße ihn von mir, free spirit, grüße die anderen Toten. Und ich denke an all die Mütter, die vielleicht nicht dieses Glück haben, das Du mir schenkst, liebster Florian.

«I could never go with you no matter how I wanted to» – «Ich könnte dich niemals begleiten, auch wenn ich es wollte», dieses Lied hattest Du mir auf einer Weihnachtskassette in Irland aufgenommen. Wie bedeutungsvoll werden nun Lieder, Texte. Nein, mein Florian, ich konnte nicht mit Dir kommen, und ich kann es nicht, so sehr ich es mir auch hin und wieder noch immer wünsche. Er wird seltener dieser Wunsch, Dir zu folgen.

27. Dezember 2000

Liebster Flo, heute stand ich ganz ängstlich auf – ich hatte Angst, Du könntest nicht mehr hier sein wie in den letzten Tagen – aber Du bist da, Du bist noch immer da!

Hans-Jürgen ist schon aus dem Haus – heute zieht sein Büro um. Ich weiß, Du wärst früh mit ihm aufgestanden und Du hättest ihm geholfen – Du hast gerne mit ihm zusammengearbeitet und er mit Dir! Das Foto, auf dem Ihr beide das Dach des kleinen Schuppens im Garten neu deckt, die letzte Arbeit, die Ihr beide zusammen ausführen konntet, steht auf seinem Nachttisch. Er vermißt Dich, Florian.

Als ich vorhin durch den Schnee stapfte, um einzukaufen, riß der graue, verhangene Wolkenhimmel über mir auf und durch diesen

Spalt war mit einem Mal die Sonne sichtbar. Ich dachte an Dich, als mich die Helligkeit des Lichts blendete.

Deine Wärme, Florian, trage ich in mir und diese Gedanken haben etwas Tröstliches, denn wo Wärme ist, da kann die Schwere auf Dauer nicht nisten, da hat die Depression keinen Raum und ich wußte mit einem Mal, was mich vor ihr gerettet und bewahrt hat: Deine Wärme, Flori!

Traum

28. Dezember 2000

Ein leerstehendes, im Bau befindliches Haus, Parterre. Ich wohne vorn, Florians Zimmer liegt am Ende eines langen Gangs. Ich habe das Gefühl, ihn dort – zu weit weg – schlafen zu lassen. Ich gehe den Gang entlang, um nach ihm zu sehen. Florian ist klein, drei bis vier Jahre, liegt schlafend im Bett, mit einer Art Pudelmütze auf dem Kopf.

Das Zimmer ist groß, aber ungemütlich. Ich empfinde Mitleid und habe Schuldgefühle, daß er dort alleine ist. Ich setze mich an sein Bett, betrachte ihn voller Zärtlichkeit, wie ich es häufig nachts tat, bevor ich schlafen ging.

Er ist wach und spricht zu mir, führt mir seine neueste Musik vor. Nun ist er erwachsen und wir sprechen miteinander. Wir sind in gelöster Stimmung und ich beschließe, bei ihm zu bleiben.

Ich gehe noch einmal zurück in den Gang, weil die Handwerker so laut sind und bitte sie, den Lärm abzustellen, damit wir schlafen können. Die Wände des Flurs sind bunt.

Ich komme zurück in Florians Zimmer und eine weitere Tür steht offen. Sie führt in eine Art Sporthalle, in einen riesiggroßen Raum. Florian steht an einer Werkbank und macht mit einer Säge einen ohrenbetäubenden Lärm. Es arbeiten noch andere dort. Ich breche in Lachen aus und sage ihm, daß ich gerade versucht habe, Ruhe in das Haus zu bekommen. Florian lacht zurück.

Meine Briefe
5. Januar – 4. Mai 2001

«Ich will Dir jetzt nicht folgen, nicht mehr. Ich spüre zunehmend den Wunsch zu leben, wenn es mir auch noch immer schwer fällt, dieses Leben auszufüllen.»

31. Dezember 2000 auf Föhr

Wir besichtigen einen alten Friedhof, sehen uns die bunten Grabsteine an, die die Lebensgeschichte der Seeleute und ihrer Familien erzählen und hören plötzlich Musik aus der kleinen Seemannskapelle. Wir treten ein; es findet eine Trauermesse statt. Wir setzen uns und in diesem Moment beginnt eine wundervolle Frauenstimme zu singen: «There's a time for us, somewhere a time for us» – das Lied aus West Side Story.

Mit diesem Lied ganz eng verbunden sind ein Theaterbesuch mit Florian anläßlich seiner Jugendweihe und vor allem der Satz, den er immer wieder zu mir sagte: «Gabi, unsere Zeit kommt noch.»

5. Januar 2001

Anfangs scheinen die Toten
Nicht gar so weit entfernt.
Ihre Wiederkehr scheint möglich
So manches inbrünstige Jahr.

Und dann wird, dass wir ihnen folgten,
Mehr als nur wahrscheinlich,
So nah ist die Erinnerung
Jetzt an ihr liebes Bild

Emily Dickenson

Liebster Florian, zum ersten Mal seit langer Zeit schreibe ich Dir nachts. Ich kann nicht schlafen, bekomme keine Ruhe, mein Herz schmerzt. Ich habe eine große Geschäftigkeit an den Tag gelegt, seit wir aus Föhr zurück sind, bin viel unterwegs, fast erscheint es mir, als meide ich die Ruhe und den Rückzug hier. Es war gut, Silvester am Meer zu sein und die Begegnung mit meinem Bruder Michael und seiner Christiane war sehr schön. Föhr war eines Deiner Kinderparadiese. Häufig haben Dich die beiden – zusammen mit Nina, Deiner Cousine, mitgenommen. Sie erzählten uns von Dir, von damals.

Es hat ein neues Jahr begonnen, ein Jahr, an dessen Beginn mir bewußt ist, daß ich es gänzlich ohne Dich, ohne Deine Gegenwart leben muß. Ich gehe oft in Dein Zimmer, schaue auf die Fotos von Dir – Du schaust mir so tief in die Augen dort, mein Sohn. Ich streichle über Dein Gesicht, Dein Haar – dort auf diesen Fotos – und dann verlasse ich schnell den Raum.

Will ich den Schmerz nicht spüren oder bereite ich meine Rückkehr in das «normale Leben» vor? Ich gehe zurück zur Arbeit, meine Auszeit ist vorüber. Ich habe Angst vor dieser Rückkehr. Ich weine oft im Auto. Dort auf den Fahrten zu Deinem Grab überfällt mich häufig eine tiefe Leere und Angst vor dem Leben!

Ich gehe, so oft es möglich ist, zu Dir, zu Deinem «kleinen Garten», richte die Dinge her, die der Winter strapaziert, zünde die Kerzen an und versuche, die Gedanken an Dein Dortsein, dort unten tief in der Erde, zu vermeiden; meist gelingt es, sonst wische ich sie weg, diese schrecklichen Bilder.

Heute abend fand ich in meinem Nähzeug ein kleines Stoffschildchen mit Deinem Namen. Du brauchtest sie für die Kindergartenreise. Du warst drei Jahre alt!

Alles ist Geschichte, unser beider kleine Geschichte, unser Leben Vergangenheit, keine Zukunft! Ich möchte sie herausschreien, diese Ungerechtigkeit, die ich im Moment nicht bereit bin, demütig zu ertragen! Nein, ich revoltiere. Alles lehnt sich in mir auf, jetzt, hier in dieser Nacht, wo ich Dich in Deinem Zuhause in Dublin wissen möchte, mit Eimear in Eurem gemeinsamen Leben.

Ein neues Wochenende steht bevor – das letzte in dieser Zeit, die ich zu Hause war, hier in meiner Stille, hier am Fluß, hier in meinem kleinen Paradies. Ich muß probieren, dieses Leben mir Stück für Stück zurückzuholen, bzw. es neu zu entwerfen. Step by step, Schritt für Schritt.

Am 191. Tag nach Deinem Gehen werde ich zur Arbeit zurückkehren. Gib mir Mut und Zuversicht!

Traum

12./13. Januar 2001

Ich gehe mit Hans-Jürgen und anderen den Weg zu unserem alten Haus in Egg, im Schwarzwald, in dem ich als Kind lebte. Am Wegrand finden wir etwas Verpupptes, einen Kokon. Wir öffnen sanft Hülle um Hülle und schließlich liegt vor uns ein kleiner Vogel, noch nicht richtig lebensfähig. Jemand nimmt das kleine Tier und reißt an seinen Flügeln, bricht sie. Ich bin entsetzt, spüre Schmerz und Abscheu. Ich nehme den kleinen Vogel und lege ihn in einen Käfig mit Sand und trage ihn mit uns. Ich sehe immer wieder nach ihm, bin bemüht, große Erschütterungen des Käfigs zu vermeiden. Dennoch liegt der Vogel, der jetzt meinem Kanarienvogel ähnelt, irgendwann wie tot auf dem Rücken und ich bin sicher, daß er nicht überlebt hat.

13. Januar 2001 – Tag 196 nach Deinem Gehen

Florian, liebster Sohn, meine erste Woche der «Rückkehr ins normale Leben» liegt hinter mir, eine schwere, anstrengende Woche. Mir scheint, als habe ich nicht mehr die «Ausrüstung» für dieses Leben, ich fühle mich so dünnhäutig, schnell verletzt, überfordert, enttäuscht.

Vielleicht zeigt der Traum mir ja, daß ich noch eine Weile in meinem Kokon aus Trauer hätte verbleiben sollen, diesem Mantel aus Stille, der meiner zerstörten Seele Schutz bot. Nun wird er mir weggerissen, entwendet – ich streife ihn nicht selbst ab – ich glaube, dies ist mein Gefühl in diesen Tagen – ich beuge mich Notwendigkeiten, ohne wirklich bereit zu sein …

«These broken wings won't fly» … Immer wieder höre ich dies Lied und so fühle ich mich – und nun, da ich fliegen muß, glaube ich, daß meine ersten Versuche mehr als kläglich ausfallen … Habe ich eine falsche Entscheidung für mich getroffen? Mir fehlt die Ruhe, die Einsamkeit, meine Seele schreit danach!

Einsamkeit und Ruhe finde ich an Deinem Grab, an Deinem «kleinen Garten», den ich nun täglich vor der Arbeit aufsuche …

Niemand außer mir scheint in diesen Wintertagen an Euch zu denken, immer bin ich alleine, noch nicht einmal Spuren im Schnee – nur die zu Dir! Hier kann ich weinen, klagen, rufen und mit Dir sprechen … Hörst Du mich, Florian? Ich glaube, es ist der «Urschmerz», vielleicht der Schmerz, den Adam und Eva verspürten, als sie aus dem Paradies geworfen wurden.

Etwas ganz Besonderes, völlig Elementares, etwas, das alles Leben bestimmt hat, das Licht und Glück und Zufriedenheit gab, ist geraubt, weggenommen. Es gibt ein sehr beeindruckendes Gemälde von Masaggio in einer kleinen Kapelle in Florenz, das den Schmerz und die Verzweiflung in den Gesichtern von Adam und Eva widergibt – «Die Vertreibung aus dem Paradies». Etwas ist unwiederbringlich zerstört, ein Traum beendet!

Dein Tod, mein Sohn, hat mich aus dem Paradies vertrieben … Ja, so müssen sich Adam und Eva gefühlt haben. Ich spüre in diesen Tagen so viel an Unsicherheit: Wer bin ich? Wer will ich sein? Welche Häute habe ich abgeworfen, was und wer schützt mich nun?

Adam und Eva, was ist aus ihnen geworden? Du hast die Bibel in Irland gelesen. Hast Du die Antworten, die ich brauche? Der Vogel in meinem Traum hat eine andere Farbe angenommen …

Der Ort, wo wir Deinen leblosen Körper der Erde anvertrauten, ist für mich ein heiliger Ort. Nicht heilig im christlichen Sinne. Der Boden dort birgt in sich den Menschen, dem ich einmal Leben schenkte, den ich «zur Welt brachte». Welch ein schöner Begriff. Er beinhaltet, daß Du schon immer da warst … ich brachte Dich lediglich «zur Welt». Wo warst Du davor, mein Liebster? Dein Ankommen hier hat mein Leben verändert, von Grund auf, es hat mich zu einem anderen Menschen gemacht: ich war Mutter geworden – Deine Mutter! «I built my world around you.»

Du teiltest viele Jahre Dein Leben mit mir, alles teilten wir, Freude, Schmerz, wir durchliefen unsere Lebensphasen, aneinander gebunden, unauflösbar. Dir galt meine Fürsorge, meine Aufmerksamkeit, meine Liebe. Manchmal auch mein Zorn. Dir galt meine

Achtung und Dir galt mein Respekt. Du warst meine Zukunft, mein Morgen! In Dir konnte ein Teil von mir weiterleben – die Eigenschaften, die Du als positiv angenommen und geschätzt hast – Mutter und Sohn – eine ganz besondere Verbindung. Mit Dir, mein Florian, liegt ein Teil von mir bei Dir dort unten in der Kühle und der Tiefe der Erde – der Teil an Zukunft, den wir beide als Mutter und Sohn leben wollten. Um diesen Abschnitt meines Lebens bin ich betrogen – er wurde mir mit Dir entrissen, dort klafft die schmerzlichste Wunde, notdürftig verbunden, aber sie reißt immer wieder auf und sie kann nicht heilen. Ja, ich fühle mich nicht mehr vollkommen – ich bin amputiert – amputiert um eine meiner wichtigsten Lebensadern ... wie soll ich so *leben*?

Bei Jung las ich: «Er [der Mensch] muß schon allein sein, um zu erfahren, was ihn trägt, wenn er sich nicht mehr tragen kann. Einzig diese Erfahrung gibt ihm unzerstörbare Grundlage.» Ich habe so viel zu lernen, zu erfahren, zu erleiden, Florian.

Dienstag stand ich an Deinem Grab, und ich wollte nichts mehr als dort sein, dort bei Dir, ich wünschte mir, die Erde würde sich öffnen und mich verschlingen. Ich will Dir nah sein, Florian, ich will dort sein, im ewigen Licht, oder auch der Dunkelheit – dort, wo es keinen Schmerz mehr gibt.

Mittwoch brannten die Kerzen, als ich kam, und ich wußte, daß Hans-Jürgen bei Dir war. Ach Florian, wir haben alle unsere Trauer, jeder seine eigene. Hans-Jürgen und ich sind so sehr verbunden in dieser Trauer, wenngleich er sicherlich noch sehr für mich da sein muß ... Seine eigene Trauer wird er vielleicht erst später «leben» können. Ich brauche ihn so sehr, ich wäre völlig verloren, wäre er nicht da – mein geliebter Mann, mein Freund, mein Bruder, mein Beschützer!

In seinem neuen Büro steht unsere kleine Ledercouch, die Couch, auf der wir beide jahrelang unsere Mutter-Sohn-Gespräche führten, die Couch, die so viele Tränen von Dir sah, die Du so gerne nach Irland mitnehmen wolltest ... Sie steht dort als kleines Relikt der Vergangenheit ... und Hans-Jürgen ruht sich auf ihr aus!

Ich trage den Ring of Claddagh, den wir in Irland auf der Reise mit Dir kauften: Zwei Hände tragen ein gekröntes Herz. Dies traditionelle Symbol, das die Fischer an der Westküste um Galway noch heute tragen. Die Symbole kombinieren die drei Eigenschaften *Liebe* (das Herz), *Loyalität* (die Krone) und *Freundschaft* (die Hände).

Diesen Ring werde ich niemals ablegen – until death us unite – so wie ich immer den Ring tragen werde, den Hans-Jürgen mir zu unserer Hochzeit am 1. Juli 1994 an den Finger steckte – until death us part! Ich habe den irischen Ring am 1. Juli 2000 an meine Hand gesteckt. Erst an diesem Tag erhielt er seine Bedeutung, davor lag er nur so bei meinem Schmuck. Alles hat seine Zeit!

15. Januar 2001

Lieber Florian, welch ein Wochenende voller Trauer – ich schwimme im Meer der Tränen, kein rettendes Ufer, mein Sohn. Ich fühle mich so ausgeliefert an den Schmerz. Wie viel Kraft muß in mir stecken, diesen Wogen zu widerstehen, mich dem Sog der Tiefe zu widersetzen? Es gibt keinen Trost, Florian, ich werde ungetröstet dieses Leben in Angriff nehmen müssen. Niemand ist da, der mich rettet, ich muß den Anker selbst werfen, sonst gehe ich unter.

Da ist Hans-Jürgen, da sind einige Freunde. Alle haben ihr eigenes Leben, alle tragen selbst schwer genug. Wer soll mich tragen können? Du Florian, Du bist der einzige. Die Verbundenheit mit Dir ist der Anker, die Liebe zwischen uns beiden das Ufer!

Wieder denke ich an einen Brief von Dir. Dort schreibst Du: «Schwimmt man erst einmal im reißenden Fluß, ist es schwer, die Umgebung, die an einem vorbeisaust, zu beobachten. Wie ich meine, *man wird gelebt!* Zur Zeit macht mir dieser Zustand nichts aus, da ich das Gefühl habe, gut genug schwimmen zu können. Ich nutze das Tempo des Wassers als Transportmittel aus, um möglichst schnell an einen anderen Ort zu gelangen.

Guck ich mir die Situation jetzt mal so an, sieht es so aus, als läge es an einem selbst, wie man die Strömung nutzt! Es ist wie ein

Messer, welches Leben retten, aber auch töten kann. Alles hat eben dann doch zwei Seiten! Cool!!!! Oder Scheiße!!!!

Hätte ich doch bloß besser und früher Schwimmen gelernt ...»

Ich habe so oft über diese Sätze nachgedacht. Was meintest Du mit dem letzten Satz? Er beunruhigt mich ... und jetzt, da ich im reißenden Wasser treibe – wie kann man die Kraft des Wassers nutzen – die Strömung? Wohin schwimme ich?

Alles ist verändert, nichts steht mehr an seinem Platz. Ich bin desorientiert in meiner eigenen Welt. Ich bin alleine. Warum mußtest Du mir dies antun? Warum? Wie soll ich ins Leben finden, blind vor Tränen.

24. Januar 2001

Flori, liebster Sohn, ich habe mich an die Kassetten gewagt, die Deine Kinderstimme aufgezeichnet haben. Du bist vier Jahre alt, wir lesen ein Bilderbuch zusammen, das Du längst auswendig kannst. Ich beginne die Sätze und Du beendest sie. Deine Stimme ist so zart! Später erzählst Du schon aus der Schule.

Ich mußte abbrechen, zuviel Schmerz entsteht, zu weh tun die Bilder in mir: Dein kleines, sanftes Gesicht mit den blonden Lokken. Deine Augen, so offen, so verletzbar, so klar! Du hast die Menschen mit diesem «Florian-Blick» verzaubern können – als Kind und als Mann! Ja, Du warst ein liebes Kind.

Ich habe so viel Zeit, über unser gemeinsames Leben nachzudenken. Vieles wollte ich immer noch von Dir erfahren, vieles wollte ich Dir aus meinem eigenen Leben erzählen. Ich habe den Zeitpunkt immer hinausgezögert, wollte Dich erst einmal erwachsen werden lassen, Deine eigenen Erfahrungen sollten eines Tages Grundlage für ein Gespräch über unser beider Leben sein ... Wir haben nicht genug Zeit gehabt, nicht dafür, mein Sohn!

Ich bin so dankbar, daß ich Dich in Irland wenigstens ein Mal nach Deiner Kindheit fragte. Du warst fast empört über meine Zögerlichkeit. «Meine Kindheit war schön», sagtest Du. «Vor allem auch die Zeit mit Toni.» Behütet und beschützt hättest Du Dich gefühlt, geborgen in der kleinen Familie. Du hast mir keine Vorwürfe gemacht, daß ich Dir diese Geborgenheit durch die Trennung von Toni nahm, Dich damit erneut Deiner Familie beraubte. Wir beide, so sagtest Du, hätten auf diese Weise eine neue gegründet – Du und ich! Du hattest immer Vertrauen in uns beide, trotz der Schmerzen, die Deine Seele oft erlitt, wenn Erwartungen an «Deine Väter» wieder einmal enttäuscht wurden. Du konntest Dich an mir festhalten.

Ich schaue mir langsam auch Deine Kinderbilder an. Eines meiner Lieblingsfotos steht vor mir: Du bist vier oder fünf Jahre alt, wir sind zusammen in Frankreich, besuchen unsere Freundin und Nachbarin Claudine. Du kauerst nackt im Wasser eines kleinen Flusses. Eine Hand hält eine Spielfigur, die andere bewegt sich in Richtung eines kleinen Holzbootes mit einem grünen Blatt als Segel. Dein Blick richtet sich über Deine kleine Schulter in die Ferne, so, als würdest Du dort jemanden suchen, er ist ein wenig nach innen gekehrt, dieser Blick, den Du häufig beim Spielen hattest, der an den Grenzen Deiner kleinen Welt endete ... Deine blonden Haare sind naß, Du hattest im Wasser geplantscht.

Ich liebe dieses Foto sehr – weil es diesen ganz besonderen Blick von Dir festgehalten hat. Niemand den ich kenne, konnte das so wie Du. Du hast Deine ganz eigene Welt in Minutenschnelle um Dich entstehen lassen und konntest Dich stundenlang in ihr aufhalten. Kam man in Dein Zimmer, konnte man diesen Blick erhaschen – mein kleiner Flori! Heute bist Du mein «kleiner Flori». Zum ersten Mal – seit sehr langer Zeit.

Draußen schmilzt langsam der Schnee; ganz winzig und vorsichtig schauen die ersten Frühlingsblüher aus der Erde. Bald werden wir eine nächste Jahreszeit nach Deinem Tod abschließen: den Winter. Dann stehen der Frühling und der Sommer an, erlebt, neu erlebt zu werden. Wieder große Herausforderungen, vor denen mir graut!

Die Skulptur für Dein Grab ist in Arbeit, und immer wieder erkundige ich mich bei Ed nach ihr. Ich habe auf der einen Seite

Angst davor, sie zu sehen, auf der anderen bin ich unendlich gespannt: Es ist Dein Denkmal, Florian!

Sleep your eternal sleep, my beloved son!

31. Januar 2001

Man sagt, daß einem das Schicksal nur soviel auferlegt, wie man zu tragen in der Lage ist. Hat mein Schicksal sich geirrt? Oder bin ich mir nur noch nicht bewußt, wie viel mehr ich tragen kann?

Ich glaube, ich stehe wie ganz zu Anfang, als ich von Deinem Tod erfahren mußte, an einer Grenze: Will ich zurück ins Leben oder will ich dort sein, wo Du bist – und dann müßte ich sterben. Es spaltet mich dieser Gedanke.

Ein Teil von mir sträubt sich mit allem, dieses Leben ohne Dich neu zu beginnen. Ich halte fest an meiner Rolle als Deine Mutter, will und kann sie nicht loslassen, dabei ist dies doch die Rolle, die ich nicht mehr ausfüllen kann, nicht mehr so, wie ich es tat.

Meine anderen Lebensrollen sind auf eine Art abhanden gekommen, überlagert, und dies spüre ich natürlich erst richtig, seit ich an diesem Leben teilnehme, das von mir die Rolle als Berufstätige, als Frau, als Kollegin und Partnerin abverlangt.

Ich scheitere im Moment in diesem Leben – es macht mich so einsam! Ich fühle mich so weit weg von allen. Die meisten Menschen um mich herum wagen noch nicht einmal einen Blick in meine Welt der Trauer, es sind nur ganz wenige, die es tun. Meine Kollegen haben es nicht leicht mit mir, ich hab's schwer mit ihnen und dort verbringe ich doch so viele Stunden meines Tages. Ängste, Mißverständnisse, Abgrenzungen, als wäre ich nicht weit genug weg von ihnen.

Es ist so schwer geworden, die Welt so laut und ich ziehe mich immer weiter in mich zurück und zugleich spüre ich auch Dich nicht mehr. Wo bist Du, mein Sohn? Oder bin ich wieder dort, wo Du mich nicht erreichen kannst?

Dein Leben hatte meinem Leben die Einsamkeit genommen und nun läßt Du mich wieder allein. Ich kann Dir keine Schuld zuweisen, Du wolltest leben, aber ich glaube, ich rebelliere bis auf mein tiefstes Inneres gegen dies Schicksal und will und kann es nicht annehmen und akzeptieren. Da bin ich wohl wieder einmal, nur, jetzt habe ich den Blick in die Welt getan, vor der ich mich zurückgezogen hatte, und nun ist es kein «Planspiel» mehr. Es ist bittere Realität, der ich mich stellen muß oder entziehen.

«Grenzgängerin» hat mich jemand genannt und so empfinde ich mich auch: Ich stehe an einer Grenze und muß entscheiden. Vor mir draußen im grauverhangenen Himmel war eben ein Stück blau sichtbar. Ich dachte an Dich und daran, daß Du sie mir vielleicht gerade heute zeigst und mich bittest, mein Leben so zu sehen: Um mich herum ist Grau, tiefes Grau und nur eben dieses kleine Stück Blau. Dies ist jetzt! Wolltest Du mir dies sagen?

6. Februar 2001

Liebster Florian, es ist Mittwoch, mein «day off», und ich habe das Gefühl, daß ich ohne diesen freien Tag, der die Woche unterbricht, meinen Weg ins Leben nicht fortsetzen könnte.

Ich erhielt heute morgen eine e-mail von Eimear: Eimear geht einen neuen, anderen Weg als ich. Wenn Du es bist, der ihre Wege begleitet, dann weißt Du bereits alles, mein Sohn. Dann weißt Du auch, ob sie irgendwann den Weg zu uns wieder finden wird. Ich tappe ständig im Dunkeln. Sie ist so wichtig für mich, für uns, sie ist unsere irische Tochter, nie werde ich sie wirklich loslassen können, sie ist ein Teil Deines Lebens gewesen.

Ich weiß, ich muß Eimear aus jeder Verantwortung für mein Leben entlassen, ich muß sie freigeben für ein neues Leben, eine neue Beziehung, eine neue Liebe, ich muß ihr die Flügel verleihen, die ich einmal Dir gab: «Fly my little girl, open your wings and fly» … Ich weinte damals, als ich Dich fliegen ließ, und ich weine heute, wenn ich daran denke, wie weit sich Eimear inzwischen von uns entfernt hat, sich entfernen mußte. Alles klingt nach einem neuen Abschied … und es tut weh! Ich fühle mich mit einem Mal zurückversetzt in die Zeiten, als Du von mir Deine Freiheit fordertest! Laß mich Eimear nicht verlieren – nicht für immer. Vielleicht wird es so sein, wie bei Dir: Je freier Du Dich fühlen konntest, desto mehr hast Du mich geliebt!

Florian, wo bist Du? Ich spüre Dich so wenig, so selten. Du schickst Deine Zeichen nicht mehr – oder sehe ich sie nicht, weil mein Blick von all den Tränen ständig trüb ist und mir die unsichtbaren Dinge nicht mehr sichtbar sind? Dein Tod hat zunächst alles Licht in mir und um mich gelöscht und nur winzige Flämmchen blieben, die mich vor dem Tod bewahrten. Ist dieses Leben nicht mehr, als diese Flämmchen vor dem Erlöschen zu schützen?

Da sind noch andere Lichter, die vor allem auch Hans-Jürgen entzündet hat in meinem Herzen, das vergesse ich nicht, mein Sohn. Du hast mich immer daran erinnert, wenn Du dachtest, er käme zu kurz. Zaghaft beginne ich, auch diese Lichter wieder scheinen zu lassen. Ich glaube, daß es die Geduld der Menschen um mich herum ist, die es ermöglichen wird, daß das eine oder andere überhaupt wieder aufflammt.

Ich bereite bereits den Tag vor, bei dem mir mein Herz stockt: den 1. Juli, den ersten Jahrestag Deines Todes. Nie haben wir gelernt, solche Tage vorzubereiten. Niemand hilft einem dabei …

Wer wird noch an Dich denken an diesem Tag, mein Sohn? Über hundert Menschen haben Dich auf Deinem letzten Weg begleitet … eine Handvoll begleitet unser Leben nun. Nur die mutigsten Freunde sind noch da! Damals, Florian, konnte ich die Menschen auf dem Friedhof in meine Arme nehmen, sie trösten, ich, die ich an diesem Tage noch nicht ahnte, mit welch unbeschreiblicher Wucht mich selbst die Trauer erst Wochen später erfassen würde. Ich wußte noch nicht, wie einsam der Weg sein würde, der gerade erst begonnen hatte, ich war ahnungslos! Im Rückblick bin ich so dankbar, daß ich diesen intuitiven Schutz genoß, der mir ermöglichte, bis zuletzt bei Dir zu sein, Dich zu begleiten.

Es wird ein noch kleines Gedenken für Dich geben: Auf dem Berliner Konzert von *Norland Wind* am 24. März werden sie Dir ein Lied widmen! Als ich sah, daß diese wundervolle irische Gruppe wieder spielt, setzte ich mich mit ihnen in Verbindung, erzählte von Dir, von unserem Schicksal, und bat sie, ein Lied für Dich zu spielen. Dies würde mir die Kraft geben, in dieses Konzert kommen zu können. Sie werden es tun!

Nun habe ich unsere Freunde und Deine Freunde zu diesem Konzert eingeladen und gemeinsam werden wir bei dieser Musik, die manchmal klingt, als käme sie direkt aus dem Himmel, unsere Gedanken und Erinnerungen an Dich auf die Reise schicken … und sie werden Dir erzählen, daß Du in unseren Herzen einen festen, sicheren Platz hast … für immer!

12. Februar 2001

Ich bin ein Boot
ohne Wind
Du warst der Wind
Ob ich in deine Richtung wollte?
Wer fragt nach Richtung,
wenn er so einen Wind hat
Olav H. Hauge

Liebster Florian, das Haus ist ruhig, mein Blick schweift über den Garten auf das Wasser. Ich habe Dir vorhin eine Blume ins Wasser geworfen, eine Blume, zwei Tage vor Valentinstag. Ich habe Dir und Hans-Jürgen, meinen beiden geliebten Menschen, je einen Rosenstrauß gekauft – obwohl es doch noch zu früh ist. Sie sehen so schön aus auf Deinem Platz hier unten im Haus bei mir und der andere Strauß ziert Hans-Jürgens Zimmer.

Ich denke in diesen Tagen häufig daran, welch riesige Bedeutung der Valentinstag für Eimear und Dich hatte: Ihr flogt nach Paris, Eure erste gemeinsame Reise. «Einen vollen Erfolg» hast Du die Tage in einem Deiner Briefe genannt. Du warst so begeistert, Du hattest die große Verantwortung übernommen, für Euch beide. Es war Eimears erste Reise ohne Eltern.

Du schriebst: «Jeder Schritt war unsere Wahl, es gab keinerlei Verpflichtungen. Zum ersten Mal waren wir richtig allein! Ich habe es genossen, die Initiative zu ergreifen und Eimear durch die Stadt zu führen, die wir beide gemeinsam entdecken konnten …» und: «Leider konnten wir nicht alles sehen, aber dies läßt wenigstens etwas übrig, wenn wir / falls wir noch einmal nach Paris fahren sollten.»

Ach, Florian, wenn ich Deine Worte heute lese, schnürt der Schmerz mir das Herz zu. Es wird kein Paris für Euch mehr geben. Eure Liebe hatte doch erst begonnen, Ihr wolltet noch soviel miteinander erleben, sehen, Du wolltest Eimear Griechenland zeigen, sie mit Dir in die USA nach Disney-Land reisen. Sie wollte dort sogar heiraten! Alles lag vor Dir, mein Sohn, Dein Leben lag doch noch vor Dir.

«Ich habe den Schlüsselanhänger in Paris gesehen. Er hat mich sofort an Dich erinnert und so mußte ich ihn gleich kaufen. Ich habe den gleichen auch für mich gekauft» schriebst Du. Es sind die beiden Engel von Raffaels Sixtinischer Madonna. Ich trage sie seither an meinem Schlüsselbund und an diesem Schlüsselbund hängt jetzt auch der Schlüssel zum Friedhof!

Ist das nicht völlig verrückt? Noch nicht einmal zwei Jahre sind seit diesem Brief von Dir vergangen und nun begleitet mich dies kleine Geschenk täglich auf meinem Weg zu Dir! Heute ist der 226ste Tag nach Deinem Gehen – 226 überlebte Tage.

Let him be
Cause he's speaking with the angel
That only he can see …
Mary Black

Sprichst Du zu den Engeln? Sprechen Engel, mein Sohn? Ich glaube nicht so recht an sie; sie hätten auf Dich aufgepaßt, wären sie da … ich glaube aber an eine Kraft, die das Universum durchdringt, unsichtbar für uns.

25. Februar 2001

«Nachts, da schläft der menschliche Verstand und die Dinge sind nur noch ganz einfach. Alles, was wirklich wichtig ist, gewinnt wieder Gestalt, entsteht neu aus der zerstörenden Zergliederung jedes Tages. Der Mensch setzt seine Bruchstück aneinander und wird wieder geruhsam, einem Baume gleich ...» (Saint Exupéry)

Ich habe von Dir geträumt, Florian!

28. Februar 2001

Morgen ist der 1. März, morgen sind es acht Monate, die ich ein Leben ohne Dich lebe. Unvorstellbar, 243 Tage im Bewußtsein, Dich niemals wieder zu sehen, zu hören, mit Dir sprechen, lachen, tanzen und diskutieren zu können; wenn auch in letzter Zeit eher aus der Ferne: Fußball- oder Basketballergebnisse, politische Themen, Zeitungsartikel über Irland oder Wichtiges aus der «alten Heimat», was nie aufhörte, Dich zu interessieren.

Und ich Florian, ich sah Abend für Abend auf die Wetterkarte, suchte Dein kleines Land und wußte täglich, welches Wetter Dich am nächsten Tag erwarten würde ... Oft warst Du erstaunt, wenn ich es vorhergesagt hatte.

Deine überraschenden Anrufe, wenn Du etwas Schönes erlebtest, oder Kummer hattest. Deine Erleichterung, wenn wir lange gesprochen hatten. Ich habe in diesen Tagen das Gefühl, als seiest Du in mir «eingezogen», als wäre mein Herz voller, als spürte ich manchmal einen Atemzug von Dir, Deine Hand ganz sacht auf meiner Schulter. «Don't worry Mom, everything is going to be alright ... you remember?»

Ja, ich versuche, meinen Blick zum ersten Mal nach vorn zu richten. Meine Blickrichtung war rückwärts und ich spürte zunehmend, daß diese Richtung nicht zurück ins Leben führt, sondern weg vom Leben.

Dort, wohin ich mich wandte, war Dein Tod. Aber ich will Dir jetzt nicht folgen, nicht mehr. Ich spüre zunehmend den Wunsch zu leben, wenn es mir auch noch immer schwer fällt, dieses Leben auszufüllen; eben nicht nur mit der Erinnerung an Dich, sondern mit mir selbst, mit Gabi. Das ist eine schwere Aufgabe. Sie bedeutet, wieder mehr «Rollen» im Leben auszufüllen, Rollen, die ich hatte, vielleicht neue Rollen, die meinem jetzigen Leben entsprechen.

Go to sleep my little boy.
You will never come to harm.
You are safe while mother holds you;
Gently rest in peace and calm.

Ein irisches Wiegenlied für Dich.

13. März 2001

Liebster Sohn, es ist mitten in der Nacht und ich finde keinen Schlaf. Ein Satz schwirrt durch meinen Kopf, von dem ich mich nicht mehr lösen kann: «Die Erinnerungen lösen sich von den Fotos.»

Vorgestern schaute ich mir Fotos von Dir an. Ahnungslos öffnete ich die Tüten mit den Fotos vom Sommer – und ich schrie! Es war wie ein Schock! Ich kann mir diese Fotos nicht mehr ansehen, Florian; ich dachte, ich würde verrückt!

Das bist nicht mehr Du, auf diesen Bildern: dieser strahlende, glückliche, schöne Mensch – das bist nicht mehr Du, mein Sohn! Die Fotos stammen aus einem anderen Leben, und in diesen ruhigen Tagen treffen sie mich ins Mark. *Du lebst nicht mehr*. Sie gehören in die Vergangenheit, sie wurden abgelöst durch die Bilder in mir!

Ich schrieb Eimear von diesem Erleben und es scheint auch ihr so zu gehen: Sie schrieb zurück: «In these pictures he seems like a stranger because now – in my memories in my heart – is what I love and it is hard to see his face …» – [Auf diesen Bildern erscheint er wie ein Fremder, weil er in mir mit dem ist, was ich liebte und erinnere – und dann ist es schwer, sein Gesicht zu sehen.]

Wir lösen uns voneinander, Florian, weil Du dort bist – dort im Universum – und ich hier. Unser gemeinsames Leben hat geendet, und mein Leben ohne Dich hat begonnen. Meine Sehnsucht gilt Dir, meinem lebendigen Sohn, und zugleich weiß ich, daß meine

Sehnsucht damit auf ein nicht mehr erreichbares Ziel gerichtet ist, nach etwas Unwiederbringlichem, etwas Unerreichbarem.

Werde ich eines Tages ohne Deine Fotos um mich herum leben, weil mir meine inneren Bilder von Dir wichtiger sind, wertvoller wurden? Vielleicht ist die Angst auch die, eines Tages nur noch diese winzigen Momente auf den Fotos zu haben, weil die erinnerten Bilder verblassen.

Du wirst immer 23 Jahre alt sein, mein Sohn. Ich werde alt und älter werden und auch mit 70 (sollte ich dies biblische Alter erreichen müssen) wird mein Sohn 23 Jahre alt sein!

Sleep in heavenly peace, sleep in heavenly peace.

14. März 2001

Wir sind aus demselben Stoff,
aus dem ein Traum besteht,
und unser kurzes Leben ist eingebettet
in einen langen Schlaf.
William Shakespeare

Mein Florian, heute ist der 14. März und draußen fallen leise Schneeflocken. Der erste Frühling ohne Dich! Ich sperre die Sonne nicht mehr aus, wenn sie im Haus spazieren geht, ich folge ihr mit meinen Blicken und ich lasse ihre Strahlen meine Seele und meinen Körper erwärmen. Du hast sie geliebt, die Sonne, mein Sonnenkind. Du hast es in Deinen Briefen beschrieben, dieses innere Erwachen, begleitet vom Erwachen der Natur. Dein Baum, liebster Florian, hat die ersten zarten Blätter. Wir wissen noch nicht, wie er als Frühlingsbaum aussehen wird. Wir kennen ihn nur als Sommerbaum. Um ihn herum hatte ich Blumenzwiebeln unter den Rasen gelegt – auch sie stecken ihre Köpfe langsam aus der Erde, alles erwacht neu!

Wir haben schwere Wochen hinter uns: Hans-Jürgens Krankheit, mein tiefes Entsetzen über diese Erkenntnis und eine tiefe Angst davor, daß ihm etwas passieren könne. Es war ein kurzer Moment, wissend, daß ich seinen Verlust nicht auch noch ertragen würde! Als ich dort saß im Krankenhaus und man ihn wegbrachte, um ihm einen Herzkatheter zu legen, da legte ich mein Schicksal in Deine Hand, Florian. Wäre Hans-Jürgen etwas zugestoßen, wäre ich ihm gefolgt, dorthin, wo Du bist. Ich hatte keinen Zweifel daran und dies gab mir eine tiefe Ruhe.

Nun scheinen unsere Seelenpläne jedoch anders auszusehen: Ich habe einen Hexenschuß hinter mir, was hoffentlich nicht die Strafe für diese Gedanken war – und Hans-Jürgen ist auf dem Weg der Besserung. Sein Herz hat gelitten, nun muß es heilen. Wir sollen wohl doch noch ein Weilchen bleiben, mein Liebster. Ich glaube, daß diese Krankheit mir auch sagt, daß ich Hans-Jürgen entlasten muß, er an seine Grenzen gestoßen ist.

Ich habe in diesen vergangenen Nächten immer wieder von Dir geträumt. Du warst Kind in diesen Träumen. In dem einen Traum bin ich auf dem Weg zu einem Familientreffen. Ich bin schlecht gekleidet, trage nur einen schwarzen Wollmantel. Du gehst hinter mir. Die Straße steigt an und ich drehe mich immer wieder nach Dir um. Diese Blicke auf Dich sind schön, Du schaust zu mir hoch und Deine Augen strahlen.

Ich fühle mich wohl mit Dir in diesen Träumen, freue mich über Deine Besuche in meinem Schlaf. Noch immer träume ich Worte, Sätze. Kürzlich träumte ich, daß ich Gedichte auf großen Blättern trug, und ich hängte sie – wie Wäsche – an eine Leine. Ich nahm sie ab, um sie zu lesen und dann hängte ich sie wieder auf.

Ein anderer Traum war, daß ich mit jemandem sprach. Es standen unterschiedliche Tüten um mich herum und ich füllte diese nach und nach mit meinen Sätzen, meinen Worten. Es war ein sehr schönes Bild, diese sich füllenden Tüten.

Schickst Du mir diese Träume, mein Sohn?

Ich träumte den Satz: «Und alles wird sich finden …» Ich nahm diesen Satz und legte ihn neben mich auf das Kissen. Ich wußte, daß sich dieser Satz über Nacht materialisieren würde und ich mich dann an ihm festhalten könne … Es ist ein Satz voller Gelassenheit, voller Vertrauen, daß alles seine Zeit hat!

Ich schreibe Aufsätze für «Verwaiste Eltern» – für den Rundbrief. Ich schreibe kleine Buchbesprechungen, ich schreibe Briefe und ich schreibe meine täglichen e-mails. Immer mehr Menschen begleiten mein Leben auf diesem Wege, Menschen, die einen ähnlichen Verlust erlitten, Menschen, die um mich wissen. Ich schreibe ständig! Schreiben ist wohl mein Versuch, Ordnung in mir zu schaffen, den Gedanken Struktur zu geben – gegen das Chaos des Todes! Vielleicht ist dies für den Moment passend. Und dann kommt ein neuer Moment.

Meine Besuche an Deinem Grab, geliebter Florian, sind mir so wichtig wie eh und je. Es war schwer, während der Krankheit von Hans-Jürgen darauf verzichten zu müssen. Ich hatte eine riesige Sehnsucht nach diesem Ort. Dort liegt Dein Körper, dort liegt er als abgelegtes Gewand Deiner Seele. Das Wissen um Dich dort, das Bewußtsein um Deine Anwesenheit, sind tiefe Gründe für mich, Dein Grab als meinen «heiligsten» Ort so häufig ich es kann, aufzusuchen. Ich eile meist voller Sehnsucht über den Friedhof. Ich lese die Inschriften auf den Grabmälern, an denen ich vorbeigehe. Längst kenne ich all ihre Namen und manchmal begrüße ich sie alle.

Dieser Besuch ist immer wieder ein wenig das Überschreiten der Grenzen zwischen dieser und jener Welt: Wenn das Eisentor, zu dem ich einen Schlüssel habe, hinter mir ins Schloß fällt, dann schließt dieses mich zugleich ab vom Straßenlärm. Ich kürze den Weg stets ab, gehe kreuz und quer an den Gräbern vorbei, sehe, daß hier und dort jemand Blumen gebracht hat, gehe aufmerksam immer an dem Stein vorbei, der kein Grab mehr schmückt, der einfach stehengelassen wurde: «Meine kleine Prinzessin» steht auf dem roten Stein – nichts weiter.

«My little princess» hast Du Eimear genannt, Deine kleine Prinzessin. Ich fürchte immer, der Stein könnte entfernt werden, wie so viele andere Steine in den letzten Wochen. Um ihn herum stehen kleine Buschwindröschen, als Relikte des Grabes, das nicht mehr zu erkennen ist.

Und dann stehe ich bei Dir, mein Florian. Manchmal bin ich voller erstickter Schreie, meist aber bin ich ganz ruhig und voller Freude, Dich besuchen zu können, voller Dankbarkeit, diesen stillen Ort, your «little garden» zu haben. Was würde ich tun, läge Dein Grab in Irland? Es ist nicht auszudenken … Dann suchen meine Augen jeden Zentimeter dieses Ortes ab. Alles ist vertraut, jede sich öffnende Blüte macht mich froh und jede kleine Veränderung nehme ich wahr.

Du hast Besucher, das ist immer wieder zu sehen. Manchmal lassen sie Dir etwas da. Meist scheinen sie aber bei Dir zu sitzen und die Karten und Fotos anzuschauen. Fast immer brennt eine der Kerzen noch, und immer zünde ich die Laterne an. Immer bringen wir Dir frische Blumen – auch im tiefsten Winter. Engel saßen dort über Weihnachten, goldene Sterne und durch den Schnee blühten die Christrosen.

Es naht Ostern, mein Florian. Im Jahr Deines Todes hast Du uns ein klitzekleines Päckchen gemacht: kleine Ostereier mit ganz zarten gelben Federn … Happy Easter from Eimear and Florian …

Wie mir dies fehlt, mein Sohn, wie sehr mir diese winzig kleinen Dinge fehlen, die doch so wichtig und so groß in ihrer Bedeutung waren! Der «irische Muttertag» am 10. März. Astrid rief mich an, davon ausgehend, daß ich um dieses Datum weiß. Ich hätte ihn vergessen. Du hast immer an den irischen Muttertag gedacht und mir jedes Jahr geschrieben und mich angerufen. Im Jahr Deines Todes hast Du mir zum ersten Mal ein kleines Geschenk gemacht: eine winzige mit rosa Zuckerguß dekorierte kleine Torte: «For you – Mum» steht dort zwischen kleinen Zuckerröschen. Die kleine Torte steht unten in meinem Schrank und ich nehme sie immer wieder einmal in die Hand. Es sind die letzten Geschenke von Dir.

Am tiefsten gerührt bin ich noch immer über eine Karte, die ich bei Deinem Nachlaß fand: «Afternoon Picnic near Rochestown Cork» ist der Titel. Eine Parklandschaft am Ufer eines Sees oder Flusses, auf einer Decke sitzend eine Mutter, die ihrem kleinen Sohn zusieht, dessen Hände sich mit etwas beschäftigen, das seine ganze Aufmerksamkeit einnimmt. Ein Fußball liegt rechts auf der Wiese, Nadelbäume spenden Schatten. Die Blau-Gelb-Töne, in denen dieses Bild gehalten ist, verstärken die Wärme und strömen eine tiefe Harmonie und eine große innige Verbundenheit dieses kleinen Jungen und seiner Mutter aus.

Das Wissen alleine, daß Du diese Karte gekauft hast, um sie mir eines Tages zu einem Muttertag (oder Geburtstag) zu schicken, erfüllt mich mit viel Liebe und Trauer, mein Sohn, mein großer, wunderbarer Sohn!

Es gibt ein Foto von uns beiden, das ich vor einigen Tagen im Album suchte: Wir beide im Englischen Garten in München. Du bist knapp ein Jahr alt. Ich sitze in einer Wiese, übersät mit kleinen weißen Gänseblümchen, und Du stehst in meiner Nähe und hältst eine dieser kleinen Blumen in Deiner Hand. Die Bilder ähneln sich sehr. Kanntest Du diese Fotos aus München? Hat Dich beim Kauf dieser schönen Karte etwas an früher erinnert?

Morgen, mein Florian, kommen Deine Freunde uns besuchen, sie waren lange nicht hier. Es ist ihnen noch immer wichtig, zu uns zu kommen. Ich selbst mache keine Anstalten, weil ich sie nicht verpflichten möchte. Ich wünsche mir ihre Freiwilligkeit und, daß sie sich selbst melden. Dies geschieht und zeigt viel von ihrer Zuneigung zu uns und ihrer großen Verbundenheit zu Dir, Florian.

Mirco wird uns morgen sein Gesellenstück zeigen. Er ist mit seiner Ausbildung fertig und bat mich ausdrücklich, mit Hans-Jürgen zu kommen, um uns seine Arbeit anzusehen. Auf diese Weise, denke ich manchmal, kann ich Dich noch immer im Leben Deiner Freunde vertreten. Du hast eine nicht schließbare Lücke hinterlassen in ihrem Kreis ... Obwohl Du in Irland lebtest, hattest Du diesen festen Platz und niemand kann ihn einnehmen ...

21. März 2001

Bless the road
Remember when we walked on hills of heather
Singing weaving mystical rings
Now in a while my precious child
You will unfurl your wings
And I'll have lost what I believed
Had promised everything
But before you go my friend, my kind companion
Listen to this song I sing
Then go in peace and grow in grace and goodness
Know that you have nothing to fear
And dry your eyes my little one
And let there be no tears
Send me a dream from way beyond
I promise I shall hear
Oh beautiful beloved soul companion
Thank you for those beautiful years
And heaven hold and watch your way forever
May your every dream come true
Forgive all wrong, always be strong
And do what you must do
You stand before this open door
And you must now go through
My precious friend, my own my sweet companion
Bless the road that carries you.
Song by Mary Black; Text: Steve Cooney

Gesegnet sei dein Weg
Erinnere dich, wie wir über heidebedeckte Wiesen liefen,
Singend und geheimnisvolle Ringe flechtend
Nun mein wunderbares Kind wirst du
Bald deine Flügel entfalten
Und ich werde das verlieren, wovon ich dachte
Ich habe ihm alles versprochen
Aber bevor du gehst, meine Freund, mein lieber Begleiter
Höre das Lied, das ich für dich singe.
Dann geh in Frieden und wachse mit Gottes Gnaden
Und du sollst wissen, daß du nichts zu befürchten hast

Und wisch' deine Augen mein Kleiner
Und weine nicht
Schick mir von weit aus dem Jenseits einen Traum
Und ich verspreche dir, daß ich ihn hören werde
Oh schöner, geliebter Seelenfreund
Ich danke dir für diese wunderschönen Jahre!
Und der Himmel wird für ewig über deinen Weg wachen
Und mögen sich alle deine Träume erfüllen
Vergib alles Böse, sei immer stark
Und tu, was du tun mußt
Du stehst vor diesem geöffneten Tor
Und du mußt nun hindurchgehen
Mein wertvoller Freund, mein geliebter Sohn
Gesegnet sei der Weg, den du gehst.

Liebster Florian, ein Lied für Dich aus Irland. Ich höre es so häufig. Ein Abschiedslied.

Ich habe so viele innere Bilder in mir, mein Sohn: Ich sehe Dich am Strand von Castlegregory, wie Du uns entgegenläufst. Ich erinnere mich, wie ich dort mit Hans-Jürgen saß und weinte, weil ich Dich als so fern von uns empfand. Wir waren gerade erst angekommen und ich spürte diese große Distanz, Deine Abwehr, wenn ich Dir zu nahe kam, als würdest Du Dich davor fürchten, ich könne Dir etwas von der erkämpften *Freiheit* wieder wegnehmen. Das tat weh. Ich fühlte mich mißverstanden, denn längst war ich im Einvernehmen mit Deinem Weggang, Deinem Leben in Irland, damit, daß unser Leben so geworden war, wie es war! Dennoch tat es eben gut, Dich zu sehen, um mich zu haben. Ich weiß, daß ich im Auto hinter Dir saß, Deine kräftigen langen Haare sah, und wie gerne hätte ich sie gestreichelt, so, wie ich das getan habe, als Du noch kleiner warst. Ich habe mich nicht mehr getraut.

Zum Strand gingen Hans-Jürgen und ich alleine, Du wolltest schreiben. Ich war so melancholisch, vermißte Deine Nähe so sehr, als wir diesen herrlichen, endlosen Strand entlang liefen. Da tauchtest Du plötzlich am Horizont auf, ganz weit in der Ferne und ich sah Dir zu, wie Du auf uns zukamst. Ich liebte Dich schmerzlich tief in diesem Moment. Du bücktest Dich und hobst

Muscheln auf. Kurz bevor Du bei uns warst, holte ich die Kamera heraus und fotografierte Dich – es ist eines der schönsten Fotos von Dir: Du strahlst, hältst eine Muschel in der Hand.

Plötzlich war alles wieder gut! Dein Strahlen hatte alle Schatten von meinem Herzen verjagt. Du brauchtest einfach Zeit, Dich an uns zu gewöhnen, und ich konnte sie Dir lassen!

An diesem Nachmittag ist auch das Foto entstanden, das wir für die Benachrichtigung über Deinen Tod nahmen: Du drehst Dich um – zur Kamera und siehst so glücklich aus, so entspannt, so stolz. Du hattest Hans-Jürgen im Wettbewerb, Steine über das Wasser springen zu lassen, geschlagen!

Ich saß im Sand, versöhnt mit Dir und glücklich, und ich spürte die Bedeutung und die Wichtigkeit, die Hans-Jürgen für Dich bekommen hatte. Er war oft auch eine Brücke zwischen uns beiden – ausgleichend, vermittelnd, wenn wir beide uns auf unsicherem Boden befanden, wenn Du nach Deiner Autonomie suchtest, und ich verletzt oder gekränkt war, mich mißverstanden fühlte. Hans-Jürgen war dann oft der Mittler und er war ein verläßlicher Freund für Dich.

Vielleicht waren damals schon beide Gefühle in mir – der Abschied und die Gewißheit, daß ein Lebensabschnitt für uns beide für immer geendet hatte – Deine Kindheit war vorüber, Du warst auf dem Weg in Dein Leben. «You stand before this open door and you must now go through …» Damals war dieses Tor der Schritt in Dein selbständiges Leben. Heute ist dieser Satz auf eine andere Art wahr: Du stehst vor dem Tor des Himmels, wie ich es nennen will, obwohl ich nicht an diesen Himmel glaube, wohl aber an das Jenseits.

Ich weiß und ich bin mir sicher, daß es Dir dort gut geht – besser noch, als in dieser Welt. Aber ich habe keinen Zutritt zu Dir, kann Dich mit unseren Kommunikationsformen nicht erreichen und das ist so schrecklich und tut mir heute besonders weh.

Traum

1. April 2001

Ich bin unterwegs im Auto mit unbekanntem Ziel. Ich stoppe an einem Haus, in dem ich jemanden kenne. Ich bin im Badezimmer, als zwei wunderschöne junge Männer – blond und strahlend – in den Raum stürzen. Ich habe sie früher schon einmal gesehen. Der ältere breitet seine Arme aus, was mich verlegen macht. Er schließt mich fest in seine Arme und sagt: «Ich bin dein Sohn …»

Ich wache auf und weiß, daß ich Dir begegnet bin!

Ich habe Dich heute vor dem Einschlafen gebeten, mich im Traum zu besuchen: Du warst da und ich danke Dir!

Mallorca, 30. April 2001

Gebannt starr ich auf ferne schwarze Wolken,
und klagend schweift mein Herz
im ruhelosen Wind dahin
Tagore

Liebster Florian, wir wagen einen Ausflug. Wir sind auf Mallorca, eine Woche «entfliehen» aus einem Leben, aus dem es keine Flucht gibt. Ich weiß noch nicht, was es wird, ob es möglich ist. Ich glaube, es war ein Fehler.

Hier auf dieser Terrasse, in einem hübschen Haus mit schönem Blick über das Tal von Soller auf die Berge – hier, inmitten der Orangenbäume, deren Blütenduft zu mir dringt, hier, mein Florian, saß ich schon einmal – in einem anderen Leben! Ich kann die Unbeschwertheit jener Tage noch tief in mir erspüren. Damals lebtest Du noch, damals schrieb ich an Dich. Es war der 31. Dezember 1998, eine Zeit, in der alle Türen offen standen – alles möglich schien. Wie oft schrieb ich Dir, wie sehr ich mich vom Schicksal beschenkt fühlte, daß nichts in unserem Leben selbstverständlich ist.

Wie viele oder besser wie wenige gemeinsame Tage waren uns damals noch vorherbestimmt, mein liebster Sohn? Du hättest sie schnell errechnet – Du kluger Kopf – ich weiß nur, daß unsere Seelen schon damals eine Ahnung gehabt haben müssen. Ich aß in jener Silvesternacht nach mallorquinischem Ritual Trauben mit allen guten Wünschen an Dich, an Hans-Jürgen – und unser gemeinsames weiteres Leben, mein Florian. Keine graue Wolke über uns – ich lebte, wie Du, auf der Sonnenseite!

Nun sitze ich wieder hier, lausche dem Vogelgezwitscher, die Orangenbäume reichen bis an die Terrasse, die Natur ist zauberhaft – wie damals. Aber es sind andere Augen, mit denen ich sehe, andere Ohren, mit denen ich höre, ein verändertes Herz, das in mir schlägt, eine gequälte, geschundene Seele, die sich wünscht, die Zeit zwischen damals und heute ungeschehen zu machen.

Mallorca, 1. Mai 2001

Liebster Florian, hier sitzen wir in unserem Häuschen, es ist gleich 18.30 Uhr – die Stunde Deines Sterbens – heute vor zehn Monaten hat sie begonnen. Immer wieder denke ich heute an Eimears Schilderungen dieses letzten gemeinsamen Weges: Du gingst aus Deiner Wohnung – und Du kamst nicht mehr zurück. Du bliebst dort auf der Treppe – stairway to heaven!

Ich sehe Dich in Gedanken immer wieder dort liegen, auf diesem Absatz zwischen den beiden Treppen – auf dem weichen roten Teppich. Du warst zu groß für den Platz, Deine Beine hingen über die Treppe, erzählte Eimear. Du lagst auf dem Rücken, mit zur Wand gekehrtem Blick, Deine Arme ausgestreckt neben Deinem Körper. Hast Du gelitten, mein Kind? Warst Du Dir Deines Sterbens bewußt?

Heute vor zehn Monaten war dies, um diese Stunde, und diese Stunde – samstags zwischen 18.15 und 19.00 Uhr ist eingebrannt in mich, mein Sohn. Dein Foto steht hier und Kerzen brennen. Ich habe Dir von unserer Wanderung im Regen heute einen Strauß mit Olivenzweigen mitgebracht. Es ist kühl draußen, beinahe das gleiche Wetter wie damals im Dezember, als ich hier saß und an Dich schrieb. Dieser Brief kam mit Deinen Dingen zurück aus Irland. Danke, daß Du sie aufbewahrt hast – sie sind das einzige sichtbare Dokument – neben den Fotos – unserer Beziehung, unseres Lebens. Ist das nicht entsetzlich? Wie werde ich aus meinem Leben hervorgehen? – Ich wollte glücklich sein – hier auf Erden mit Dir! War dieser Wunsch denn so vermessen?

Mallorca, 2. Mai 2001

Liebster Flori, da gestern die Kirche, in die wir abends gehen wollten, geschlossen war, gingen wir heute nach dem Frühstück dorthin. Dort, mein Sohn, brach sich eine tiefe Verzweiflung Bahn – all die Gefühle, die sich in diesen Tagen angestaut hatten – dort in der Ruhe, in der Spiritualität dieses Ortes, alles ergriff mich. Wir saßen in einer der ersten Bankreihen, vor uns – in einer riesigen Bodenvase ein großer, wunderschöner Strauß aus weißen Lilien, weißen Rosen und Margariten. Ein Strauß, wie er auf Deinem Sarg gelegen hatte. Ich schluchzte und Hans-Jürgen versuchte, mich zu trösten. Über einen Lautsprecher hörten wir Musik – dezent und schön, und mit einem Mal hörte ich etwas Vertrautes, etwas, das zu uns beiden gehört: das «Air» von Bach!

Heute, auf unserer kleinen Wanderung, hoch über der Küste, sprach ich mit Dir. Ich sagte Dir, daß es «so nicht weitergehen kann», mein gestriger Zusammenbruch und die Depression, in die ich gestürzt bin. Wir haben uns nach vorfristigen Rückflügen erkundigt. Es gibt keine Möglichkeit, jetzt nach Berlin zurückzukommen. Laß mich vertrauen, daß Du bei mir bist, daß Du mich nicht verläßt, auch hier nicht, wo es viel schwerer ist, Dich zu spüren. Florian, hab Mitleid!

Mallorca, 4. Mai 2001

Wir sind nicht abgereist und Du hast mir den erbetenen Frieden gegeben. Nicht, daß ich weniger an Dich denke, daß nicht Erinnerungen aufblitzten, der Schmerz ist da, aber es ist auch wieder Ruhe eingekehrt – ich weiß, daß Du da bist!

Ich spürte, daß es an mir war,
Dir Flügel zu verleihen, Dich
gehen zu lassen, Dir die Tore
zur Freiheit zu öffnen.

Das kann ich Dir erzählen über Deinen Vater Fritz: Unsere gemeinsame politische Arbeit war das Band, das uns zusammenhielt, und wäre diese Arbeit nicht gewesen, hätten wir vielleicht schneller erfahren, daß wir eigentlich nicht zusammenpaßten.

Wir verbrachten unsere Zeit im Umfeld unserer politischen Organisation, demonstrierend, agierend, philosophierend. Daß «das Volk» nicht so recht auf uns hören wollte, störte uns nicht weiter, daß die Arbeiterklasse fernblieb, wurde ignoriert, oder die wenigen Arbeiter, die zu uns stießen, wurden zu Heroen gemacht. Wir genügten uns selbst. Unsere Liebe wurde zu einer Art Insel in unserem Leben. Wir durften nach unserer damaligen sehr dogmatischen Anschauung diese Form «kleinbürgerlicher Beziehung» nicht leben – Beziehung war immer Kampfgemeinschaft ... So schnitt sich Fritz auch seine wunderschönen langen Lockenhaare ab, setzte sich eine Arbeitermütze auf und der «bunte Vogel», den ich geliebt hatte, war zum Proleten mutiert. Individualität war verpönt, trug doch ganz China auch Einheitslook und Mao Bibel.

Mich plagte in jenen kalten Zeiten mehr und mehr der Wunsch nach einer eigenen Familie, nach einem Kind, nach Wärme und nach einem Privatleben, das wir uns nicht gestatteten. Während einer Grippe, die wir gemeinsam durchmachten, und die wir als kleine willkommene gemeinsame Auszeit ansahen, Zeit für uns, Zeit für unsere Liebe, muß es dann geschehen sein: Ich wurde schwanger und war überglücklich.

Erstmal hießt Du «Murkel»: Ich war so stolz und fühlte mich unendlich wohl und gut. Es begannen die schönsten Monate, die ich in meinem bisherigen Leben erlebt hatte: Ich war frei, stark, ich wurde *Mutter!* Mit dem wachsendem Bauch wuchs auch mein Selbstbewußtsein. Ich habe mich nie zuvor und nie wieder danach selbst so geliebt und war mir so viel Wert. Mein Murkel in meinem sehr schnell gewaltig anwachsendem Bauch war ein Schutz gegen alles und alle. Er verlieh mir Flügel. Ich hatte noch nicht einmal mehr Angst davor, in eine Polizeikontrolle zu kommen – nichts konnte mir mehr geschehen! Du, Florian, verliehst mir Flügel!

Dann haben wir doch noch geheiratet: Ich weiß nicht mehr, wer und wann wir auf die Idee kamen, zu heiraten. Vielleicht war ich es, vielleicht war es aber auch die Idee von Fritz, der sein Kind legalisieren wollte. Wir schwammen wieder einmal gegen den Strom, aber unsere Legitimation war, daß es in Berlin ein «Ehestandsdarlehen» gab, und das war bei unserer notorischen Geldknappheit durchaus attraktiv.

Eine Freundin hatte mir aus dunkelblauem Stoff eine Art Kostüm genäht, das hinten und vorne nicht saß, und da ich sonst nur schlechtes Schuhwerk besaß, trug ich meine neuesten, viel zu klobigen Stiefel aus Indien. Daß wir dennoch auf den wenigen Hochzeitsfotos so liebenswert aussehen, ist einfach unserer verliebten Jugend zu verdanken. Vielleicht waren wir an diesem Tage wirklich glücklich und sicherlich voller Wünsche und Hoffnungen. Unsere Hochzeit wurde übrigens von den «Genossen» ignoriert und sabotiert. Das tat weh, aber wir waren entschieden, den «Bund fürs Leben» eingehen zu wollen.

Die Schwangerschaft mit Dir, mein Florian: 1976 war ein sehr heisser und trockener Sommer. Ich konnte praktisch immer mit meinen dünnen indischen Kleidchen herumlaufen. Mein liebstes Kleid war ein bedrucktes Wickelkleid, das nur lose zu schließen war und mich in meiner Freiheit nie behinderte. Ich haßte die Schwangerenmode, die versuchte, den Bauch zu verstecken. Eine Freundin hatte mir zwei einfache Leinenkleider genäht, die ich einfärbte. Ich trug sie noch lange Zeit nach der Schwangerschaft. Vielleicht auch, weil sie mich an diese gute Zeit erinnerten.

Mir ist aus diesem Sommer ein Besuch im Schwimmbad in Erinnerung. Ich ging häufig schwimmen und nannte diese Ausflüge am Vormittag meine «bourgeoise Schwangerschaft». Einmal lag ich auf einer der Wiesen und sonnte mich und genoß die kleinen Tritte gegen meinen Bauch. Wir hatten unsere Sprache, mein Murkel und ich. Ich streichelte diese kleine Ferse, die mich da boxte, und fuhr plötzlich zusammen, als ich aggressive Männerstimmen über mir hörte, die meinten, so etwas solle man verbieten. Ich blinzelte hoch gegen die Sonne und sah zwei Männer, die mit wahrer Verachtung auf mich herabsahen. Ich hatte mich längst an diese Art der Blicke gewöhnt. Ich stand weit über diesen Dingen, obwohl ich so viel an Feindlichkeit bedrückend fand. Ich war doch stark, ich wurde *Mutter,* und jeder sollte es sehen!

Wir lebten sehr auf uns bezogen. Ich hatte Sehnsucht nach dem Süden Deutschlands, aus dem ich 1969 nach Berlin gekommen war. Die beginnende Erkenntnis, daß unsere politische Überzeugung nicht mehr galt, vielleicht nie gegolten hatte, war mir zuviel. Ich fühlte mich betrogen, leer und ausgebrannt. Unsere Wohngemeinschaft hatte sich aufgelöst. Wir lebten plötzlich als ganz normale Kleinfamilie. Wir mobilisierten noch einmal unsere gemeinsamen Kräfte, wir hielten uns aneinander und an Dir, unserem Kind, fest, dem wir eine gute Zukunft wünschten, und für das wir sorgen wollten in guten und in schlechten Zeiten, wie wir es uns versprochen hatten.

Ich befand mich nach der Geburt in einer melancholischen Phase, fühlte mich oft überfordert, unglücklich in der Wohnung, die viel zu groß und zu teuer geworden war, und so schleppte ich Dich kleines Bündel häufig die Treppen rauf und runter, nur, damit ich unter Menschen sein konnte und nicht alleine war.

In den Wirrungen und Irrungen jener Zeit hatte ich meinen Job verloren und Fritz, der sein Studium an den Nagel gehängt hatte, fand keine passende Arbeit. So beschlossen wir Berlin den Rücken zu kehren: München hieß das neue Ziel, und es erschien mir wie eine Zuflucht, ein Ort, an dem wir neu beginnen könnten.

Dann also München: Ich hatte schnell einen Job in einer größeren Kanzlei. Fritz unternahm weiter Anstrengungen, Arbeit zu finden. Du warst gerade 8 Monate alt, eigentlich viel zu früh, Dich in eine Krippe zu geben, aber wir hatten keine Wahl. Mir blutet noch heute das Herz, wenn ich daran denke, wie ich Dich zur Kinderkrippe fahre und Du an der Ecke schon anfängst zu weinen und mich flehend ansiehst, Dich doch bei mir zu behalten. Es brach mir jeden Morgen das Herz und ich saß so oft weinend in der

S-Bahn und wenn ich nach Hause kam, mußte ich es ertragen, daß Du Dich von mir abwandtest. Ich wurde Täterin, weil ich Dich in der Regel morgens abgab und Fritz der Retter, der Dich nachmittags abholte. Diese Rollenaufteilung schmerzte.

Entschädigt für den schweren Alltag wurden wir mit Wochenenden in einem Bauernhof am Chiemsee, den wir mit Freunden mieteten und dort in der Natur erlebten wir die schönsten und unbeschwertesten Stunden.

Dennoch: Die Beziehung zwischen Fritz und mir verschlechterte sich in München und bewies letztlich nicht mehr, als daß man vor seinen Problemen nicht davonlaufen kann – sie holten uns ein und sie überforderten uns alle. Du wurdest ein kränkelndes Kind, hattest oft Durchfälle, warst sehr zart, an Körper und Seele. Eine Lungenentzündung brachte uns beide für eine Woche ins Krankenhaus. In dieser Zeit, in der ich Tag und Nacht um Dich herum war, machtest Du riesige Fortschritte in Deiner Entwicklung. Du lerntest sprechen, wir lasen viel, und wir beide genossen es, rund um die Uhr zusammen zu sein.

Den Dolchstoß erhielt die Beziehung zu Fritz in einem Urlaub, den wir mit einigen früheren Freunden aus Berlin im damaligen Jugoslawien machten.Wir stritten uns ständig und über alles und ich bat Fritz eines Nachmittags, sich um Dich zu kümmern, weil ich für einige Stunden allein sein wollte. Ich verabschiedete mich von Dir und schickte Dich zu Fritz. In diesem Moment drehte Fritz sich um und ließ Dich stehen! Mich durchfährt noch heute dieser Schmerz, den ich empfand, als ich ihn weggehen sah. Ich weinte mir die Augen aus dem Leib und wußte, daß *nichts* mehr dieses Erlebte würde wiedergutmachen können.

Nach meiner Rückkehr – Inge, eine Freundin, hatte Dich zu sich genommen – war Fritz noch immer nicht zurück. Du spieltest gedankenverloren im Wasser. Von diesem Moment an warst Du *mein* Kind. Die Kluft zwischen Fritz und mir war nicht mehr überbrückbar. Wir saßen mit Dir, unserem Kind vor den Scherben einer Ehe und wußten beide keinen Ausweg.

Zurück nach Berlin: Eine Wende in unser Leben brachte ein Berlin-Besuch allein mit einer Freundin. Ich genoß es, wieder «zu Hause» zu sein, traf alte Freunde. Ein Freund, Uwe, der meine große Wohnung übernommen hatte, brachte jemanden mit: Toni.

Etwas gefiel mir gut an ihm. Er war schüchtern, hatte schöne, sanfte Hände, sanfte Augen. Sein etwas vorstehendes Kinn gab seinem Gesicht etwas Trotziges. Ich fühlte mich frei, ich hatte keine Bedenken, mit ihm zu gehen.

Die Tatsache, daß ich mich in Berlin verliebt hatte, machte unser Leben in München nicht leichter. Ich hatte Schuldgefühle, war innerlich zerrissen. Nach einigen Monaten beschloß ich, mit Dir zurück nach Berlin zu gehen. Die Ehe mit Fritz war gescheitert, München war mir nicht Heimat geworden.

Erneut begann eine schwierige Zeit für uns alle und ich bin sicher, daß auch Toni sich den Anfang unserer Beziehung leichter vorgestellt hatte. Er hat sich jedoch nie beschwert und hat nie geklagt. Um Dir den Verlust von Fritz leichter zu machen, galt Dir all unsere Aufmerksamkeit und unsere Liebe. Du warst zum Mittelpunkt unserer Beziehung geworden und sicherlich gezwungen, Dich an uns festzuhalten. Toni wurde Dir ein umsichtiger, geduldiger, liebevoller und zärtlicher Vater. Fritz brach den Kontakt über Monate ab.

Dein Spiel war etwas ganz Besonderes: Du vertieftest Dich völlig in Deine Welt des Spiels und ich werde immer diesen erstaunten Blick vor mir sehen, wenn es Abendessen gab und man Dich geradezu aus dieser Welt aufwecken mußte. Du schienst gerne alleine zu sein, genoßest Ruhe und unsere Nähe. Diese Zeit hat wohl den Grundstein für eine große Selbstzufriedenheit gelegt – eine Deiner wunderbaren Eigenschaften. Du ruhtest in Dir und immer blieb Dir dies erhalten!

Ich lag nachmittags oft auf Deinem Bett und sah Dir beim Spielen schweigend zu. Du duldetest mich sozusagen, wolltest aber nicht, daß ich mich in Dein Spiel einmischte. Dies waren zutiefst glückliche Momente. Oft standst Du am Fenster, sahst auf die

Monumentenstraße hinaus. Gegenüber war ein Friedhof … nie haben wir ihn damals betreten.

Meine Beziehung zu Toni war schwierig. Vielleicht schlugst Du über lange Zeit die Brücke von einem zum anderen. Ich fühlte mich eingeschlossen in einem goldenen Käfig und immer weniger als Frau neben Toni. Wir wurden zunehmend Geschwister, Eltern.

Beim Fotogucken: Es gibt unzählige Kinderfotos von Dir. Jede Altersstufe, alles wurde festgehalten. Auch später, als Du älter wurdest, habe ich Dich immer wieder vor die Kamera geholt und alle Bilder spiegeln dies glückliche Gesicht … und den so einzigartigen offenen Blick. Florians Blick! Manchmal tut er fast weh, weil Du einen bis in Deine Seele schauen läßt.

Ich hatte manchmal Angst, daß Dich diese Offenheit zu verletzbar mache, aber Du konntest Dich schützen, hattest es gelernt, und nie hast Du deshalb diesen einzigartigen Blick verloren!

Du warst ein sehr hübsches Kind und ein gutaussehender Jugendlicher, hattest jedoch lange ein sehr wenig ausgeprägtes Selbstbewußtsein. Du orientiertest Dich stark an Freunden, an Vorbildern. Deine Haare standen immer im Mittelpunkt Deiner kleinen Eitelkeiten. Erst als Du die Haare wachsen ließt, schienst Du Frieden mit Deiner Frisur geschlossen zu haben.

Deine Kleidung bestand meist aus Jeans und Sweatshirts. Immer wieder hatten wir den «Markenkrieg», und ich unterlag zunehmend! Ich hatte nicht den langen Atem, den Du besaßt, ich gab mehr und mehr nach. So wurden es «Convers» statt Turnschuhen, «Fruit of the Loom» statt Sweatshirts. Wir lebten stets über unsere Verhältnisse, und wenn wir Opa nicht gehabt hätten, hätte es noch viel mehr Kleinkrieg gegeben. Opa hat die Situation öfter mit einem Scheck gerettet.

Verluste/Abschiede: Auch die Beziehung zu Toni endete nach sieben Jahren in einer Trennung. Diese Trennung zog sich über mehrere Jahre hin und sowohl Du als auch ich litten sehr. Ich zog mit Dir zusammen um und beschloß, daß für die uns noch verbleibenden Jahre bis zu Deinem Abitur, sich an diesem Zustand nichts mehr ändern würde. Meine Bemühungen, die Beziehung zwischen Dir und Toni auf eine eigene Grundlage zu stellen, schlugen fehl und Du littest sehr unter dem Verlust.

Zu Fritz hatte sich ein sehr sporadischer Kontakt entwickelt, der aber meist sehr unergiebig und enttäuschend verlief. Du fühltest Dich nicht ernstgenommen, als der, der Du warst, nicht gewürdigt. So hattest Du letztlich zwei Väter verloren!

Der nächste schwere Verlust war der Tod meines Vaters 1989. Er erkrankte sehr plötzlich an Krebs und ich fuhr mit Dir noch einmal in den Schwarzwald, damit Du Dich von Deinem geliebten Opa verabschieden konntest. Hans-Jürgen holte Dich nach einigen Tagen zurück nach Berlin – ich blieb und begleitete das Sterben meines Vaters – es war November – in Berlin öffnete sich die Mauer und im Schwarzwald lag eine tiefe Stille über meinem Elternhaus – mein Vater starb am 11. November 1989.

Du wolltest nicht zu seinem Begräbnis und hast es später immer wieder bedauert. Der Verlust meines Vaters wog schwer in Deinem Leben. Du hattest eine «Konstante» verloren, ein großes Vorbild, und mit dem Tod Deines Großvaters verlorst Du auch das großelterliche Haus, das in Deinen Augen viel zu schnell verkauft wurde.

Der Verlust eines sehr nahen Freundes war ein weiterer Schlag für Dich. Zum ersten Mal erlebtest Du, daß ein Mädchen sich zwischen Dich und einen Freund drängte und nur für einen von beiden Platz war. Es gab eine sehr tränenreiche Zeit und viele Stunden, die ich bei Dir saß, mit Dir sprach, Dich zu trösten versuchte. Alle vorigen Trennungen lagen noch einmal in dieser großen Trennung. Aller Schmerz entlud sich über Wochen, und in Dir entstand ein Schwur, den Du lange Jahre eisern hielst: Niemals einen Freund für eine Liebe zu opfern!

Schulzeit in Berlin: Zum ersten Schultag gab es eine kleine Auseinandersetzung, die für viele andere stand: Mußte die neue Schultasche eine «Markentasche» sein, oder nur ein einfacher Schulranzen? Toni und ich haben Dich zur Bescheidenheit erzogen. Es war nicht nur «Ideologie», es war Notwendigkeit. Wir lebten von meinem relativ kleinen Einkommen und von Tonis Bafög. So waren wir gezwungen, auf das Geld zu achten. Manchmal littst Du darunter, dann nämlich, wenn es um «Marken» ging: Markenhosen, Markenschuhe, Marken-Schulranzen. Ich war entsetzt, wie früh dieses Markenbewußtsein im Kindergarten bereits begonnen hatte, und ich konnte und wollte *nicht* «mithalten». Für Dich manchmal verständlich, oft aber schwer zu akzeptieren. Andere Eltern hatten Geld und die Kinder Taschengeld – viel zu früh und doppelt soviel wie Du. Es gab Elternversammlungen zu diesem Thema, wir wollten keine Zweiklassengesellschaft im Kindergarten – aber immer blieben einige wohlhabender als die anderen. Du gehörtest zu den «anderen» und wir gaben uns viel Mühe, in Dir ein Verständnis für Sparsamkeit zu wecken. So mußtest Du Dich daran gewöhnen, second hand zu leben. Ich machte es Dir vor: Elke, eine liebe Freundin aus München schickte mir jahrelang Pakete mit ihrer abgelegten Kleidung. Ich empfand es nie als Makel, und so wurde ich wohl durch mein Vorleben überzeugender als durch viele Erklärungen. Heute glaube ich dennoch, daß wir zu streng, zu dogmatisch mit Dir waren. Wir gaben zu selten nach. Wir waren zu «einig», eine Front, gegen die Du oft nicht ankamst. «Du mußt lernen, gegen den Strom zu schwimmen», haben wir an Dich appelliert … und so kamst Du beispielsweise zum ersten Schultag mit einer ganz gewöhnlichen Schultasche – geziert allerdings von einer Friedenstaube!

Vielleicht entstand in dieser Zeit die besondere Verbundenheit zu meinem Vater, Deinem geliebtem Opa. Opa konnte Wünsche erfüllen, bei Opa wurden Ausnahmen gemacht, von Opa gab es auch «Markenspielzeug» – zu Weihnachten und zum Geburtstag! Aber Opa lebte im Schwarzwald, weit weg, und er konnte Dir kleinem Knirps nicht rettend zur Seite treten, wenn sich die Elternfront formierte – und es gab keine Geschwister!

Wenn wir Dich vom Kindergarten abholten, hielten wir am Bäckerladen an, holten uns Kuchen und fuhren nach Hause, ein sich täglich wiederholendes Ritual: Kaffeetrinken! Es war die Zeit des Zuhörens, des Miteinander-Sprechens, täglich und verläßlich! Es begann hier zur Zeit des Kindergartens und es endete mit Deinem Weggehen aus Berlin nach dem Abitur! Tag für Tag war ich da, wenn Du aus der Schule kamst: Ich habe meine Welt um Dich herumgebaut. Später konntest Du mich in Anspruch nehmen, wenn Du wolltest, es gab kein Muß, es ergab sich einfach. Meist saßen wir eine Weile, tauschten uns aus, und gingen dann unserer Wege – Tag für Tag – 19 Jahre lang!

Vielleicht hat mir dieses nachmittägliche Ritual innerlich auch erlaubt, morgens noch nicht mit Dir aufzustehen. Mir erscheint es heute fast wie eine Ironie. Zunächst stand Toni mit Dir auf, später, als wir alleine lebten, Du warst neun Jahre alt, standst Du alleine auf. Ich richtete Dir abends das Frühstück, das immer, während all der vielen Schuljahre, aus Cornflakes bestand. Du standst gerne alleine auf, versichertest Du mir immer wieder – niemand, der im Bad stört, keine Fragen oder Gespräche am frühen Morgen. Du hast es mir wirklich nie verübelt. Heute stehe ich für Dich früher auf, vor meiner eigentlichen Zeit, denn ich fahre vor der Arbeit zum Friedhof, gehe an Dein Grab: Tag für Tag!

Du warst ein sehr liebes Kind, was sich allerdings nach der Trennung von Toni, als wir alleine lebten, änderte: Du durchlebtest eine sehr ausgeprägte und mich an meine Grenzen stoßende Pubertät! Aus meinem ruhigen Sohn wurde eine kleine «Furie». Eine sehr anstrengende Zeit für uns beide!

Du warst ein guter Schüler – immer und bliebst es – bis kurz vor dem Abitur. Die Lehrer mochten Dich, schätzten Deine ausgleichende Eigenschaft – Du warst schon damals «Mediator», was Du später nach Deinem Studium gerne werden wolltest … Von Deinen pubertären Ausbrüchen war dort nichts zu spüren, wie mir die Lehrer immer wieder versicherten. Während Deiner gesamten Schulzeit war ich viele Jahre Elternvertreterin. Noch heute habe ich zu zweien Deiner Lehrer eine fast freundschaftliche Beziehung.

Auf der letzten Schulstrecke verließ Dich dann die Lust am Lernen, Du hattest das Leben entdeckt, warst zum erstenmal verliebt, hattest Deine Clique. Dies bedeutete schließlich ein Abitur mit der Note 3 und dies wiederum eine Wartezeit für Psychologie von 14 Semestern (!). Erst Jahre nach Deinem Tod hättest Du hier in Deutschland mit dem Studium beginnen können – welch ein Zynismus! Deine Lieblingsfächer waren Geschichte und Englisch. Dein Abiturthema «Romeo and Juliet». Du mochtest Shakespeare und zitiertest ihn beim Abendessen: Shall I compare Thee to a Summer's Day?

Ferien: Ein erreichbares Ziel für viele Wochenenden im Jahr waren die Besuche bei Tonis Mutter Maria in der Nähe von Osnabrück. Du liebtest diese langen Autofahrten, installiertest Dich auf dem bequemen Rücksitz des Citroën und spieltest während der gesamten Fahrt oder Du erzähltest, wir machten Wortspiele, es war ein Vergnügen, mit Dir zu reisen! Nie warst Du ungeduldig. Selbst eine lange Autoreise nach Südfrankreich und weiter nach Nordspanien brachten Dich nicht aus der Fassung.

Zu Maria hattest Du eine gute Beziehung: «Oma Maria» hieß sie bei Dir, und sie, eine eher verschlossene, immer etwas mürrisch wirkende Frau, blühte in der Nähe des kleinen Sonnenscheins auf. Du hattest eine besondere Stellung in ihrem Leben (warst der einzige «Enkel») und es war umso schmerzlicher für Dich, daß auch diese Beziehung – wie die zu Toni selbst – nach der Trennung abriß!

Und da waren natürlich die Sommer in Egg – bei Opa und Oma im Schwarzwald. Das große, geräumige Haus der Großeltern hoch am Hang mit seinem riesigen, üppig blühenden Garten, in dessen Mitte die große Attraktion, ein Schwimmbad, Kinder und Enkel im Sommer in gleicher Weise anlockend, war Dein zweites «Zuhause», Deine feste Burg in einem Leben, das bereits früh von Verlust und Trennung begleitet war. Hier blühtest Du auf, sonntest Dich im Interesse, das die Großeltern an Dir hatten, die Dich immer für einen ganz besonders liebenswerten kleinen Menschen hielten. Hier ließen wir Dich auch gerne für einige Tage mit ihnen alleine und genossen Urlaub «ohne Kind».

Als wir beide alleine lebten, fuhrst Du mit Jugendreisen in die Ferien: Falken Ferienlager in Schweden oder mit den Naturfreunden nach Portugal. Ich brauchte diese Pausen in unserem sehr aufregenden und anstrengenden Leben nötig! Mirco und Stephan waren Deine Reisebegleiter und Ihr habt diese Reisen und diese Freiheit sehr genossen.

Ich hatte mich neu verliebt, in Hans-Jürgen und in ihm meine große Liebe gefunden. Er brachte Stephan mit, der Dein fester Freund und über lange Zeit ein großes Vorbild wurde. Unser Leben veränderte sich, aber es büßte nichts ein von der Intensität, mit der wir beide zusammenlebten. Für mich stand weiterhin fest, mit Dir so lange alleine zu leben, bis Du dem Haus entwachsen würdest: also keinen weiteren «Vater» mehr. Es war eine richtige und gute Entscheidung, und Du und Hans-Jürgen hatten viel und lange Zeit, sich einander anzunähern.

Es entstand ein neues Ritual in unserem Leben: Der freie Mittwoch, «Beziehungstag» für Hans-Jürgen und mich haben wir ihn genannt. Es ist der freie Nachmittag den einige Anwälte sich gönnen, und Du gingst nach der Schule mit zu Freund Mirco nach Hause. Gerlinde, Mircos Mutter, schloß Dich in ihr Herz, nannte Dich ihren zweiten Sohn, und Du fandst dort ein weiteres Zuhause. Gerlinde kochte Deine Lieblingsgerichte, sie verwöhnte Dich und manchmal war Mirco sogar ein wenig eifersüchtig. Später kam Marian dazu, und Du liebtest dieses Baby und begleitetest sein Heranwachsen. Du, der nie Geschwister hatte, hat dieses Familienleben sehr genossen.

Die Clique: Die Zeit schritt voran. Hans-Jürgen und ich heirateten am 1. Juli 1994, in großem Einvernehmen mit Euch, unseren beiden Söhnen. Wir waren sehr glücklich und lebten nun als Ehepaar in getrennten Haushalten weiter.

Du warst der Pubertät entwachsen und immer seltener kamst Du nach der Schule direkt nach Hause oder Du kamst, um sofort wieder zu gehen. Ich litt unter dieser Veränderung und machte mir bewußt, daß ein neuer Lebensabschnitt begonnen hatte: Mein

Sohn wurde erwachsen, schneller, als ich es offenbar mitbekommen hatte und ich spürte, daß es an mir war, Dir Flügel zu verleihen, Dich gehen zu lassen, Dir die Tore zur Freiheit zu öffnen. Die Clique wurde Mittelpunkt Deines Lebens. Auch nachts bliebst Du immer öfter weg. Ich hatte nie Angst um Dich, Du riefst an, das war unsere Abmachung – und ich konnte mich – wie auch bei allen anderen Abmachungen – fest auf Dich verlassen.

Der Computer hatte Einzug gehalten und mit ihm «Spiele». Mirco und Du verbrachten manche Nacht am PC. Wenn Mirco bei uns schlief und ich nachts wach wurde, hörte ich im Grauen des Morgens die unverkennbaren Geräusche aus Deinem Zimmer. Es wurde jedoch selten Schule geschwänzt!

Du liebtest Sport, spieltest Tischtennis, zusammen mit Deinem Freund Boris, später tratst Du einem türkischen Basketballverein bei: Gök Türk Spor. Das Trikot hängt heute zwischen meinen Kleidern. Dein größtes Vorbild war Michael Jordan. Du verehrtest ihn mit einer großen Hingabe. Dutzende Videos seiner Spiele sind noch heute Zeuge!

Die ersten Liebesbande wurden geknüpft, Kaja, Jette und mit ihnen begann auch der Liebeskummer. «Warum muß Liebe so kompliziert sein, Gabi?» Was sollte ich Dir sagen? «Es ist, wie es ist. Liebe macht uns verletzbar, aber sie ist das Wichtigste im Leben.»

Trotz aller Entfernung, die zwischen uns trat, blieb eine immer wieder entstehende Nähe, eine große Offenheit und großes Vertrauen, das in den Turbulenzen der vergangenen Jahre entstanden war. Wir begannen, uns zu unseren «Mutter-Sohn-Gesprächen» zu verabreden. Manche Dinge mußten geklärt werden, manches besprochen, und wir trafen uns und tranken Kaffee, wie früher, nur war unsere Zeit jetzt meist begrenzt.

Ich ebnete mit Hans-Jürgens Hilfe den Weg nach Irland, wo Du nach dem Abitur Deinen «anderen Dienst im Ausland» begannst – in Camphill, einer anthroposophischen Lebensgemeinschaft behinderter und nicht behinderter Menschen. Dort lebt und arbeitet Astrid, Hans-Jürgens Schwester.

Meine Briefe
7. Juni – 3. Juli 2001

«Ich lausche in die Stille Deiner Abwesenheit und ich knüpfe den Faden, der unsere Welten verbindet.»

7. Juni 2001

Liebster Sohn! Heute vor einem Jahr … Ihr wart am Vorabend angekommen und würdet um diese Zeit noch schlafen. Draußen war Sommer, der Garten Euer kleines Paradies. Heute ist dasselbe Wetter wie im letzten Jahr nach dem 1. Juli. Der Sommer war mit Deinem Tod zu Ende – für lange Wochen.

Heute vor einem Jahr … Hans-Jürgen und ich gingen zur Arbeit – ich hatte mir absichtlich keinen Urlaub für die ersten Tage genommen, wollte Euch ungestört Euren verdienten Urlaub genießen lassen. Du warst ziemlich erschöpft, die Uni hatte Dich sehr beansprucht und Du warst neben Deiner Erschöpfung auch sehr zufrieden mit Dir. Du verdientest neben dem Studium noch ein wenig Geld, nachts in der Videothek in der Rathmines Road. Dein Chef war zufrieden, hatte Dir eine eigene Filiale in Aussicht gestellt. Deine Arbeiten waren gut gelaufen – Du erwartetest gute Noten.

Ich ließ mir selbst mit dem Nach-Hause-Kommen nachmittags Zeit, obwohl es mich so sehr zu Dir zog. Ich wollte nicht aufdringlich sein, ich glaube, ich war wirklich sehr rücksichtsvoll. Wenn ich ins Haus kam, dann fiel mein Blick durch die großen Fenster hinaus in den Garten und meist wart Ihr dort: federballspielend oder Ihr saßt auf den Liegen und spracht miteinander, oder ich fand Euch im Wasser – mit der Luftmatratze paddelnd, lachend, Ihr habt mir zugewinkt.

Ich entsinne mich, wie ich nachts wach wurde, Eure Stimmen am Wasser hörte, leises Lachen und ich hatte Angst, Ihr könntet ein «night-swimming» veranstalten, es könne Euch etwas zustossen. Doch dann wiegte ich mich in den alten Glauben, daß nichts meinem Sohn geschehen könne – und schlief weiter.

Heute wünsche ich mir, das Rad des Lebens zurückdrehen zu können und einen Pakt zu schließen, der Dein Leben retten würde. Alles würde ich tun, Florian, alles.

8. Juni 2001

Ich weiß daß er existiert.
Irgendwo – in der Stille –
Er verbirgt sein kostbares Leben
Vor unseren groben Augen.
Emily Dickinson

Gestern abend las ich zum ersten Mal im Bett in dem Tagebuch, mit dem ich im Juli letzten Jahres meine Briefe an Dich begann. Es war unglaublich: Alles erschien mir, als sei es gerade, vor einigen Wochen, geschrieben worden und macht mir noch einmal deutlich, wie sehr nah dieser letzte Sommer mit Dir noch ist. Ich lausche in die Stille Deiner Abwesenheit und ich knüpfe den Faden, der unsere Welten verbindet.

Habe ich Dir schon gesagt, daß vor dem kleinen Häuschen der Topf mit der irischen Heide zu blühen begonnen hat und daß die Fuchsie, die wir im letzten Jahr schon dorthin gestellt haben, wieder voller Blüten ist? Fuchsien sind für mich so sehr mit Irland verbunden. In dichten Hecken säumten sie unsere Wege. Wir konnten es zunächst kaum glauben. Auf den Stufen der Treppe blüht noch immer das Vergißmeinnicht, das einfach aus dem Nichts, aus den Ritzen der Steine dort wächst. Ach Florian, es ist soviel Magie um uns, seit Du gegangen bist.

Ich habe begonnen, ein «Buch der Wunder» anzulegen. Ich habe mit Hans-Jürgen noch einmal zurückverfolgt, was alles geschah, seit Du gingst. Ja, Du hast Magie in unser Leben gebracht und wir danken Dir von ganzem Herzen dafür. Dies ist ein Reichtum, eine neue Dimension, die wir niemals sonst erlebt hätten. Ein Geschenk von Dir an uns!

Gestern kam ein Brief von Astrid aus Irland und sie, die uns den Weg in die spirituelle Welt gewiesen hat, schreibt: «Ich habe gerade angefangen, Florian zu fragen, wie wir seinen ‹Geburts-Tag› (in die geistige Welt ...) begehen sollen. Der Tod, die Transformation, ist, wenn es stimmt, was Rudolf Steiner schreibt, der Moment, in dem man auf die ganze Zeit zwischen Geburt und Wiedergeburt zurückblickt; er beschreibt ihn als den wunderbarsten, befreiendsten und beglückendsten Moment überhaupt.»

Wenn wir das glauben können, dann muß es uns helfen, Deinen Tod mit weniger Verzweiflung hinzunehmen: Du bist dort im geistigen Leben jetzt glücklich, denn dort ist Licht, herrscht nur noch Liebe. Wenn wir Deinen «Geburtstag in die geistige Welt» am 1. Juli so sehen könnten, dann würde es uns vielleicht mehr Ruhe geben. Aber wir besitzen nicht soviel Selbstlosigkeit, unseren Schmerz über Deinen Verlust dieser Tatsache unterzuordnen. Ich kann es nicht Florian, noch nicht. Du wirst mich reifer und weiser machen, aber jetzt kann ich es nicht! Das, was Du uns warst, das Licht, das Du unserem Leben gegeben hast, ist und bleibt verloschen in diesen Tagen, ich kann die Sonne nicht sehen und die Helligkeit blendet meine Augen.

In meinem Kalender 2000 liegt am heutigen Tag ein Zettel von Dir: «Hi, Mom, wir sind nur schnell in Köpenick herumschauen. Bis später. Florian. Wir gehen heute abend ins Kino.» Ihr wart einkaufen. Eimear war begeistert von den hübschen Sachen und den niedrigen Preisen hier. Verglichen mit Irland hatte sie recht. Letztlich warst Du es jedoch, der sich einige Dinge kaufte. Eimear konnte sich nicht entscheiden. Du kauftest Dir blaue Sommer-Stoff-Schuhe. Schuhe aus einem anderen Leben.

In Deinem Zimmer neben mir stehen auch Schuhe. Deine alten Basketballschuhe, von denen Du Dich auch vor Irland nicht trennen konntest und die mit Dir gingen. Du hattest immer vor, auch dort wieder Basketball zu spielen. Du hattest mir erzählt, daß Du an der Uni für den dortigen Verein angemeldet warst, dann kam ein Zehbruch dazwischen. Nun stehen sie hier bei mir, und wenn ich auf diese Schuhe schaue, bricht mein Herz!

Hilf mir durch diese Tage, Florian, beschütze mich und gib mir Kraft und Mut!

9. Juni 2001

Liebster Flori, Post von Eimear, und ich weine. Sie ist so weit weg. Sie ist kaum mehr erreichbar für mich. Sie lebt wieder in Dublin, hat ihren alten Job angenommen, lebt bei einer Freundin oder einem Freund. Die Auskünfte sind vage, sie will nichts mehr von sich preisgeben. Sie wird nicht kommen zum 1. Juli, Deinem Todestag. Ich habe sie auch nicht mehr erwartet, und dennoch macht mich diese Nachricht traurig. Vielleicht habe ich sie längst verloren.

Ich stand eben in Deinem Zimmer, vor Deinem Foto steht eine Rose, sie reicht bis an Dein Kinn. Ich bin mit meinem Zeigefinger die Konturen Deines Gesichtes nachgefahren. Noch immer ist dieses Gesicht für mich so lebendig – ich sehe Dich ganz deutlich hinter diesem Foto. Dein Blick ist manchmal so direkt, daß er einen tief ins Herz trifft. Damals, als wir dieses Foto aufnahmen, waren wir gerade ein paar Stunden in Irland angekommen und setzten unsere Reise mit Dir zusammen – entlang der Westküste – fort! Hier war unser erster Stopp. Ein hübscher, kleiner Ort, Du hattest von ihm gehört und als wir uns dort umsahen, begegnete uns ein Brautpaar. Es war sehr windig, und der Schleier der Braut drohte wegzufliegen. Damals hatten wir alle wohl für einen Moment die Vision vor Augen, wie es sein würde, wenn Eimear und Du eines Tages heiraten würdest. Du sagtest, Eimear würde gerne in solch einem kleinen, reetgedeckten Häuschen leben und auch Du konntest es Dir vorstellen.

Ja, damals Florian, dachten wir, es stünden noch alle Tore offen, dabei war bereits in diesen unbeschwerten Tagen mit Dir unser ganzes Schicksal besiegelt. Wenn wir gewußt, geahnt hätten, Florian, was hätten wir gemacht? Hätten wir die Zeit anders, besser genutzt, intensiver gelebt mit Dir? Ich denke so oft darüber nach, ob ich etwas versäumt habe, ob wir nicht mehr aus unserer Zeit hätten machen müssen – noch mehr!

Es war Deine Zeit, in der die Entscheidungen über Deine Zukunft getroffen waren: Du wußtest, daß Du im Sommer mit Eimear nach Dublin ziehen würdest, Du hattest Dich für Psychologie entschieden. Es waren die Weichen gestellt. Wir waren so gespannt auf Eimear, die Du uns einige Tage später in Dungarven vorstelltest: Your school-girl! Sie war sehr jung, so zart, so unsicher. Man wagte kaum, sie anzusehen und doch mußte man sie immer wieder anschauen: denn sie war einfach wunderschön – Deine irische Prinzessin! Vielleicht braucht sie nur eine Auszeit, um in ihr Leben zu finden, vielleicht taucht sie eines Tages wieder auf und erinnert sich an uns.

10. Juni 2001

Du siehst für uns in die Ewigkeit;
Und wir für Dich in die Welt.
Und wir wissen,
daß Du immer bei uns bist,
so wie wir bei Dir!

Diese schönen Zeilen werden wir für Dich am 1. Juli in die Zeitung setzen, liebster Florian – unser Nachruf an diesem Jahrestag für Dich. Sonntag ist heute. Ich war seit Tagen zum ersten Mal wieder an Deinem Grab. Ich fühle mich fremd dort, kann und will nicht wahrhaben, daß Du dort liegen sollst.

Alles blüht, wir saßen im Regen unter dem Schirm auf der Bank, die man uns nicht mehr gestatten will. Ich werde sie stehen lassen, gegen allen Widerstand. Was soll ich ohne diese Bank bei Dir dort anfangen? Sie gibt uns die Ruhe, zu verweilen, nicht gleich davongehen zu müssen, weil die Beine nicht mehr tragen. Was sollen solch unsinnige Regeln an diesem Ort?

Heute Nachmittag kommen Boris und Mirco. Du wärst so stolz auf Deine Freunde. Ich muß es Dir immer wieder erzählen. Sie sind wunderbar. Sie sind Dir so treu und liebevoll verbunden und damit auch uns. Beide melden sich regelmäßig in langen, ausführlichen Telefonaten, sie kommen uns besuchen – und wir empfinden ihre Besuche als große Bereicherung.

Bei Mirco spüre ich, wie sehr Du in seinem Leben fehlst. Du warst «sein großer Bruder», hast Dich um ihn gesorgt, manchmal auch für ihn gesorgt, Dich schrecklich über ihn aufgeregt und geärgert, um ihm dann wieder nah und verbunden zu sein. Er und alle anderen Freunde könnten Dich so gut gebrauchen. Neulich, in seinem Traum, erzählte uns Mirco, warst Du da – strahlend und verschmitzt. Du meintest, alles sei doch nur ein Joke gewesen und nun wärst Du zurück!

Noch ein Traum, den Hans-Jürgen hatte: Astrid, er und ich waren beisammen. Vor uns lag ein Baby. Es war regungslos und es war leblos. Wir nahmen es auf und wiegten es gemeinsam in unseren Armen und es erwachte Leben in ihm. Voller Rührung legten wir es zurück.

Vielleicht ist dies wirklich unsere Aufgabe: Dich durch unsere Liebe und Hingabe am Leben zu halten. Du dankst es uns, indem Du uns Zeichen und Wunder schickst …

12. Juni 2001

Flori, liebster Flori, ist es die Tatsache, daß der Jahrestag Deines Todes immer näher rückt, daß ich ein Gefühl entwickle, als rücke noch einmal der Abschied von Dir näher … als würde ich nicht schon seit einem Jahr Abschied nehmen. Ist es der Regen, der mich noch trauriger macht, mich an das Haus fesselt, mir selbst die kleinsten Gänge in den Garten unmöglich macht? Warum zwingst Du mich, zu diesem Leben?

Heute will ich es nicht. Es ist mir zu schwer. Es drückt mich zu Boden und ich sehe das Licht am Ende des Tunnels nicht mehr. Wo mein Herz war, ruht ein schwerer Klumpen Blei.

Ich will dies Leben nicht – ich kann es nicht ohne Dich leben, will es nicht ohne Dich leben – heute nicht! Ich spüre so viel Wut, nicht auf Dich, mein Sohn. Du kannst nichts an diesem Schicksal ändern. Es ist eine Wut, die ins Leere geht, oder durch diese Leere entsteht. Ich weiß es nicht. Es gibt keinen Adressaten, ich selbst bin offenbar ihr Opfer.

Immer wieder versuche ich, mich zu erinnern, was in mir geschah, als ich die Nachricht am 1. Juli 2000 erhielt. Ich habe die

Worte gehört, die ich aber nicht verstand. Blitzschnell hatte mein Herz sich verschlossen und meine Seele umhüllt. Ich wußte auf eine Art, daß es um mich, um Dich, um uns beide geht, aber ich spürte nichts. Meine Sinne waren betäubt und ich befand mich in einem Vakuum. Ich war voller Bilder, sie rasten durch mich hindurch, Bilder aus allen Phasen unseres gemeinsamen Lebens. Erinnerungen, Stimmen, Schreie. Ich selbst befand mich in einem Zustand, der dem des Sterbens ähnlich war. Dann setzte eine unendliche Rastlosigkeit in meinen Gedanken ein und suchend tastete ich nach einem Weg durch dieses Labyrinth in meinem Inneren – einen Weg nach draußen – einen «Aus-Weg».

Ich wurde noch einmal ganz und gar Deine Mutter, ich hatte so vieles zu erledigen vor Deiner letzten Überfahrt nach Hause – your last crossing. Ich wollte Dich bei mir haben, ich mußte alles dafür tun, daß Du zurückkehrtest, mein toter Sohn, mein Florian!

Noch heute erstaunt es mich, daß ich die Tatsache Deines völlig plötzlichen und unerwarteten Todes nicht einen Moment leugnete … nicht einen Moment lang. Dieser Wunsch, nun noch einmal und ein letztes Mal für Dich da sein zu können, hat alles Grauen in mir in einen Winkel verfrachtet, wo es solange schlummerte, bis ich ihm die Tore öffnete. Ich konnte nur ahnen, was dieses Leben nunmehr für mich sein würde … ich spürte klar und deutlich, daß ein Leben geendet hatte. Ich wußte noch nicht um die Stille und den Schmerz Deiner ewigen Abwesenheit, die meine Träume und Hoffnungen von der Zukunft, die nie sein würde, zunichte machte. Ich wußte noch nicht!

Dies, mein Engel, ist der Unterschied zu diesem Sommer. Ich muß mich dem Tag Deines Gehens, Deines Weitergehens in eine andere Dimension, stellen, ich habe den Schutz jener Tage nicht mehr: Heute weiß ich!

Meinen die Menschen mit «Loslassen» dies – ich solle Dich an die Peripherie meines Lebens, meiner Gedanken, meiner Liebe stellen? Wie sollte das gehen? Ich will Dich nicht «loslassen», will Dich nicht an irgendeinen Rand meines Lebens stellen. Wird dies eines Tages einfach geschehen, mein Sohn, wirst Du Platz machen, ist das die «Trauerarbeit», die vor mir liegt?

Gestern überspielte Hans-Jürgen im Zimmer neben mir eine Video-Kassette – aus dem letzten Sommer für meine Mutter, deren Geburtstag wir gefeiert haben in diesem anderen Leben! Ich hörte plötzlich Dein Lachen. Ich hörte Dich lachen, Florian, Dich, der Du doch nicht mehr da bist!

Mein Gott, ich weiß, daß ich mich davor schützen muß, es geht nicht mehr zusammen. Ich weiß, daß diese Dokumente Deines Lebens unendlich wertvoll sind und vielleicht kommt der Tag, an dem ich mich ihnen nähern kann – jetzt muß ich erst einmal innerlich Abschied nehmen von Dir – von den Bildern des letzten Sommers. Mit unendlicher Traurigkeit bin ich heute Deine Mom

14. Juni 2001

Ich habe gerade mit Douglas in Irland telefoniert – Dein Freund Dougy, der sich immer zu freuen scheint, wenn er meine Stimme hört. Er will Dich im August besuchen, an Deinem Grab stehen, dort um Dich weinen. Ihr wart eine Weile unzertrennlich: Du sagtest einmal, daß Du meinst, Eure Seelen seien verwandt, so nah konntet Ihr Euch sein. Douglas hat Dir über die schwere Anfangszeit in Irland hinweg geholfen, er hat Dich zum Lachen gebracht … später auch zum Weinen, denn Du warst sehr enttäuscht von ihm … aber das ist jetzt vergessen und vergeben. Er hat Dir das wundervolles Kunstwerk aus Holz geschnitzt, Dein Boot mit den Worten: «Do not stand at my grave and weep». Wie viele Gedanken und Erinnerungen wird er in dieses Geschenk an Dich hineingearbeitet haben. Er hat alles gutgemacht damit!

Ich habe ihn gebeten, am 1. Juli nach Dublin in den Grosvenor Square, in Dein Haus zu fahren und dort auf der Treppe einen Rosenstrauß für mich niederzulegen. Er hat sofort zugesagt: «No problem, Gabi.» Er war nie der Zuverlässigste, aber vielleicht hat sich auch dies geändert, so sich doch alles geändert hat … Let's give him a chance …

Ach, Florian, es ist wieder so ein schwerer Tag und meine Einbrüche werden immer tiefer. Ich schreie wieder, ich schreie bis zur Erschöpfung. Wenn ich dann mein Herz rasen höre und die Schmerzen im ganzen Körper spüre, dann spricht es mit Deiner Stimme: «Take care, Mom, it is still not your time … I will tell you when, but not now … I am around; you just have to look and I don't want you to be so upset. It hurts me, it makes me sad because it makes me feel guilty for my passing away. You know that I had no choice. Don't make me feel guilty, Mom. I love you and I send you peace.» [Paß auf dich auf, Mom, noch ist nicht deine Zeit … Ich werde es dir sagen, aber nicht jetzt … Ich bin bei dir; du mußt nur sehen und ich möchte nicht, daß du so leidest … Es tut mir weh, es macht mich traurig und ich fühle mich schuldig, daß ich gehen mußte. Du weißt, ich hatte keine Wahl. Laß mich mich nicht schuldig fühlen, Mom. Ich liebe dich und ich schicke dir Frieden.]

Ich ging in den Garten und vor meinen Füßen lag sie, diese kleine, wunderschöne graue Feder. Auf dem Wasser schwamm eine weitere. Ja, Florian, ich habe sie gesehen, ich habe es gespürt und ich habe den Frieden, den Du mir gesandt hast, aufgenommen. Ich legte mich in die Sonne unter den Baum, ließ alle Pläne für heute sausen und widmete mich dem Buch, das ich gerade lese – eine Entdeckungsreise: «Anam Cara» von John O'Donohue. Ich spürte wieder so deutlich, welchen Reichtum mir die Öffnung meines Herzens und meiner Seele zur Spiritualität gegeben hat – sie ist der wirkliche Reichtum, den ich aus dieser schweren Zeit schöpfe.

Ich las bei Sergio Bambaren über den Begriff Zeit: Die Menschen sagen mir, daß die Zeit ein großer Heiler für meine Schmerzen sei. Ich denke heute, nach einem Jahr, daß die Zeit an sich kein Wert ist. Nur wenn wir Frieden in uns gefunden und das Wesen unserer Sterblichkeit begriffen haben, wird Zeit zu einem stillen Begleiter, zu einem kostbaren Besitz, einer Erinnerung daran, jeden Moment unseres Lebens auszukosten, ohne ihn für selbstverständlich zu nehmen. Dann wird die Zeit unser Verbündeter. Dies kann ich in mir spüren, dann spüren, wenn ich diesen Frieden spüre.

Aus dem Schattenreich

In meinem Traum
reden wir miteinander
lachen wir miteinander
Du
aus dem Schattenreich
vom Schattenbeherrscher
ein Geschenk für die Nacht
und zurückgerufen am Tage
So werden
meine Tage zu Nächten
meine Nächte zu Tagen
Dein Besuch meine Wirklichkeit
Renate Salzbrenner

16. Juni 2001

Ich habe von Dir geträumt in der letzten Nacht. Du warst in allen Bildern dieses Traumes. «I built my dreams around you!» Das ist wirklich ein gutes Bild. Ich träume von Blumen, die ich für Dich pflücke, von Worten, die ich für Dich suche und finde, von Menschen, mit denen ich über Dich spreche.

Mit Hans-Jürgen zusammen lebe ich dies Leben auf eine Art rückwärts – ohne daß wir vergessen, daß wir wieder lernen müssen, es vorwärts zu leben. Dies ist vielleicht die schwerste Aufgabe, die noch auf uns zukommt. Ich habe so viel Vertrauen in Hans-Jürgen, in seine Liebe und seine Beständigkeit. Wir werden neue Träume, neue Visionen entwickeln. Wir werden es tun und wir werden es schaffen.

Wer Neugeburt will,
muß zum Sterben bereit sein
Hermann Hesse

Wir müssen beide lernen, unser altes Leben loszulassen. Da ist es wieder, dieses Wort. «Loslassen» bedeutet, anzuerkennen, daß unser jetziges Leben eine neue Dimension hat. Der wunderbare Abschnitt unseres Lebens, auf dem Du uns begleitet hast, wird immer ein Stück unseres jetzigen Lebens bleiben. Wir lassen nicht nur ein Stück von uns selbst hinter uns, sondern wir nehmen ein Stück von uns selbst mit in die Zukunft, in dem die Verbundenheit mit Dir weiterlebt.

18. Juni 2001

My beloved son, angel, heute Nacht, Florian, wurde ich wach und fühlte mich so glücklich – ich fühlte mich in Rosen gebettet und dachte ganz intensiv an Dich. Ich hatte in der Sekunde des Erwachens einen Satz im Kopf, der etwa so lautete: «Ich danke Dir für diese Nächte. In meinen Schlaf fallen Gedanken wie Blütenblätter, sie kommen von Dir. Sie sind leicht, sie sind unglaublich schön, Worte, Bilder, Gefühle ...». Ja sie kommen von Dir!

Die Nächte sind zu meinen Kraftquellen geworden. Sie sind ruhig und ich ersehne diese Ruhe in diesen Tagen; die Nächte mit Dir sind eine Quelle der Inspiration. Selbst wenn ich mir die Dinge, die dort geschehen, nicht immer merken kann, so trage ich sie doch in mir: tiefe Gefühle der Ruhe und der Ergebenheit in mein Schicksal begleiten die Nächte – ganz anders als die Tage!

Das war von Anbeginn so. Du hast mir meine Nächte gelassen, die verdienten Pausen und das Schöpfen neuer Kraft. Ich bin abends so ermüdet, so leer von all den Tränen und dem Schmerz des Tages. Ich lasse mich fallen, ohne Ängste, vorbehaltlos in diesen erlösenden Schlaf. «Der Schlaf ist der kleine Bruder des Todes», sagt man. Vielleicht kann ich mich ihm deshalb so gut hingeben ...

Ich bin heute zurückgekehrt zur Arbeit und es tut mir gut. Es bündelt die Gedanken für eine Weile, zieht sie ab von meinem Trauerleben und strukturiert meinen Tag. Heute empfand ich die Arbeit als eine «Ruhepause». Ich habe die Kerze dort für Dich angezündet, Deine Fotos hängen an einer Pinwand und Du siehst mir sogar bei der Buchhaltung über die Schulter. Du hast als Kind gerne «Büro» gespielt. Du gibst acht, daß ich aufmerksam bin und meine Arbeit ordentlich verrichte. «I don't want to see you today, Mom», sagtest Du zu mir heute, als ich morgens zum Büro fuhr.

Ich habe im Moment Angst, an Deinem Grab zu sitzen. Ist das nicht verrückt? Ich will Dich nicht dort wissen, ich will diese Gewißheit nicht dokumentiert haben, noch nicht, ich habe doch noch einige Tage mit Dir. Im letzten Jahr war mein Kalender in der entsprechenden Woche mit Eintragungen gut gefüllt, es war Deine Abschiedswoche: Am Montag, 19. Juni 2000, «10.00 Uhr – Flo Hautarzt». Du warst dort, Florian, die kleine Rechnung von dieser Ärztin liegt vor mir im Kalender. Ein kleiner dunkler Fleck am Bein. Ach, mein Sohn, wäre es dies doch nur gewesen. Abends waren Freunde bei Hans-Jürgen. Alle freuten sich, Euch beide zu sehen. Bis spät in die Nacht hörten wir die Stimmen am Wasser. Eine laue Sommernacht also.

Am Dienstag, 20. Juni 2000, «15.00 Uhr – Flo Zahnarzt». Wir haben den Termin ausfallen lassen. Ich weiß nicht mehr warum. Du wolltest ihn auf das nächste Mal verschieben, auf Dezember, dann, wenn Du wiederkommst.

Am Mittwoch, 21. Juni 2000, «Flo Friseur». Eimear hat Dich zum Friseur begleitet, wie auf allen anderen Wegen. Sie saß dort und sah, wie die Spitzen Deiner schönen Locken fielen. Warum hast Du mir nicht eine dieser Locken mitgebracht? Ich habe Euch beide dort abgeholt und Euch mein neues Büro gezeigt, in das wir demnächst umziehen sollten. Wir maßen die Küche aus, denn am nächsten Tag sollte es zum Kauf einer neuen Küche kommen. Ich sehe Eimear im Auto sitzen, sie war müde, sie war fast immer müde, alles strengte sie so sehr an. Sie schlief schnell ein.

Am Donnerstag, 21. Juni 2000, «10.00 Uhr – Küche», am Freitag, 22. Juni 2000, «Mirco und Mirjam kommen zum Grillen», am Samstag, 23. Juni 2000, «Claudine, Michael und Stephan kommen».

Auch hier setzte sich etwas fort, das im Nachhinein betrachtet ein starkes Gewicht bekam: Die Menschen kamen und wollten Dich sehen – und sie nahmen Abschied von Dir. Selbst meine Freundin Inge kam mit dem Motorrad, nur für einen Moment, um Dich in die Arme zu nehmen … In Sehnsucht, Mom

19. Juni 2001

Eimear hat geschrieben, Florian. Eimear schreibt, daß sie ihren «inneren Frieden» gefunden habe. Dies wünscht sie mir auch. Ich weiß nicht, was mit ihr los ist. Ist sie so naiv oder zwingt sie sich zu diesem «inneren Frieden»? Wie kann sie in diesen Tagen ihren «Frieden» finden? Ich verstehe es nicht.

Begleitest Du sie noch, mein Sohn? Bist Du bei ihr? Auch Breda hat geschrieben und dieser Brief ist mitfühlend und lieb. Sie wird am 1. Juli in Grangemockler für Dich eine Messe lesen lassen. Diesen Gedanken finde ich sehr tröstlich. Ich wäre gerne dort, wie gerne wäre ich dort, dort unter den Menschen, die Du geliebt hast, die Dir lange nah waren und die an Dich denken und für Dich beten werden.

19. Juni 2001

This love is unbreakable
Through fire and flame
When all this is over
Our love still remains
Shakespeare

Mein liebster Sohn, heute war ich bei Dir – ich spürte, daß ich genug Stärke hätte, und es war gut, bei Dir zu sein. Ich saß auf der Bank, die Sonne spielte in den Blättern der großen Eiche über Dir, und hin und wieder warf sie ihre Strahlen auf die Pflanzen, die so schön blühen. Ja, es ist gut, Dich zu besuchen, aber es ist schwerer, im Moment dort zu sein, es ist unwirklicher. Ich lasse die Realität im Moment nicht recht an mich heran oder besser in mich hinein. Ich spreche kaum mit Dir, ich ordne und gieße, aber ich habe Angst, mit Dir zu sprechen.

Die Sonne tut mir gut, das unterscheidet sich sehr vom vergangenen Sommer … und es ist ein gutes Zeichen. Schicke mir Sonnenstrahlen, mein Sonnenkind, laß mein Herz erwärmen und halte Deine Hände schützend über mich. Ich brauche Dich so sehr!

20. Juni 2001

Ein Sommertag, ein Sonnentag, und ich liege unter dem Pflaumenbaum im Schatten und ich weine. Ich kann nichts ändern an diesen Gefühlen, sie überfallen mich, sie sind allgegenwärtig, allumfassend. Zwischen all die Bilder, die ich in mir trage, trat mit einem Mal der Gedanke, daß wir keine Möglichkeit haben, auch nur den allerwinzigsten Trost in Deinem Tod zu finden: wärst Du krank gewesen und hättest Du gelitten, könnte man sagen, daß Du nun «erlöst» seiest von den Schmerzen. Weißt Du, was ich meine? Du warst nicht krank, Du hattest kein Leid zu ertragen, es gab keinen Grund, «Dich zu erlösen», Dir Dein schönes und glückliches Leben zu rauben, Dich uns wegzunehmen ... Es gab keinen Grund und es gibt keinen Trost. Nie wird es Trost geben, ich werde ungetröstet bleiben, mein Leben lang!

So müssen wir «Sinnlosigkeit» ertragen, das Gefühl der Ohnmacht und der Hilflosigkeit, das mich überfällt und manchmal fast lähmt. Der Schmerz breitet sich in meinem ganzen Körper und Geist aus. Alles tut weh. Ich habe Sehnsucht nach Dir, ich vermisse Dich unendlich. Mein Kopf dröhnt manchmal und mein Herz scheint zu zerspringen ... Mitten durch mich hindurch geht dieses Schwert – noch 10 Tage hattest Du in diesen unbeschwerten, glücklichen Tagen des letzten Sommers zu leben – 10 Tage!

28. Juni 2001

Liebster Florian, gerade kam Dein kleiner Baum: eine «Aronie Melanocarpa Nera» oder einfach: Deine Apfelbeere. Jetzt steht er dort in unserem Garten. Ich habe ihm Wasser gegeben und ihm eine Rose zu Füßen gelegt. Wir werden dieses Bäumchen für Dich am 1. Juli pflanzen und wir werden dieses Bäumchen lieben ... your little tree!

Die Tage gehen und *der* Tag, Dein Todestag rückt näher. Es rükken aber auch die Menschen näher. Jette hat sich angemeldet: «Wo sonst soll ich an diesem Tag denn sein, als bei Dir, bei Euch». Alle werden da sein: Mirco, Boris, Mirjam, Deine Clique!

Vergib mir, mein Sohn, wenn ich in diesen Tagen nur schwer zurückblicken kann. Es ist kaum möglich, die Gefühle aufzufangen, die entstehen … Ihr ward zurück in Irland. Ihr wurdet von Eimears Eltern abgeholt und verbrachtet noch zwei Tage mit ihnen. Es gibt ein Foto aus diesen Tagen, das Eimear uns in Dublin zeigte: John, ihr Vater, und Du, Ihr raucht beide eine Zigarre! Es war Deine erste, mein Sohn!

Heute abend im letzten Jahr, im vergangenen Leben, seid Ihr zurückgefahren nach Dublin … nach Hause. Ihr hattet Euch sehr darauf gefreut, ich weiß, und morgen vor einem Jahr, mein Sohn, haben wir zum letzten Mal telefoniert … Du hast mir die Ergebnisse Deiner Prüfungen in der Uni mitgeteilt, Du warst so froh, erleichtert und so stolz. Wir sprachen nur kurz, da Du mich im Büro anriefst und wir Sonntag in aller Ruhe telefonieren wollten.

Die letzten Worte, die ich zu Dir sagte, waren: «I am so proud of you, I am so proud of you, Flori!» Dies waren meine allerletzten Worte an Dich, mein Sohn, und sie waren gut gewählt …

30. Juni 2001

Es ist der Vorabend Deines ersten Todestages, und es hat sich über mich, über das Haus, über den Garten, über alles um mich herum eine tiefe Ruhe, eine Schwere gelegt. Alles ist vorbereitet auf den Tag morgen, den Tag, an dem Du vor einem Jahr unsere Welt verlassen hast.

Heute morgen, mein Florian, wurden wir vom Klingeln an der Haustür geweckt, und ich ging noch im Nachthemd vor die Tür – aus dem Schlaf gerissen, aus einen Traum, in dem Du bei mir warst, aber es war ein trauriger Traum. Blumen wurden gebracht: zwei große Sträuße … 21 rote Rosen von Eimear für Dich mit einem kleinen Brief: «From Eimear – I miss you Florian – I will always love you». Und ein Strauß von ihren Eltern mit den Worten: «From Breda and John – You'll always be the son we never had.»

Ich stand in der Küche, brach in Tränen aus und spürte ganz deutlich etwas von diesen Tagen des letzten Jahres – als Blumen kamen, Karten – als Du nicht mehr lebtest, aber noch nicht wieder zurückgekehrt warst zu uns. Ein tiefes Grauen und eine schreckliche Panik erfaßten mich ... Es ist wahr, es ist Realität, ich befinde mich nicht in einem nicht endenwollenden Albtraum, nein, es ist wahr, und morgen wirst Du ein Jahr tot sein, morgen!

Wir werden morgen unsere Gedenkstunde für Dich im Freien abhalten, ich habe es so beschlossen und Du würdest es so wollen. Wir werden Decken auf die Wiese um Deinen Baum herumlegen, dort die Musik hören, die ich für Dich aufgenommen habe, durch die Bäume in den Himmel sehen, jeder alleine und für sich mit seinen Gedanken. Ist das nicht schön, mein Sohn? Ich werde etwas vorlesen aus «Paula» von Isabel Allende. Die Stelle, in der sie die Verschmelzung mit der Seele ihrer Tochter Paula beschreibt.

Ich bin mir plötzlich so sicher, wie Du es morgen haben möchtest: Du möchtest in der Natur mit uns sein, in der Schönheit des Gartens, Du wirst bei uns sein im sanften Wind, der uns umgibt, im Wasser, auf das wir sehen werden, in der Luft, die wir atmen, in den Wolken über uns, in der Erde, die wir berühren – Du bist da, Du bist unter uns und wir werden Deine Anwesenheit spüren, ich weiß es Florian, ich weiß es ganz sicher:

Mach dieses Bett geräumig
Bereite es mit großer Ehrfurcht
Warte darin
Auf den Anbruch des Jüngsten Tages
Strahlend und klar

Bereite das Lager eben
Mache das Kissen rund
Laß keines Sonnenaufgangs grellen Lärm
Je behelligen diese Stätte
Emily Dickenson

3. Juli 2001

Meine lieben Freunde, ich habe Eure Post, Eure e-mails und Eure vielen Grüße, Wünsche und Gedanken erhalten. Sie sind alle angekommen und sie haben uns in diesen Tagen begleitet, vorallem an dem Tag, vor dem ich mich so sehr gefürchtet hab: dem 1. Juli, Florians erstem Todestag.

Ich schrieb Hans-Jürgen einen Brief – einen Brief zu unserem Hochzeitstag. Es würde unser siebenter sein, und der traurigste. Als ich dort saß und schrieb, wurde mir noch einmal deutlicher als je zuvor, welche Bedeutung Hans-Jürgen in diesem vergangenen Jahr für mich gewonnen hat. Er war nicht nur mein Begleiter im Schmerz und der Trauer geblieben, er war für mich, mehr denn je, zu Florians Vater geworden. Ich glaube, dafür galt ihm an diesem Tag meine größte und tiefste Liebe.

Dann saßen wir beide weinend am Frühstückstisch – zwischen uns – als Symbol ein kleines Boot – Florians allgegenwärtige Metapher ... Wir erinnerten uns an das Vermächtnis, das Florian uns mit seinem Tod an diesem besonderen Tag gegeben hat: Haltet euch aneinander fest! Ich habe euch nicht verlassen! Ich werde immer bei euch sein!

Wir glauben fest daran, daß dieser Todestag und unser Hochzeitstag eine enge Verbindung sind und immer bleiben werden. Nichts ist Zufall und so auch nicht der Tag, an dem Florian ging. Nein, wir haben seine Botschaft an uns verstanden.

Mit unseren Blumen traten wir den schweren Gang zum Friedhof an – den Weg, den wir in diesem vergangenen Jahr Sonntag für Sonntag gemeinsam gegangen sind und doch war er um so viel schwerer ... Als wir den Friedhof betraten, begannen in diesem Moment die Glocken der kleinen Kapelle zu läuten – wie schon am 1. April, als wir seine Skulptur mit einer kleinen Gedenkfeier einweihten. Auch dies kein Zufall!

Es blüht so wunderschön dort – in seinem «kleinen Garten», nein, es ist kein Grab, es soll niemals ein Grab sein. Die Blätter des großen Eichenbaumes, der schützend seine Äste über diesen Ort hält, rauschte sanft im Wind. Wir entzündeten die Kerzen neu, ordneten die Sträuße und Blumen und saßen lange Hand in Hand und sprachen mit Florian. Eine schreckliche Leere machte sich in mir breit – nein ich wollte es nicht spüren, nicht jetzt, nicht hier!

Ich fühlte mich mit einem Male wie damals … vor einem Jahr, als Hans-Jürgen mir die grausame Nachricht überbrachte – mein Geist ein Labyrinth voller Bilder, Erinnerungen, Stimmen und Schreie … nein, ich wollte es nicht an mich heranlassen!

Wir flüchteten zurück in den Garten. Eimear war auf dem Anrufbeantworter. Ich rief zurück und sprach lange mit ihr: Dies war ein Rettungsanker, ausgeworfen am anderen Ende Europas, Eimears Stimme, Eimears Zuneigung, die plötzlich wieder ganz nah war: «I love you both. I really do!» Ach Eimear, kleines irisches Mädchen, wie oft hat sie mich gerettet in den ersten Wochen im vergangenen Jahr, in diesem anderen Leben. Mit ihrer Stärke, ihrer Kraft, ihrer Liebe zu Florian. Sie machte mir Mut! Ich sah uns beide in Gedanken dort an Florians Sarg knien, Hand in Hand und ich wünschte, dieses Mädchen, dem Florians ganze Liebe gehört hatte, niemals verlieren zu müssen …

Eimear zieht zurück nach Dublin, zurück in das Haus, in dem sie mit Florian gelebt hat! Ich kann es kaum fassen. Wie will sie dies schaffen? Ich fragte sie, ob dieses Haus, die Nähe zu der Treppe, auf der Florian sein Leben ließ, für sie vielleicht ein ähnlich wichtiger Ort sind, wie Florians Grab hier für mich … Es scheint ihr nicht bewußt zu sein, weshalb sie dorthin zurückgeht …Wir wünschen ihr alles Glück der Welt, daß sie diesen großen Schritt schafft.

Und dann kamen seine Freunde und unsere lieben Freunde, die uns im vergangenen Jahr mit selbstloser Liebe und Zuneigung begleitet haben. Wir hoben ein tiefes Loch im Rasen, direkt vor dem Fenster des kleinen Hauses, aus und pflanzten den Baum für Florian! Es herrschte eine Mischung aus andächtiger und fröhlicher Atmosphäre, die die Freunde immer mit sich bringen, wenn sie uns besuchen. Die Apfelbeere hatte ihren Platz und ihre Bestimmung erhalten – ein Baum, dessen Namen niemand jemals gehört hatte.

Noch einmal Euch, die Ihr mich und uns nicht nur an diesem Tag begleitet habt, meinen tief empfundenen Dank. Ohne Euch, ohne Eure Anteilnahme, Eure Zuneigung und Unterstützung wäre dieses vergangene Jahr um vieles ärmer gewesen.

Meine Briefe
12. Juli 2001 – 17.Oktober 2002

«Ich vergebe Dir, mein Sohn,
daß Du mich verlassen hast.
Ich vergebe Dir, aber laß
mir noch eine Zeit meine Trauer.»

12. Juli 2001

Irgendwie ist ein neuer Abschnitt angebrochen, ich fühle es. Du bist wieder in meinen Nächten da, und ich bin mir sicherer denn je, daß Du nachts an meinem Bett sitzt und versuchst, alles Böse an Gedanken von mir fernzuhalten. Es sind wieder diese ruhigen, traurigen Nächte, in denen ich um Dich herum träume – um Dein Nicht-mehr-bei-uns-sein. Diese Träume sind auch die Quelle der Kraft, die ich wieder sammle, wenngleich ich im Moment viel dieser Kraft für mich selbst brauche, um meinen zerbrechlichen Körper und die Wunden, die dieses Jahr ihm geschlagen hat, zu heilen. Ich kann wieder schwimmen und ich gehe mit Freude ins Wasser, weil ich hoffe, Dich dort zu treffen. Du schickst mir seltener Federn, aber ich bin auch geduldiger geworden. Ich schaue so oft dem Treiben der Wolken zu, ich suche in ihnen nach Dir, ich suche überall nach Dir und weiß, daß Du auch überall bist, my free spirit. Du bist die Luft, die wir atmen.

Ich frage Dich, wenn ich mit Dir spreche, wie unser Leben nun weitergehen wird. Es ist das erste Jahr um – die schwerste Zeit, wie alle Menschen uns sagen. Und was kommt dann?

Ich glaube, es ist Weigerung in mir, nun mit meiner Trauer und diesem Verlust in eine Art «Alltag» zu gehen. Ich leide doch nicht weniger, nur weil ein Jahr um ist. Du fehlst mir doch nicht weniger schmerzlich, nur weil Du nun seit zwölf Monaten nicht mehr bei uns bist. Das ist doch nicht so – und dennoch: Ich spüre Veränderung, daß wir neue Rituale finden müssen, unsere Verbundenheit zu behalten und zu spüren. Ich glaube, ich muß Geduld haben im Moment, Geduld und Mut, dieses nächste Jahr anzugehen, ohne zu wissen, was es für mich bereit hält.

Bleib uns so eng verbunden, Florian, dann ist dies Leben leichter zu tragen, zumal wir Tausende von wunderschönen Erinnerungen haben. Sie waren wie ein großer Schatz in den letzten Monaten vergraben. Es tat zu weh, sie hervorzuholen. Ganz langsam öffnen wir diese Truhe nun, und es ist, als wenn wir dieses ganze Leben benötigen, um sie alle wieder hervorzuholen.

Vielleicht ist es das, was die Menschen meinen, wenn sie sagen, ich solle dankbar sein für diese fast 24 Jahre, die Du uns geschenkt hast. Es sind die Erinnerungen von 24 Jahren, die wir haben. Viele Eltern haben nur einige Monate, an die sie sich zurückerinnern können.

21. Juli 2001

Worte, die nie gesagt wurden,
Fragen, die nie gestellt wurden,
Antworten, die nie gegeben wurden,
Gedanken, die nie zu Ende gedacht wurden,
Augenblicke, die zu kurz waren,
und doch, es war die schönste Zeit.

Mein liebster Florian, heute ist Familientreffen bei meiner Schwester Christine am Bodensee. Als ich gestern mit ihr telefonierte, kamen all die Bilder zurück, die Bilder aus dem letzten Sommer, Familientreffen! Du warst auf meinen Wunsch hin so rechtzeitig angereist, daß Du mit uns zum großen Familientreffen im Schwarzwald fahren konntest. Es war der achtzigste Geburtstag meiner Mutter. Eimear und Du, das neue Familienmitglied – Deine irische Prinzessin – sollte in die Familie eingeführt werden.

Du saßt auf der langen Autofahrt mit Eimear hinter mir. Du hast mit dem kleinen Elch gespielt, den ich dort mit Stecknadeln behelfsmäßig befestigt hatte. Eimear schlief fast auf der ganzen Fahrt, es war Hochsommer, der heißeste Tag des Jahres 2000!

Die Fahrt in den Hochschwarzwald war aufregend für Euch. Eimear war diese Landschaft gänzlich unbekannt, und Du hast es genossen, ihr Dein Land zu zeigen … Ein schönes Hotel, ein wenig Luxus. Unsere Balkone lagen nebeneinander. Ich hörte Euch lachen und kichern, als Ihr Euch für den Abend schöngemacht habt. Eimear sah wunderbar aus, und Du so erwachsen, stolz an ihrer Seite. Man mußte Euch beide lieben, es ging gar nicht anders. Einige hast Du nur dieses eine Mal in Deinem Leben gesehen – an diesem Tag. Sie nahmen Abschied von Dir …

Eimear rief mich nach Deinem Tod an und erzählte, daß der Bestatter in Dublin um Kleidung gebeten habe, die Du nun auf Deiner letzten Reise hierher tragen solltest. Und sie sagte, sie habe ihm die Kleidung gegeben, die Du anläßlich dieser Familienfeier getragen hast: Dein Lieblingshemd in einem leuchtenden Blau, ein Geschenk von Eimears Eltern. Die Hose hatten wir Dir hier gekauft, eine «gute Hose», da Du mit Eimear auf einer Hochzeit eingeladen warst. Diese Kleidung trugst Du, als ich Dich tot wiedersah und deshalb kann ich die Fotos vom Familienfest nicht ansehen.

Es ist im Nachhinein kaum mehr zu glauben: Du kamst, nahmst Abschied und gingst zurück, um zu sterben ... Sollen dies Zufälle sein, mein Kind? Warum hast Du Dich auf dem Flughafen nicht noch einmal umgedreht, mein Florian?

16. August 2001

«*Und andere Dinge werden mit Deiner Stimme sprechen ...*»
Pablo Neruda

Ich fahre auf meinem Weg zur Arbeit an Plakatwänden vorbei, auf denen eine «Sony»-Werbung mir jedes Mal den Atem raubt. Eine schlanke, männliche Gestalt, rot gekleidet, mir abgewandt, der Kopf nicht ganz deutlich, aber er trägt die Haare so wie Du. Er blickt durch den Spalt einer imaginären weißen Wand in die Zukunft : «Tomorrow starts today».

Du schriebst in den letzten Jahren unter Deine Briefe meist: «Dein Sony», anknüpfend an eine Weihnachtskarte, die ich Dir nach Irland schickte – die Krippe, Josef und Maria und die Sprechblase sagt «It's a sony». Das hatte Dir so gut gefallen.

Du erscheinst mir über dies Plakat – ich empfinde es so. Ich kann es einfach nur so sehen und ich will es auch so sehen. Es wird in meinem und unserem Leben immer wieder Situationen, Momente und Eindrücke geben, in denen wir Dich sehen, in denen Du uns über «diese anderen Dinge, die mit Deiner Stimme sprechen», nah sein wirst.

Ich hatte solche Angst, daß nur die Dinge, die wir zu Deinen Lebzeiten miteinander erleben konnten, Bestand haben werden – daß es nichts Neues geben wird, das mich mit Dir verbinden kann. Diese Angst wird mir im Moment genommen und diese Angst läßt mich – wenn auch bang – doch in eine Zukunft schauen.

Es ging mir schlecht in den letzten Wochen, Liebes, mein Herz schlug Purzelbäume. Ich muß besser auf mich aufpassen, mir wieder mehr Zeit für meine Trauer und mehr Ruhe gönnen. Ich bin manchmal zu schnell.

Bald habe ich Geburtstag, schon mein zweiter, den Du nicht mehr erlebst. Nun werde ich wieder mein altes Verhältnis zu diesem Tage haben: Ich mag ihn nicht.

Ich habe in meinen Kalender eine alte Geburtstagskarte von Dir gelegt – sie wird mich begleiten, Jahr für Jahr an diesem Tage und an vielen, vielen Tagen, an denen Du ganz besonders fehlen wirst. Dies ist mein neues Leben. Meine Seele, mein Herz, Florian, sind Anflugplätze für Dich, laß Dich dort nieder, mein Sohn.

10. Dezember 2001

Solange mein Herz schlägt,
ist darin dein Grab
Mascha Kaléko

Geliebter Sohn, ist es die Kapitulation? Heute habe ich das Gefühl aufzugeben, am Rande meiner Möglichkeiten zu stehen, alles getan zu haben und doch an der Einsamkeit zu scheitern, an der Sehnsucht – ungetröstet zu bleiben. Ist es das bevorstehende Weihnachten? Das Wissen, daß nichts jemals wieder gut werden wird.

Heute an Deinem Grab zersprang mein Herz, zerschellte an Deinem Grabmal, lag in tausend Splittern über Dir und ich wollte mir die Hände zerschneiden an den Scherben, meine Tränen wurden Blut. Als ich mich umwandte, da sah ich im zarten Pulverschnee ein Herz. Ganz klar seine Konturen – als habe dort eine Schablone gelegen, die von unsichtbarer Hand entfernt worden war – und ich habe Dein Zeichen erkannt. Du schlägst kleine Brücken zu mir – Brücken Deiner Liebe. Und als ich später das Auto verließ, lag dort im Schmutz eine kleine Feder, zertreten und naß – aber da. Ich hob sie nicht auf.

Warum kann ich Deine kleinen Zeichen nicht wie früher freudig und voller Dankbarkeit als Trost aufnehmen, ich komme mir so undankbar vor. Wo bist Du, mein Kind? Wo bist Du nur? Manchmal möchte ich meinem Körper Schmerz zufügen, um meine Seele nicht mehr spüren zu müssen. Du fehlst mir so sehr

21. Dezember 2001

Good night sweet prince,
And flights of angels sing Thee to Thy rest
Shakespeare

Geliebter Sohn, eine ruhige Feierlichkeit legt sich über das Haus – ich erinnere mich an das letzte Jahr, wo ich es ähnlich erlebte. Damals dachte ich, nun seiest Du angekommen. Nun hättest Du Dein Versprechen, Weihnachten bei uns zu sein, eingelöst. Deine Anwesenheit war spürbar, ein tiefer Friede legte sich über meine verletzte Seele.

Draußen hat der Winter eine weiße Decke über die Natur gebreitet – ich sehe hinaus, schau dem Treiben der Schneeflocken zu und erinnere mich an Deinen Brief, Deine Schilderung des seltenen Ereignisses von Schnee in Irland. Du schriebst: «Vor meinem Fenster tobt wieder einmal der Wind. Wie so häufig in den letzten zwei Wochen! Die kahlen Baumkronen tanzen in seinem Rhythmus. An den Bäumen und der Mauer vor dem Haus vorbei werden große, weiße Schneeflocken getrieben. Sie tanzen im selben Takt wie die Baumwipfel, nur daß sie wild durcheinander schweben. Einige dieser Flocken erinnern mich sehr an die Feder vom Anfang des ‹Forrest Gump›-Films. Sie fallen runter, werden aber kurz vor dem Boden wieder vom Wind erfaßt und in die Höhe getrieben, wo sie wieder ein Teil des Ganzen werden und vom Wind weiter getrieben werden: zum nächsten Baum, der nächsten Mauer, dem nächsten Hof ... bis der Wind seine Krallen von ihr läßt und sie seicht auf den Boden schwebt. Unbeeindruckt von diesem Schneeflockenschauspiel wanken die Bäume gleichmäßig von rechts nach links, wieder nach links und rechts usw.

Es ist schon interessant, wie zwei Machenschaften der Natur den selben Konditionen ausgesetzt sind, aber so unterschiedlich darauf reagieren! Die einen treiben ohne Halt und Ziel durch die Lüfte, bis sie ihr Ende auf der Erde finden; während gerade diese Erde für die anderen die Sicherheit und den Halt bedeutet. Verliert der Baum diesen Halt, stirbt er, da er seine Nahrung aus dem Boden bekommt.»

Deine Briefe waren stets ein kleines Ereignis in meinem Leben. Der Blick in den Briefkasten, die Entdeckung Deiner Schrift auf einem Umschlag ließen mein Herz bereits tanzen. Es waren die besonderen Tage in meinem Leben, die Tage, an denen Deine Briefe aus Irland kamen. Ich zelebrierte dieses Lesen. Manchmal zögerte ich es sogar ein wenig hinaus, genoß die Vorfreude, aber dann überwog doch stets die Neugierde.

Alles andere mußte warten. Ich setzte mir einen Kaffee auf, suchte eine passende CD aus; meist legte ich die Füße auf die Couch und richtete den Blick in den Garten, und dann öffnete ich Deine Post ... und las.

Ja, Florian, Du maltest bunte Bilder in mein Leben, bunte Bilder in mein Herz. Ich weiß noch so genau, wie es sich anfühlte, dieses Leben, diese Anteilnahme an Deiner irischen Welt ... Ich war bei

Dir, wußte meist, wo Du bist, dort weit weg – und doch immer ganz nah! Manchmal, selten, spürte ich Deine Unlust am Schreiben, spürte das Leben hinter diesem Brief, spürte, daß Dein Herz an anderer Stelle schlug. Ich spürte es, es tat ein wenig weh und ich bat Dich, mir nur noch zu schreiben, wenn Du wirklich auch bei mir sein wolltest. Du warst erstaunt, woher ich das gespürt hatte.

Heute begleitest Du mich von dort, wo Ihr Seelenmenschen lebt – in einer anderen Dimension – erneut weit weg und doch ganz nah! Es ist Weihnachten, das zweite Fest der Liebe, seit Du gegangen bist, und ich blättere in Deinen Briefen und ich finde Deine Grüße an uns.

Durch diese Briefe weiß ich: Es hat Dich gegeben, Florian, wir haben eine Weile zusammen leben dürfen, als Mutter und Sohn. Ich bin so stolz, Deine Mutter zu sein – und die Liebe ist meine Brücke zu der Welt, in der Du nun weiter lebst. Ich lebe noch ein bißchen, dann komme ich auch.

14. Juni 2002

Weißt du, was du bist?
Du bist ein Wunder.
Du bist einzigartig.
In all den Jahren, die vergangen sind
Hat es nie ein Kind
Wie dich gegeben.
Pablo Casals

Florian, mein Sohn, wie beginnt man einen Brief, bei dem einem das Herz stockt, wenn man nur daran denkt, ihn zu schreiben und doch möchte ich mit dir sprechen!

Egal, was ich in das Getriebe der Zeitmaschine werfe, sie schreitet unerbittlich voran und der Tag, der alles veränderte, rückt unaufhaltsam näher. Aber laß mir noch ein wenig Zeit mit Dir. Heute vor zwei Jahren warst Du doch bei uns, noch haben wir Sommertage, unbeschwerte schöne Tage mit Eimear und Dir.

Ich lese die Briefe des letzten Jahres, sie haben festzuhalten versucht, was mit fortschreitender Zeit langsam zu verblassen droht. Ich hasse die Zeit, nein sie ist nicht auf meiner Seite, sie arbeitet gegen mich, weil sie Dich weiter von mir wegbringt.

Ich nehme Dich erneut an die Hand und wir beide durchschreiten diese Zeit der ungetrübten Gemeinsamkeit – unseren letzten Sommer. Du beschenkst mich mit einem Reichtum, der vielleicht nur wenigen Menschen widerfährt: Obwohl ich voller Demut die Grenzen unserer beiden Wirklichkeiten respektiere, läßt Du mich an Dimensionen des Erlebens teilnehmen, die weit über das hinausgehen, was dieses Erdenleben an Erlebbarem bereithält. Manchmal ist es, als würde sich der Vorhang zwischen unseren Welten bewegen und mit diesem Hauch etwas zu mir dringen, das mich innerlich erzittern läßt: Dann spüre ich Deine Liebe, dieses unauflösbare Band der Verbundenheit!

Momente, die mich etwas beängstigen, sind die, in denen sich diese Liebe und diese Verbundenheit «materialisieren», eine Realität in mein Leben bringen, die mich tief erschüttert, mich in Dankbarkeit vor Dir verneigen läßt.

Wie häufig in den letzten Wochen komme ich mit Armen voller Blumen zu Deinem «little garden», zünde die Kerzen an und spreche mit Dir. Dort liegt Dein Körper, dort verwandelst Du Dich zurück in die Materie, aus der wir alle stammen. Ich habe immer seltener dieses Grauen dort in mir. Ich beginne zu akzeptieren, woran nichts und niemand etwas ändern kann.

Ich lebe, ich lebe heute seit 713 Tagen mit diesem Bewußtsein. Das ist mehr, als ich jemals für möglich gehalten habe. Niemals hätte ich dies für möglich gehalten, Florian, niemals!

Diese «materialisierte» Liebe, von der ich spreche, sind die Menschen, die Du in mein Leben schickst – Menschenfischer – und die vielen Lebens-Zeichen und kleinen Wunder, an denen wir teilhaben können. Ja, dies Leben ist voller Magie, wir haben es nur verlernt, sie zu sehen und Du gibst uns etwas von der Wahrnehmungsfähigkeit zurück. Du beschenkst damit die Menschen, die

Dir nah waren und die sich nun auch mit Dir verbunden fühlen. Ich bin oft überwältigt und ich bin dankbar für wunderschöne Briefe, die ich täglich erhalte – sie alle sind verwaiste Mütter, Väter, Eltern wie ich, sie alle leben mit gebrochenen Herzen – leben zwei Leben: ihr eigenes und das für Euch, unsere Kinder. Wir wußten um Eure Träume, um Eure Hoffnungen und Sehnsüchte. Wir tragen diese in uns und sie sind eine unserer Kraftquellen: Wir setzen Euer Leben fort, wir führen fort, was Euch nicht mehr vergönnt war, wir müssen Eure Träume weiterträumen, Eure Sehnsüchte in uns aufnehmen und sie müssen uns vorantragen. Das Leben muß vorwärts gelebt werden, mein Florian, nicht rückwärts.

Du gibst mir mit diesen Menschen Hoffnung und Zukunft, Florian. Zum ersten Mal kann ich diese Worte aussprechen: Hoffnung und Zukunft, die Bausteine dieses Lebensgebäudes, die neben der Liebe unverzichtbar sind. Vielleicht schließe ich auch den Glauben mit ein, das, was ich darunter verstehe: die Unvergänglichkeit der Liebe, das Allverbundensein, das Weiterleben nach dem Tod und die Metamorphose, die Du durchschritten hast. Ich glaube daran, daß die, die uns vorausgehen, unser Leben begleiten – unsichtbare Schatten – allgegenwärtig – unsere Engel!

Ich möchte nicht mehr sterben, mein Sohn, wenn auch die Aussicht, dort mit Dir wieder verbunden zu sein, immer verlockend bleiben wird. Ich will Deine Träume leben, die Welt mit Deinen Augen betrachten und Dich durch meine Augen in die Welt blicken lassen. Unsere Beziehung ist der wichtigste Grundpfeiler meines Lebenshauses. Über ein Jahr lang konnte ich nicht mehr fernsehen, keine Zeitung lesen, denn ich hätte auf Nachrichten stoßen können, die eine Verbindung zu Deinem irischen Leben und zu Dir hätten haben können, das nicht mehr war. Nie wurde mir bewußter, wie sehr mein Leben stets mit Deinem verknüpft war, ich habe immer auch mit Deinen Augen gesehen, mit Deinen Ohren gehört, mein Sohn, immer schon, seit Du Teil meines Lebens wurdest. Bald fliegen wir in Dein Land. Es zieht mich so sehr dorthin. Noch sind Deine Spuren dort zu finden und wir werden uns auf den Weg machen und nach Dir suchen, Hans-Jürgen und ich.

Wir beide, die wir niemals Englisch miteinander sprachen, sind heute in dieser Sprache verbunden. Alles, was geschah, nachdem mich die entsetzliche Nachricht Deines Todes erreichte, geschah zunächst in Deiner Sprache – in Englisch. Meinem ersten Telefonat in jener Nacht mit Eileen, der Krankenschwester, die mit anderen um Deine Rückkehr ins Leben gerungen hatte, folgten in den Tagen bis zu Deiner Rückkehr Dutzende – mit Eimear, mehrmals täglich, mit Ärzten, mit Bestattern – alles in Deiner Sprache. Und Du warst dort! Dein Tod, mein Sohn ist für mich für alle Zeit mit dieser Sprache verbunden.

Solange Du lebtest, war unsere gemeinsame Sprache Deutsch, seit Du tot bist, ist es Englisch. Das ist so, und ich kann und will es nicht ändern. Vielleicht ist es auch eine äußere und innere Trennung – die Begleitung meines lebenden Sohnes und die meines toten Sohnes – in unterschiedlichen Sprachen.

In einem Deiner Briefe schriebst Du: «Ich habe mir das Bild gemalt, daß es so ist, als würde man auf einem Schiff die Welt umsegeln. Man befindet sich die ganze Zeit auf dem Ozean und kann in jede Richtung segeln, keiner gibt die Richtung vor und man sieht bis an den Horizont nur Wasser. Wasser steht hierbei für mich für das Leben. Zwar möchte man die Welt umsegeln, aber trotzdem freut man sich, von Zeit zu Zeit einen Fuß aufs Festland zu setzen – als Sicherheit und Orientierung, um zu sehen, wo man sich eigentlich befindet. Kirche kann manchen Leuten beides geben, aber genauso können dies auch Menschen, Freunde und Familie. Welche anderen Sicherheiten hat man denn sonst? So wichtig materielle Dinge in unserem Leben geworden sind, trotzdem können sie uns diese Dinge nicht geben. Wie ich bereits in einem anderen Brief geschrieben habe, bist vor allem Du und danach die Familie, Freunde, mein Festland. Man braucht einfach diesen Kontakt …»

Wenn ich Dein Festland war, dann bist Du heute meine Insel. Ich werde immer wieder anlanden bei Dir, nach Dir sehen, Dir von unserem Leben erzählen. Und eines Tages, liebster Florian, werden wir auf dieser Insel vereint sein.

Gram füllt die Stelle des entfernten Kindes:
Legt in sein Bett sich, geht mit mir umher,
Nimmt seine allerliebsten Blicke an,
Spricht seine Worte nach, erinnert mich
An seine holden Gaben, füllt
Die leeren Kleider aus mit seiner Bildung –
Drum hab ich Ursach, meinen Gram zu lieben!
William Shakespeare

17. Oktober 2002

Mein Blick fällt in den herbstlichen Garten. Das Laub, von dem ich gestern so vieles mühevoll aufgesammelt habe, liegt erneut wie ein bunter Teppich auf dem Rasen … Es ist Dein Geburtstag. Ich wurde früh wach, stand auf und zündete die Kerzen an … Happy birthday, Flori! Feiern Engel Geburtstag? Feiert Ihr nicht eher Euren Eintritt in die geistige Welt als Geburtstag – den Tag, den wir mit Deinem Sterben verbinden?

Wir kennen nur die irdischen Geburtstage, an denen man anwesend ist, sich umarmt, beglückwünscht, berührt. Niemand lehrt uns, himmlische Geburtstage zu begehen … niemand hilft uns an diesen Tagen weiter. Wir müssen unseren eigenen Weg finden, jeder seinen.

Ich stelle mir vor, daß Du mir einen Brief schickst, heute: «Schau zurück, Mom, dieser Tag heute vor 26 Jahren war doch ein wundervoller Beginn. Zugegeben, der Anfang war etwas mühevoll … Weißt Du noch, wie erschöpft wir beide waren? Ich hatte ein dickes blaues Auge, Dein Bauch hatte von diesem Tag an eine Narbe …

Ich danke Dir, Mom, daß Du mich als Dein Kind gewählt hast, und ich habe Dich als meine Mom gesucht. Schau nicht zurück in Trauer, Mom, wir hatten eine so gute Zeit – nicht immer einfach, aber immer miteinander – als Mutter und Sohn –, und wir haben alles geschafft, alle Hürden übersprungen, manchmal Unmögliches möglich gemacht und umgekehrt. Nun mußt Du ein Stück Weg alleine gehen – nein, nicht alleine, Mom, Du hast Hans-Jürgen, und ich bin glücklich und dankbar, daß er bei Dir ist.

Du bist mutig geworden und hast einen so guten Weg gefunden. Du hast Menschen gefunden, denen Dein Wort etwas bedeutet – so wie einst mir. Erinnerst Du Dich?

Ich versuche, Dir meine Zeichen zu geben, und Du hast gelernt, sie zu verstehen. Ich bin bei Dir, immer bin ich bei Dir und Du weißt, Mom, daß wir uns wiedersehen; Zeit bedeutet nichts, gar nichts hier, hier im Licht. Erinnerst Du Dich, wie ich Dir sagte: *Selbst ein kleiner Tod kann dies Zuhause nicht zerstören!* Du hast die Botschaft gefunden. Nichts ist getrennt, alles ist verbunden.»

Draußen scheint mit einem Mal die Sonne. Ich danke Dir so sehr für diese Sonnenstrahlen … und ich liebe Dich so ohne Anfang und ohne Ende, Florian. Ich habe Dich geliebt, bevor es Dich gab, und ich liebe Dich, bis ich meine Augen schließe.

Hans-Jürgen hat mich heute zum Friedhof begleitet, dorthin, wo Dein Körper liegt. Wir haben Dir Blumen gebracht und Fackeln angezündet. Dann, auf dem Heimweg, sammelte ich Kastanien für Deinen Geburtstagstisch und ich war so voller Ruhe und Frieden.

Weißt Du Florian, ich habe gestern, als ich an Deinem kleinen Grab-Garten saß, gedacht: Käme die Fee, auf die ich früher immer gewartet habe, die mit den drei Wünschen – ich schickte sie weg! Es sei denn, sie könnte Dich zurückbringen! Ich brauche diese Wünsche nicht mehr …

Ich lebe dieses Leben, mein Sohn, weil es mein Leben ist, unser beider Leben! Ich möchte nichts anderes, nicht tauschen, mit niemandem auf der Welt. Der Tag Deiner Geburt, mein Florian, der wie kein anderer mein Leben veränderte und reich machte, war der schönste Tag, den dieses Leben mir schenken konnte. Und wenn ich für den Rest meines Lebens um Dich weine, es war die Zeit mit Dir wert! In Liebe, Deine Mom.

Es sandte mir das Schicksal tiefen Schlaf.
Ich bin nicht tot,
ich tauschte nur die Räume.
Ich leb' in euch und geh' in eure Träume,
da uns, die wir vereint,
Verwandlung traf.
Ihr glaubt mich tot,
doch daß die Welt ich tröste,
leb' ich mit tausend Seelen dort,
an einem wunderbaren Ort,
im Herz der Lieben.
Nein, ich ging nicht fort,
Unsterblichkeit vom Tode mich erlöste.
Michelangelo

Quellenhinweis der Gedichte

Mach dieses Bett geräumig, Emily Dickenson, Selected Poems, Reclam
Anfangs scheinen die Toten, Emily Dickenson, Untitled
Memento , Mascha Kaléko, aus Verse für Zeitgenossen, Rowohlt Verlag 1980

Gabriele Gérard, 1947 in Bad Säckingen geboren, lebt in Berlin. Ihr Sohn Florian wurde im Oktober 1976 geboren und starb im Juli 2000 in Dublin.
www.trauer-um-florian.de

Gneisenaustraße 2 · 10961 Berlin
www.transit-verlag.de

Umschlaggestaltung, unter Verwendung
eines Fotos von Gabriele Gérard,
und Layout: Gudrun Fröba
ISBN 3-88747-192-X